做质性研究，先读我

README FIRST for a User's Guide to Qualitative Methods 3ed

原书第3版

〔澳〕林恩·理查兹（**Lyn Richards**）
〔美〕珍妮丝·M. 莫尔斯（**Janice M.Morse**） 著

胡菡菡　汪　玮 译

重庆大学出版社

README FIRST for a User's Guide to Qualitative Methods (3ed). © Lyn Richards, Janice M. Morse.

English language edition published by SAGE Publications of London, Thousand Oaks, New Delhi and Singapore, 2013.

做质性研究，先读我（原书第 3 版）。原书英文版由 SAGE 出版于 2013 年出版，版权属于 SAGE 出版公司。

本书简体中文版专有出版权由 SAGE 出版公司授予重庆大学出版社，未经出版者书面许可，不得以任何形式复制。

版贸核渝字（2017）第 256 号

图书在版编目（CIP）数据

做质性研究，先读我：原书第 3 版 /（澳）林恩·理查兹（Lyn Richards），（美）珍妮丝·M. 莫尔斯（Janice M.Morse）著；胡菡菡，汪玮译 . -- 重庆：重庆大学出版社，2022.11

（万卷方法）

书名原文：README FIRST for a User's Guide to Qualitative Methods (3ed)

ISBN 978-7-5689-3524-1

Ⅰ.①做… Ⅱ.①林… ②珍… ③胡… ④汪… Ⅲ.①社会科学—研究方法 Ⅳ.①C3

中国版本图书馆 CIP 数据核字（2022）第 169563 号

做质性研究，先读我

README FIRST for a User's Guide to Qualitative Methods (3ed)

[澳] 林恩·理查兹（Lyn Richards）

[美] 珍妮丝·M. 莫尔斯（Janice M. Morse）　　　著

胡菡菡　汪玮　译

策划编辑：林佳木

责任编辑：林佳木　　　版式设计：林佳木

责任校对：刘志刚　　　责任印制：张　策

*

重庆大学出版社出版发行

出版人：饶帮华

社址：重庆市沙坪坝区大学城西路 21 号

邮编：401331

电话：(023)88617190　88617185（中小学）

传真：(023)88617186　88617166

网址：http://www.cqup.com.cn

邮箱：fxk@cqup.com.cn（营销中心）

全国新华书店经销

重庆华林天美印务有限公司印刷

*

开本：787mm×1092mm　1/16　印张：16　字数：298 千

2022 年 11 月第 1 版　　2022 年 11 月第 1 次印刷

ISBN 978-7-5689-3524-1　定价：68.00 元

作译者简介

林恩·理查兹（Lyn Richards）

政治学学士,社会学硕士,质性研究者,澳大利亚皇家墨尔本理工大学(RMIT)研究生商学院兼职教授与顾问。林恩·理查兹是家庭社会学家,她关注澳大利亚的家庭和妇女角色问题,已出版了四本专著,发表了大量论文。林恩·理查兹也是方法学家,她在乐卓博大学(La Trobe University)为研究生和本科生教授质性方法课程,也为老师提供相关的培训。在这个领域,她的第十本专著是《处理质性数据》(*Handling Qualitative Data*,2ed,2009)。在和汤姆·理查兹一起开展大学研究工作的过程中,她编制出了 NUD*IST 软件,创立了墨尔本"QSR 国际公司"。她保持与研究者们的互动,不断对 NUD*IST 软件进行更新,后来还主创了 Nvivo 软件,是"QSR 国际"软件编制团队的核心成员和软件文档作者。在质性软件开始运用的头一个十年中,她受邀在世界各地的会议中发言,是质性研究电脑化以及质性数据处理领域的领军人物。她为全世界 15 个国家超过 4000 名研究者讲授质性研究软件的运用,也持续不断地从研究者们那里获得新的知识。

珍妮丝·M.莫尔斯（Janice M.Morse）

护理学和人类学双博士,美国护理学会会员,美国犹他大学护理学院校长专席教授,加拿大阿尔伯塔大学荣誉教授。她曾于 1991 年到 1996 年担任美国宾州州立大学教授。从 1997 年至 2007 年,她参与创办了期刊《国际质性研究》(*International Journal of Qualitative Methods*),参与创办了阿尔伯塔大学质性方法国际学会,并担任该学会的科学指导。在这期间,她也是质性研究出版丛书的编辑。她参与创办期刊《质性健康研究》(*Qualitative Health Research*)(SAGE 出版公司)，还担任《开展质性研究》(*Developing Qualitative Inquiry*)以及《质性研究精要》(*Essentials of Qualitative Inquiry*)这两本系列丛书的编辑工作(左岸出版公司)。她的主要研究领域是护理中的痛苦与安抚,患者摔跤预防以及质性方法的发展。2011年,她获得了国际质性研究中心颁发的终身成就奖。她曾入选 2010 年度西格玛国际护理学名人堂,并获颁第五届西格玛知识奖。她曾获得澳大利亚纽卡斯特大学和加拿大阿萨巴斯卡大学颁发的荣誉博士学位。她已公开发表论文及书籍章节逾 460 篇,出版专著 19 部。

胡菡菡

女,博士,副教授,传播社会学及策略传播研究方向。现任南京大学新闻传播学院应用传播系主任,硕士生导师。先后主持"青少年网络族群冲突的驱动机制研究""微博公共协商的逆向畸变研究"等多个国家社科基金、教育部人文社科基金、江苏省社科基金项目,著有《法官对敏感案件舆论的态度研究》,并于多本 CSSCI 学术期刊发表论文三十余篇。

汪 玮

女,译审。毕业于北京航空航天大学外国语学院,获得外国语言学及应用语言学专业硕士学位。现任职于中国互联网新闻中心英文部。先后翻译《汉语流行语小词典》、"忍者猫托托"系列儿童读物、"大猫英语分级阅读"十九级读物等作品。

序　言

从不受待见到广被采纳，质性研究在近些年快速发展、不断变化。和十年前相比，研究者和学子们面对的挑战已完全不同，但相关文献却没能跟上变化的脚步。以往，研究者们很少接触使用质性研究方法，现在却要把它当成一门手艺来学习。然而，不管资历深浅，研究者们都只能在缺乏训练的情况下自行摸索，很难找到合适的"导师"。以往，数据处理是个很难做精确的"文秘"活，数据搜集能做到什么样，受制于个人的记忆力约束。现在，计算机软件已经突破了人工局限，提供了很多数据处理和数据搜集的新办法。专门软件的广泛运用，使质性研究更具学术吸引力，也让很多缺少训练的研究者能更好地入门。但和十年前一样，开展一项质性研究工作的难度系数依然很高，研究者们在方法路向间做出选择本来就不容易，更别说还得一直沿着正确的轨道思考。看上去，现在的质性研究者都是在单枪匹马地迎难而上。

正是因为意识到了变化的存在，我们动手写作了本书。本书的第1版受到了不同层次研究者的欢迎，也被翻译成了多种文字。追随质性研究的变化，本书更新到了第2版及现在的第3版。第3版的修改，着重反映了当前研究者面对的新压力和新机会。

我们确信，如果对质性研究出现的种种变化置之不理，那么不仅对研究者不利，对方法本身的发展也不利。初入学术门槛的研究者需要跨越最初的困难期，去理解质性研究特有的语言，去弄清楚该如何提出问题、到哪里寻求信息，去学会"质性地"思考。他们还需要跟那些"神话传说"和"错误的期待"说"不"，这样才能开始做"正确的事"——展望美好研究成果之前清楚自己能用的方法是什么，选择合适的方法之前知道自己面对的步骤是什么，期待技术带来的便利之前理解自己要完成的任务以及要掌握的工具是什么。

如果想成为一个质性研究者，你首先要做的一定是看看本书，而不是去收集数据、选择方法、尝试某个软件包或者去推动一个研究项目。本书可以作为介绍性课程的教材，也适合那些对质性研究方法感兴趣，想寻找做质性研究感觉的人。本书新版中增加了对质性研究软件的介绍。我们制作了一个参考网站，提供了一些如何选择研究软件的建议。现在有不少研究网站会实时更新软件评价和软件使用指导，我们也提供了这些网站的信息。这样，在开始自己的研究项目之前你可以尝试使用计算机工具，了解软件能做什么，不能做什么。本书的目标不是去讲解某个单一的方法，而是去描绘出一个包罗甚广的方法地图。我们不打算将你捆绑在某种研究上，我们更想做的是，告诉你为什么会存在如此多的质性研究方法。在写作本书不同章节的过程中，我们发现自己使用的方法区别也很大。了解我们工作的读者，会在各章各节里面辨认出哪些出自第一个作者，哪些出自第二个作者。我们两个作者之间存在的差异正好表明了，的确需要有一本书去帮助那些站在方法迷宫入口处的研究者。

质性研究方法领域好似一片神奇的丛林，两位作者在帮助新入门的研究者穿越这片丛林的时候，都觉得找到合适的资料很困难。正因为此，我们立意写作本书。本书基于我们两人各自的教学尝试和努力。我们感谢我们的学生、同事和朋友，感谢他们对我们提出的各种问题和挑战，感谢他们分享他们的困惑和洞察，感谢他们给我们机会去解释本书的概要以及那些复杂的概念和技巧。我们感谢我们的丈夫，鲍勃·莫尔斯(Bob Morse)和汤姆·理查兹(Tom Richards)，感谢他们的帮助和支持。感谢 SAGE 出版公司的编辑薇姬·奈特(Vicki Knight)和版权编辑米甘·格朗格(Megan Granger)，薇姬努力促成了本书第 3 版的问世，而米甘对最后的细节投入了极大的关注。

祝中国的各位研究者一切顺利！

——林恩·理查兹 & 珍妮丝·M.莫尔斯

目　录

做质性研究，为什么要"先读我"? 1

为什么做质性研究,要"先读我"? 为什么一位不熟悉质性研究的研究者,需要从一本介绍质性分析方法的书入手? 为什么不先收集数据,而后再来考虑该如何处理这些数据呢?

答案很简单。在质性研究中,数据搜集与分析是同步进行的,不可分割。质性研究的一大特点就是将研究问题、数据搜集和数据分析融为一体。收集、处理数据的方法有很多,但正因为质性研究的目的是有所发现,所以数据搜集与数据分析之间并没有严格的顺序。假如你收集完数据之后再定下某个分析方法,你会发现你所选择的方法需要的是别的数据;假如先从某个方法入手,然后将这个方法应用于某个研究问题,也同样会出现不匹配的情况。好的质性研究具有一致性,针对研究问题,采用适当的研究方法,数据搜集、数据处理及分析技术都应选择得当。

刚入门的研究者面临的挑战是如何确定一个合适的研究方法。对于一位不熟悉质性研究的研究者而言,能够很好地对所有可能的方法进行评估并做出正确的选择,就可以使研究问题、研究数据和分析过程达成一致,从而加强并推动该项目的研究。然而,这仿佛就是一个不可能完成的挑战。对于刚入门的研究者而言,质性研究的过程往往就像一个谜团,而选择一个合适的分析方法更是云里雾里,不知道该如何开始。在这种情况下,焦头烂额的研究者常常会去收集大量非常复杂的数据,至于该如何处理这些数据,则寄希望于日后分析方法会自个儿变得清晰明了。有些研究者就是用这样的方式在做项目,以至于到最后结束时,他们还在困惑为什么要这样做、该如何处理他们收集的所有数据。

本书面向的正是那些因为种种原因需要处理质性数据的人。质性研究就是通过各种方法来研究数据、理解数据,而这些数据倘若预先就以数字的形式体现,那就不用做质性研究。所有的质性方法都是为了挖掘数据的意义,或者从数据中求解,而不是根据(或者再加上)已有的知识和理论来有所发现。因此,我们的目标是,面对复杂的数据能够做出最恰当的处理,继而从中有所收获。为了达到这样的目的，我们就需要掌握处理复杂数据的方法。

质性数据有多种来源（例如文件、访谈、现场笔记、观察），也有不同形式（例如文本、图像、音频和视频、影片）。研究者或许会使用多种方法来对这些数据进行分析，但是不管怎样，每种方法都具有整体性，而且所有的方法都有着共同的目标，那就是让复杂的数据变得有意义，并通过这些数据获得新知，从而找出研究问题的答案并进行验证。本书面向质性研究初学者，一方面从宏观角度介绍质性研究的多种方法，另一方面也从微观角度对每种方法做细致的剖析。我们相信，选择合适的方法确实很重要，但方法本身没那么神秘，大可不必为之发怵。

> 本书中，"方法"一词指的是在理论假设的基础上，将一些研究策略和技术结合起来形成的某种特定的数据处理路径和分析模式。

作为面向质性研究初学者的入门级读物，本书会概述数据制作的技术，同时跟大家解释清楚：研究目标不同，选择的研究工具就不同，产出的研究体验和结果也不同。我们的想法不是罗列一堆技术供研究者随意挑选，而是给出一个宏观介绍，明确地告知研究者：在众多研究方法中，采用哪些研究方法能更直接地达到特定的研究目标。我们认为，质性方法是一个整体，好的质性研究具有明确的目的性。只有研究者清楚研究目标，从一开始就掌握整个研究过程，了解合适的分析工具，并且在项目一开始就知道最后可能出现的情况，我们才建议研究者开始做这项研究。

我们想给你的可不是一本内容又多又全的资料书，而是一本告诉你该如何做研究的指南书。事实上，研究者在开启一个研究项目之前，应该先读读本书，了解一下数据的收集和生成是如何与数据处理方法有机结合的，研究者怎样通过质性方法来理解、解释这些数据，从而有所发现和创新。我们的目的就是让读者清楚研究的可能性，引导他们阅读合适的文献资料，并帮助他们尝试各种技术，探索不同的分析过程。只有对分析的各种可能性和可选择的方法范围有所了解，刚入门的研究者才能根据自己的研究目的，用批判的眼光来选择合适的研究方法。

作为研究者、教师，或者导师、顾问，我们面对的是质性研究方面文献资料的许多空白，这便是我们写作本书的初衷。目前，大部分文献针对的都是某一种方法，往往不会花篇幅去讲解如何将研究目的、数据和分析技术匹配在一起。有些文献列出了多种质性方法，但是对于如何选择合适的方法、为什么要这样选择，并没有做出具体解释，对于一位质性研究的初学者而言，这就没有什么指导性意义。倘若研究者认为选择某个研究方法是为了赶时髦、附和意识形态、抓住所谓的前沿热点、处理眼前不得已的需求等（比方说，只有这种方法可以在研究所在地获得指导或者批准），那麻烦就更大了。一个比较尴尬的现状是，研究者要么就是看到纯粹的理论指导，要么就是面对一大本不知道怎么得来的研究报告。我们希望我们的努力能够在理论和实践之间搭起一座桥梁。在第一部分，我们介绍了不同的研究方法，并探讨如何进行选择；接下来的第二部分，我们会尝试引领研究者进入一个研究项目，告诉大家该如何构建并执行这个项目。

目前，几乎没有文献可以帮助读者在项目一开始就预测出项目结束的时候是什么样子，而研究者在着手质性研究之前是需要了解研究的最终状态的。在第三部分的几个章节中，我们围绕追寻的目标、严谨性与可靠性、项目结束及写作过程给读者提出一些建议。在最后两章中，我们让读者开始自己的项目，并帮助他们解决项目进行中遇到的各种问题。

本书替代不了读者自己的经验，也并非针对某一特定方法的指导手册。研究者如想使用我们这里描述的技术来处理自己的数据，可以按照我们的攻略去阅读相关方法文献，阅读它们对某些特定方法做出的更全面的讲解。我们也不指望刚入门的研究者仅仅依靠本书就能学会质性研究思考，毕竟我们不能像导师一样待在你身边提供经验值超高的指导。我们俩都觉得，学质性研究跟学其他手艺一样，有导师在旁指导是最好的。但是，毕竟很多人并没有这样的机会老是跟导师在一块做研究，而且很多时候，经验这种东西仅仅依靠听指导很难一下子就学到手。在本书里，我们介绍了一些实战方法，供大家尝试实践，然后积累属于自己的经验值。通过了解实战，大家就能搞清楚采取具体步骤的原因究竟是什么，然后一步步建立自信，做出更多的尝试。总而言之，我们不想不加区别地、大而无当地谈方法，我们的目标是打破质性分析过程的神秘感，让大家知道每一步选择背后的原因，帮助大家尝试各种实战策略。

(1)目标

写作本书时，我们明确了五个相关目标：

①强调质性方法的整体性；

②展示方法的多样性，强调知情选择；

③给质性方法祛魅；

④将质性研究当成一门手艺，让研究者搞清楚，在启动研究项目之前自己可以通过哪些方式增长经验值；

⑤强调质性方法的挑战性和必要性。

(2)方法及其整体性

在本书里，我们一以贯之的观点是，对于处理和分析质性数据而言，没有什么方法是最好的、最完美的。但是，判断一个研究是不是好的研究，的确是有标准的：好的研究必须目标明确，相关的研究问题、研究方法、相关数据和分析策略必须相互协调一致。研究方法虽多，但它们运用的策略和技术是共通的。也正是这些共通之处，才使得有关"质性方法"的讨论有据可循。不过，技术和策略只有在特定的方法中才具有方法论意义，方法决定了这些策略和技术该如何操作。因此，不管有关技术和策略的讨论、辩论和创新会如何改进方法甚至变革方法，方法论本身是不会变的，研究者不可能跳脱出具体的方法论语境去选择技术、运用策略。

质性研究有助于我们用一种特别的方式来了解世界，它能够让乱无头绪的事件以及事件参与者的经历变得井井有条，就好像它们天生就是这么井井有条似的。质性方法并不害怕"乱花渐欲迷人眼"的，处理起现实的一团乱麻来自有其一套独特的知识和工具。每个方法的背后，往往（也并不绝对）站着某个显性或隐性的理论框架，这些理论框架对于如何看待现实和如何理解现实都有着自己的前提假设。不同的质性方法看待世界的角度不同，理解现实的侧重点不同，处理乱麻的路径也不同。此外，不同的质性方法会锁定现实的不同方面作为数据，这样一来，不同的数据、不同的视角、不同的数据处理方式都会让我们对现实有着不同的理解。

由于方法会直接影响到结果的呈现形式，研究者在开始一个质性研究项目之前，必须熟悉各种质性方法，对它们的理论前提和实际操作流程都有所了解。只有这样，研究者才能实现研究目标，理顺理论前提，让自己的整个研究变得扎实可靠。

我们主张"方法论的整体性"，并非赞成方法僵化。方法也需要进化，需要与时俱进。处理数据时遇到了新困难，研究者就会开发新技术，倘若这些技术和现有的方法本身是契合的，别的研究者就会采纳并将其融入自己的研究策略当中。有关方法论的变革和辩论是很有意思的，大家都乐于参与其中，积极性很高。不过，我们还是要强调，技术创新必须得放在方法的整体语境中进行评估、讨论。就算你经验丰富，开拓创新时也要小心谨慎。分析数据的时候，你如果脱离了语境，只是一味地将不同方法里的技术掺杂在一起，那结果就只会是各种技术毫无意义地堆积在一起，没有策略与之对接，方法上也没法做出安排。除了被打包在同一个项目里，这些技术之间是没有任何逻辑关联的。具体到计算机软件技术，我们想要提醒研究者，在使用特定软件提供的工具之前，首先要搞清楚它们是否与你的研究问题、研究方法和研究数据相契合。

(3)方法的多样性和知情选择

我们的第二个目标是展示质性方法的多样性，并借此帮助刚入门的研究者在充分了解的基础上选择一个适合自己的方法。我们前面已经讲到了，现有的大部分文献都只会专门讲授某个特定的质性方法。这样的文献很重要，因为它们对采用特定方法的研究者具有很好的指导意义，然而，就我们的经验来看，质性研究的初学者只有对所有的方法有个宏观了解，才能知道使用不同的方法会带来什么样不同的结果与可能性。汽车的说明书不会告诉你如何驾驶汽车，一个软件包里的程序也不会告诉你该如何去分析数据、如何针对不同的质性方法来使用这个软件。

我们已经说过了，本质上没有哪个方法就一定比其他方法好，每个方法的使用都是为了达到目的。不管是哪个项目，不管是奔向哪个研究目标，我们都很难说有一个最好的方法。但是，没有最好，却有最合适。研究者需要搞清楚最适合自己的方法究竟是什么，然后再去查阅相关文献——这就是本书名字的由来。本书并不能取代那些介绍特定方法的教材，准确地说它是一本工具书，帮助研究者选择适合自己的文献。本书就像计算机应用程序的操作手册一样，在开始一项研究之前，你读读它总是没错的。我们希望，研究者通过阅读本书学习相关知识，做到信息充分，进而做出明智的选择，找到最适合自己的方法。

我们会先给出几个质性方法的导览图。熟悉质性研究的研究者看到这张图或许会觉得很困惑，因为这张图有意模糊了学科之间的界限。我们坚信，由于一些狭隘的争论，再加上有些研究者没能领会，甚至没有通过阅读去了解其他学科使用的方法，质性方法的发展受到了很大的阻碍。举个例子，虽然民族志是在人类学中发展起来的（通常能很好地回答人类学家提出的问题），但其他学科（比如教育学）的研究者也会问些民族志方面的问题，因此这时候民族志方法最适用。研究方法也是跟着潮流走的，打个比方，在健康科学中，大家都很青睐扎根理论和现象学，却不管它们是不是合适，而可用的民族志方法却往往被忽视了。学科本身并没有"独属"方法，研究者如果不跳出自己所在学科的当前趋势去挖掘，就会错过很多有用的资源。

我们设计的方法论图谱只能起到导览的作用，不全面，也缺乏细节。我们没打算将所有的质性研究方法都一网打尽，而是挑选出主要方法，向大家展示方法论的多样性、整体性和多用性；至于如何理解数据并从数据中得出理论，我们觉得各种方法各有其道。

(4)没有神秘感

我们的第三个目标是给质性方法祛魅。每一种方法都有处理数据的一系列技巧或者途径，运用这些技术需要的是能力而不是魔力。研究者如果刚一入门就觉得分析工作深不可测，畏难情绪爆棚，那就算他有一万分的心想要去接触数据、理解数据，也会变得患得患失不敢出手。

打破神秘感总归是有风险的，因为很容易不被当回事，或者被误解为很无聊。好的质性研究是很复杂的，无论是建构起新的理解还是厘清与问题相匹配的解释，都能让人也值得让人感到惊奇、兴奋，并产生敬畏之心。我们不希望打消这些兴奋点，只是我们强调质性研究是一门手艺，而不是一种神秘的存在；是一个认知的过程，而不是奇迹般的灵光乍现。好的质性分析过程充满刺激，这并不是因为它们很神秘，好像到魔法师的魔杖一般，而是因为它们就像雕塑家的创作一样，靠的是非凡的专注力和洞察力、简单工具的熟练使用、精湛的技术、全神贯注的工作和大量艰辛的探索。

本书讲的就是研究者的能动性。研究者制作数据、处理数据，只是希望从数据中获得一些令他们满意的描述和理论。我们可没有"黑匣子"，能把资料放进去理论就自动生成了。要做好质性分析，研究者必须搞清楚如何将乱糟糟的数据转化成简洁优雅的思想，让一般人都能很容易地理解到。从这一点上说，对于数据处理方式的实际描述将会有助于质性分析，有关主题如何被"发现"的被动语态式的描述以及对于某个理论"浮出水面"的断定，都会有碍研究。**好的质性研究，是研究者积极制作数据、阐释数据得来的**。研究者要能够客观描述、全面解释自己在理解数据过程中的进展，以及整个研究的完成过程。质性研究是一个主动的、逐步向目标推进的过程。整个过程的操控、推进、成形以及最后的改进都由研究者来把握。所以说，这样的研究是非常令人兴奋的，也会让人收获多多。

(5)做中学：质性研究是一门手艺

质性研究跟其他手艺活没什么两样，需要在做中学，需要经验交流。就我们的经验而言，向学生抽象地讲授质性方法而不涉及数据，几乎等于白讲。然而，大部分介绍质性研究的文献都是在说规则，而不是讲经验。我们的第四个目标就是帮助大家在做中学。本书中，我们不偏重规则，而偏重对技术的阐释，让大家理解技术应该如何与方法匹配起来，并提供机会让大家亲手尝试。

当然，我们并不指望通过本书这么小的篇幅就能囊括质性研究核心手艺的方方面面，讲清楚它们的悠久历史和那些快速更新迭代的技术。我们的目标是要告诉大家，一位合格的质性研究手艺人应该如何去处理数据。本书也不能简单地称为"入门指南"，我们写的不是简短的用法说明，不讲琐碎事项。我们不对读者填鸭，也不会指示大家每一步该怎么走。相反，我们提供给读者的是：**如何探索目标之所在，如何把握主流的质性分析技术能带来的成效，如何理解特定方法是如何利用相关技术处理数据的。**

将质性研究看成一门手艺活，也是为了避免将质性研究局限在事实描述的层面，只懂得报告那些被挑选出来的当事人话语。分析这门手艺是植根于理论语境的，研究项目的目标则是去报告研究者的发现。质性研究是一种站在前人肩膀上的智识生产活动，以前人的成果和学科领域为自身发展的基础。

在本书第一部分，我们会讨论不同方法在描述和分析上的不同着重点。我们的目标不仅是帮助研究者尝试各种分析技术，而且要让他们看到：技术只有在特定的方法中，在理论框架、研究历史和文献综述中，才会有意义。

要达到这个目标，我们必须表达一下我们对现在的质性分析软件的看法。现在市场上的质性分析软件工具很多，更新迭代也很快。我们担心的是，技术上的进步是否反而会阻碍研究者去发展自己的分析能力。不管是用索引卡，还是用复杂的软件，研究者处理数据最关键的第一步还是要先学会质性地思考。在选择用软件处理数据之时，研究者必须清楚一点：软件可教不了你方法。

你选了一种工具进行数据分析，但你必须同时知道如果换一种别的工具来做分析会取得什么样的结果。现在用软件来做质性研究已经很常见了，但是有关质性分析软件的讨论还很少。软件程序或许慢慢会成为研究者处理数据的主要方式，甚至可能有助于质性研究的爆发式增长，可是刚入门的研究者往往直接将这些程序当成了方法。基于此，本书会探讨质性研究者用程序能做什么，不能做什么。

在第4章中，我们介绍了质性软件的基本用法，为你选择合适的软件工具相助一臂之力。我们用四张表格总结了程序的作用、研究者的选择以及如何做出选择的办法。做表格，是为了帮助研究者能像选择方法一样，从方法论的整体性角度来选择软件。

在介绍数据处理技术的章（第4章、第5章、第6章、第7章）和撰写研究报告的章（第11章），章末都会对使用软件的效果做出总结，并提出建议和注意事项，方便你更好地驾驭软件。质性分析软件发展迅猛，这其实会反过来推进方法的改变，因为软件的使用会让研究者面对一些崭新的、必须通过电脑才能处理的数据和观念。在这些章节中，我们没有去介绍软件的具体用法功能，因为任何写在纸上的介绍一会儿就过时了。要想弄清楚有哪些质性软件可以供你使用，不同软件包都有哪些功能和工具，你要求助的是相关网络资源。英国萨里大学的CAQDAS网络项目就是挺好的资源，该项目网站上不仅会实时更新对软件的功能介绍，还会提供所有质性软件开发商的网站链接。

本书中有关软件的章节有些与众不同。这些章节不对当前软件功能作对比，而是一方面去探索如何使用软件工具来辅助甚至改进质性研究，一方面去讨论这些软件工具会如何挑战甚至阻碍质性研究。我们最新推出的附属网站在这方面有不少资源，也提供了一些软件包的资源、使用指南以及更多材料的链接。如想获得更多信息，请参考理查兹（Richards, 2009）所著的另一本姐妹书《处理质性数据：实用指南》（*Handling Qualitative Data：A Practical Guide*）以及SAGE公司网站上理查兹的个人主页。

(6)质性研究具有挑战性

我们的第五个目标是搞清楚各种质性方法的共同关系。我们常听到一个广为流传的说法：质性研究很简单，比量化研究要容易得多，因为做质性研究不需要统计学，也不需要电脑。事实上，质性研究从来就不是一件简单或者容易的事，如今，跟别的研究活动一样，质性研究也需要电脑。假设我们将质性研究看成"针对软数据的软方法"，那么质性方法就极具挑战性，而且对技能要求很高，因为它们必须严格缜密，才 能够（而且应该）得出可靠、有用的结论。

找到一个恰当的方法开展质性研究并不难，真正的挑战在于你的结论需要前后一致、强有力，能够加深人们的理解。研究没有什么所谓的硬性规定，我们在本书里只能告诉大家需要遵循哪些大致的原则。在本书结尾，我们讨论了有关研究严谨性的问题，包括怎样保证研究的严谨性、如何对研究的严谨程度进行评估和论证。

还有一个挑战就是，有时候不同方法提出的要求是相悖的，我们需要学会调和这些不同。质性研究是一种有内在矛盾的研究，对这一点我们不敢回避，只能把它强调出来。质性研究最主要的一个内在矛盾就是，处理复杂事实，输出清晰结论。

质性研究的内在矛盾是客观存在的，我们需要去探索、去讨论。不过既有的一些文献，往往喜欢躲闪、回避甚至完全忽视这些矛盾。根据我们的经验，刚入门的研究者在面对这些矛盾的时候，会觉得无解，继而感到很迷惑、无力感很重，认定自己没有能力开展分析工作。然而，假如将处理这些矛盾看成分析过程中不可或缺的一部分，那么这些矛盾就变成了挑战，而不是壁垒。在处理复杂数据的过程中，应对这些挑战太正常不过了，是不能回避的。应对挑战，把方法论上的小障碍物一个个清除掉，所有的质性研究者都会乐在其中的。一旦研究者掌握了合适的工具，这些小障碍就变成了让人兴奋的挑战，而不会成为研究半途而废的托辞。

(7) 如何使用本书

提示：我们写作本书，是做了情节设计的，希望大家能够像看小说一样来阅读它。如果你跳过某个章节，再阅读后面的部分，就没什么意义了。**阅读本书的最佳方式是，先从头到尾浏览一遍，然后再根据需要仔细阅读。**

我们用特定的方式使用特定术语。所谓"方法"，指的是你在思考数据、制作数据、阐释数据、分析数据以及评估最终理论成果的整个过程中所用的一种前后一致、连贯的研究路径。所有的研究策略都由方法论的原则连缀在一起。每一种方法都有自己的标签，有自成一体的文献体系。本书里面，我们对以下五种方法进行了概述和对比：民族志、扎根理论、现象学、话语分析和个案研究。方法不同，其重点和整体性的表现也不相同，在对此展开讨论的过程中，我们还会提到其他一些方法。大量的质性研究用的都不是传统意义上的质性方法。我们担心的是，给还不太完备的方法贴上一个传统的标签，会让研究者很难理解。

研究"策略"指的是将各种技术结合在一起处理数据的方式，这些技术与研究者选择使用的方法是相互协调一致的。因此，策略本身与每个方法所特有的假设和程序之间就是相互契合的。我们的观点是策略不能盲目组合，随意地从不同方法中选择技术，然后再把这些技术混在一起是行不通的。

此外，"技术"一词还可指做某件事的方式。在本书中，研究技术指的是尝试或者完成一些研究任务的方式。倘若你看到有人正在使用某个特定的技术（比方说，对数据进行编码），单从这个技术本身，你没法知道研究者使用的是哪种方法，因为每一位研究者都需要对数据进行编码。但是，假如你更加仔细地去观察，搞清楚研究者是如何使用这个技术的，技术本身又将研究者引向哪个方向，你就能分辨得出研究者使用的是哪种方法。研究者使用的方法不同，数据编码的效果也是不一样的。

在阐释多样性的同时，我们也希望映射出一些共性，并将各种方法论技术介绍给研究者，帮助他们在理解方法的基础上采用连贯一致的策略。我们的总体目标是帮助读者培养方法论目的和适当性意识，同时，对质性研究进行评估和批判。我们希望本书有助于读者接下来开展自己的研究，明白自己要做什么，为什么这样做而不那样做。我们想要帮助读者针对研究问题找到最满意的答案，希望他们因为自己的发现和收获而得到最强烈的满足感，同时以最高效率、最便捷的方式获得新知。

(8)本书的结构

我们开篇就强调方法的整体性，接着依次介绍质性研究的不同维度，研究者只有对此有所了解才能开展自己的研究项目。在每个部分，我们的目的都是要告诉读者该如何使用某个特定的方法来开展研究。

对于涉及软件技能的章节，我们在每章最后都探讨了借助软件来开展研究的感受，并围绕电脑工具的使用提出建议。每一章结束时都有一个资源列表，可以引导读者去阅读相关方法文献，甚至更广泛的文献，以及相关研究的完整案例。这里的文献讨论的是质性研究的各个流程，包括：质性思考、为研究项目做准备、理解数据、从数据中发掘新想法、得出有关数据的新理论。

第一部分"筹划研究"，所有的章节写作都为了两个目标：第一，强调质性方法的整体性；第二，梳理方法论的多样性，让它们变成可供选择的菜单，而不是让人糊涂的迷宫。我们的视角是俯瞰的，希望能够提供一张航拍地图，让大家了解整体地形，明了到达特定目的地，有哪些可行的路线。

第2章讨论质性研究的整体性。这一章，我们着重阐释了我们认为的做质性研究的核心原则——目的性原则和一致性原则。我们会告诉大家不同的方法能够处理的质性资料是不同的，对于分析而言的意义也不同。这一章中的总体概述是为了给后面章节的阐述打基础的。后面的章节当中，我们主要会具体讨论对付和处理数据的各种不同方法以及它们带来的不同分析过程和结果。

在第3章中，我们通过比较分析五种质性方法，来说明方法论的一致性，亦即研究问题、数据和分析是如何有机结合在一起的。目前使用很广泛的方法是民族志、扎根理论、现象学、话语分析和个案研究。每种方法内部都会存在一些小变体，但这些小变体都共享这一种方法所特有的探索问题、处理数据的体系。不同的方法适用的问题不同，相应的研究设计和数据制作方式也不同。一旦使用了某种方法，研究者就会很清楚可以使用哪些特有的技术来处理数据，以及挖掘和分析这些数据的内涵。

第4章讲的是研究设计。这一章的中心思想很简单，那就是：做研究，必须得先有研究设计。在质性研究中设计往往不受重视，容易被忽略。我们探讨了造成这个现象的原因。我们觉得研究设计很重要，值得大家重视。研究设计不是一成不变的，更不会待在神坛，只能远观不能操作。这和研究方法是一样的。不过，设计一定要深思熟虑、精心策划，只有这样研究项目才最有可能达到理想的目标。这一章当中，我们探讨了研究者可以设计什么，不可以设计什么。我们认为研究设计的重点是划定项目疆界和把握数据的适恰度。在本章结尾，我们还讨论了涉及两种及两种以上方法的研究设计，并指出这样设计的风险和好处。

第二部分"开展分析"，具体展示了怎样做质性研究。第5章的主题是数据，包括：制作数据的方法、项目伊始数据的作用、质性数据的来源和风格、不同方法对数据的不同要求、数据何时有用何时没用。我们强调，研究者需要结合"研究对象"来制作数据，在项目一开始，研究者就应该对数据细加琢磨，以实现最终的研究目标。

所有的方法都瞄准一个目标，那就是从数据中获得新知，并得出理论。但是常见的情况是，除了研究目标，刚入门的研究者对于自己的研究经历并没有多少想法。何为分类？即使找到了一个分类，我怎么知道这就是一个分类呢？数据编码有什么用处？怎样才算创造了理论？在第二部分后面的章节中，我们探讨并阐释了如何使用工具来处理数据、对数据进行编码并形成理论。我们首先要将数据抽象化，接下来类型化到相关的分类，然后通过编码将数据与这些分类联系在一起。在第6章中，我们探讨了数据编码的核心步骤、多样化流程，以及研究者是如何借助编码在数据和想法之间进行自由切换的。第7章讲的是抽象化和"主题化"的目的，或者说是，跳出数据本身进行"抽象化思维"，这种做法在所有方法中都很常见，并非为哪一种方法所特有。在第8章中，我们又回归到方法论一致性这个话题上。我们重新讨论了上述五种方法，不过本章探讨的重点是如何使用这些方法。针对每一种方法，我们谈到了数据处理方式、该方法中最常使用的分析策略以及其中存在的分歧。

第三部分"做好它"关注的是完成质性分析的过程，保证质性分析为研究目的服务。在第9章中，我们讨论了如何确保研究正确合理，怎样判断研究是否存在问题。第10章讲的是汇报研究结果并形成文字，确保质性研究项目可信且具有说服力。为了达到这样的目的，研究者具体该如何做？这也是本章要探讨的内容。

本书以"开头"作为结尾，把质性研究的漫漫长路再重走一遍。第四部分"开始做项目"共有两章——第11章和第12章。在开始自己的研究项目之前，研究者需要弄清楚自己该选哪种方法、紧跟哪些研究任务，然后再去开展一些基础性工作。至于具体要做哪些基础性工作，这两章里会给出说明。我们建议，在筹备启动项目的同时，研究者务必"熟练掌握技能"，选择并学会使用合适的软件来进行分析。我们以鼓励作为告别，鼓励大家立即动手开展自己的研究。

附录1是一个有关质性研究软件工具的指南，附录2探讨的是如何申请研究项目的资金支持。

(9)开展质性研究：有何期待？

我们希望，在项目刚开始，你就能读读本书；在项目进行过程中，你也可以根据自己的需要来重新阅读，直到你完成研究报告。假如你对自己正在做的事感到困惑，又或者搞不清楚当前的研究接下来该如何发展，建议你不妨来本书里找寻答案。

那么，质性研究是怎样的呢？质性研究者与量化研究者很大的不同在于他们开展研究的方式不同。通常情况下，质性研究者是从感兴趣的研究领域入手，或者说，他们的研究是从宽泛的研究课题出发，而非从具体的研究问题出发。刚开始，他们有可能对这个话题都不太了解，即使有所了解，他们也希望透过数据能知晓更多。为此，质性研究者必须要灵活多变。首先，你需要对这个宽泛的领域有一个大致的了解；其次，你要善于接受新想法，乐于摒弃那些颇受大家欢迎但是没有证据支持的老观点。只有这样，你才能对所研究的现象做出一些界限划分。所有的质性方法都有一个目标，那就是：根据数据系统地创建分类和联系，确认这些联系，并创立理论。假如你对整个研究过程有一定了解，并对整个项目有全面的认识，知道下一步该怎么做，那么你会发现，实现研究目标并没有那么困难。

倘若你正在着手质性研究，又对此没什么概念，那么本书就好比一个导游图，能帮助你对质性研究有个大致的了解。当然，这本书描述的不是一个理想的项目（或者某个真实存在的项目），只是告诉大家研究该如何开展。本书简要概述了研究过程，介绍了有可能用上该书的地方。假如真要用画图的方式来体现实际情况的话，那将是各种循环和双箭头混作一团——因为质性研究更多的是循环的，而非线性的。在质性研究中，尽管你没法指望所有的研究步骤都整齐划一，但通常情况下，有些研究进展还是可以预见的。大多数项目中，很多步骤在有些阶段是同时进行的。我们将在最后一章重新讨论这个问题。

在选定研究课题之前，你必须了解质性方法的本质。你得清楚质性方法能做什么、不能做什么，什么情况下针对什么问题才要使用质性方法，使用不同的质性方法可以获得哪些信息。接下来的一章，我们将在这个方面展开探讨。

学会质性思考，或者说学着像质性研究者一样思考，是一个充满挑战的任务。如果你没有接受过这方面的训练，我们给你的建议是最好找些入门读物来看看，选修一门相关的基础课程，向质性研究者讨教经验并了解他们所做的研究。市面上使用不同质性方法发表出来的作品，其质量也是参差不齐的，你找来之后应该带着批判性的眼光去阅读。纵览文献会让你对这个领域有个大概的认识。你可以问问自己:什么样的问题最好使用质性方法来解答? 面对特定的问题,最好使用哪种质性方法? 数据和出现的结果之间是什么关系? 什么样的研究称得上是"不错的"研究? 看看在理论形成的不同阶段,从简单地汇报结果、组织引语到创建复杂而完美的理论,研究结果会有着怎样的不同。问一问自己,为什么有的研究让人满意,有的却不尽如人意? 你应该一次次地向自己提出这些问题。

聚焦质性研究

阅读本书,学会质性思考。

阅读其他文献,选修一门课程,与质性研究者进行交流。思考、改进并明确课题范围,开始琢磨自己的研究问题。

你要从哪里开始呢? 质性研究者一旦根据自己感兴趣的领域找到已有的相关研究,通常就会锁定一个课题,而不是某个具体的问题。在极少数情况下,研究者会有明确的研究定位或者锁定一个研究样本。然而,这样做并不合乎对研究严谨性或方法论上的要求,假如你已经锁定了一个特定的群体准备开展研究,你会发现这时候要想拓宽你的视野就会变得很困难。因此,你要管住自己,不要一上来就给出研究设计,或者更有甚者,列出一连串你打算向研究对象提出的问题。

假如你从一个更加宽泛的视角来研究这个课题,你就会去阅读相关文献。这时候,你要带着批判的精神在拟开展研究的领域以及别的研究者所在的学科领域去查阅、分析他们的研究。不过,你要有目的地查阅这些文献,这一点很重要。简单地总结或者综合别人的研究成果是不够的,你需要对每一项研究的理论视角和方法进行考察,看看有哪些公开或者隐蔽的设想、信念和价值观影响了研究者的视角、研究问题、对假说的选择以及结果分析。你暂时需要把这些任务放在一起来完成。

从方法论上"武装"自己

围绕课题广泛阅读,对于可供选择的方法要多加了解。至于打算使用哪些方法来处理数据,你要明确并加以学习。缩小方法选择的范围,选择合适的软件并学会使用。

对于学生来说,要想做质性研究和质性分析,上面讲的文献功夫必须是迈出去的第一步,也是你未来质性数据处理过程的第一步。**你应该将文献综述看成是一种数据管理。**在看完本书之后,你可以想一想怎么样运用我们讨论的每一种方法来让自己的文献阅读变得有意义。(这就像处理访谈数据一样，要让这些非结构化文本记录变得具有可读性。)

接下来就该有技巧地管理数据了。如果你计划使用某个电脑程序来处理数据，那么现在就要去学，然后借助这个程序来整理你的笔记以及文献里出现的一些讨论。一旦锁定研究方法，一切都会进展得很迅速。熟练使用软件有助于你维持这样的节奏；同时，随着数据的累积，这样的技能也会在最大程度上帮助你对数据展开研究。

当你对文献有了新的理解，并对质性方法整体上有所了解，慢慢地，你就会对什么研究问题用什么质性方法合适、该如何开始研究设计有了概念。要管住自己，不要将研究问题设置得过于局限，因为在数据搜集过程中你还会不断地对研究问题进行改进和限定。要扛得住压力，不要盲目选择方法，除非你很清楚你的研究适合朝哪个方向前进。

> **使研究成形**
> 　　从方法论的角度对研究进行定位，在相关研究领域对研究进行定位。在研究设计上多下功夫并不断改进，开始生成一些合适的数据。现在就开始数据分析，管理数据和想法。

每一位研究者在这个阶段都会经历一阵紧张期，即将面临的混乱也会带来各种不知所措。假如你想稳扎稳打地进入这一研究领域，多读读与方法有关的文献至关重要。学会从理论层面来思考问题也很重要，当你开始收集数据时，这个重要性就变得尤为明显。对于任何观察报告或者文本内容，我们都可以用两种方式来看待：一种是表面上的，一种是理论层面的，可以跟别的数据联系在一起，可以跟现有理论联系在一起，还可以跟你的想法联系在一起。我们的建议是，面对这个阶段环环相扣的任务，你需要小心谨慎，切莫追求速度。不要因为项目的逼近而兴奋过头，也不要被各种要求分心，因此影响你对研究的设计。

这个时候，倘若能用一个系统并且简单的方法来对这些想法进行记录、链接、分类并存储，就变得很重要了。整个体系必须是灵活可变的，因为随着理解的加深，你的想法也会改变并向前发展，这时候你所开发的编码和分类体系必须得有让你可以发挥的空间。假如你使用的是某个电脑程序，你就得跟别的使用者多交流，并参与在线讨论，搞清楚这个程序都提供了哪些工具，而你可以使用哪些工具。

注意，这时候你的分析工作已经开始了，你需要积极主动、小心谨慎地努力去完成这项认知工作。这可不像摘苹果，因为你不是在盲目地收集数据，你的分析在持续进行，不会出现被耽搁的情况，直到所有数据准备妥当。如果你开展的是质性研究，这里的分析是由数据推动的，因此你很清楚数据到何时就够用了。

概念化和理论化

积极寻求理论。不断检查数据，探索复杂性和背景情况，简化并整合。筛选数据，对数据进行排序，然后玩转数据。

生成数据，让分析持续进行。你最开始的想法和数据排序看上去简单，但"正确的"解决方案往往并非你能力所及。这个阶段有趣，而且充满刺激，但也是最容易让人有挫败感、难度最大的一个阶段。这时候，你需要回到这本书，看看有关数据处理和理论生成过程的内容介绍。一定要做到一边生成数据一边进行分析，让数据带给你出其不意的想法，甚至是之前从未想过可以去展开探索的想法。

从不同角度对你的数据展开探讨。玩转数据，追求直觉，让你的思维不要拘泥于整齐划一的解释。写，写，写，再重写。建立模型并进行讨论。用你的数据验证想法，或者收集一些额外数据。只要有人愿意听，就跟他谈谈你的理论。将现有理论与文献里的那些理论进行比较。当然，最重要的是，要动脑筋思考！我们应该这样看：研究其实就是一个待解之谜，我们总会找到一个解决方案，只不过整个过程需要我们思维活跃。理论不会突然出现，数据本身也不能"说明个啥"。

建模与写作

对数据进行最佳表述，或者给出一个理论，让数据变得有意义。
整理并改进。
写作，展示，然后发表。

有可能突然之间，你的所有研究都汇到一起，然后灵光一现，就有了发现；也有可能这个过程很缓慢，需要花费很长一段时间。但不管怎样，最终你的研究都会变得有意义。越来越多的想法和理论足以撑起一个故事、一种描述或者一个解释，数据也就变得有意义了。只要你对文献足够熟悉，一般都会对自己能做出什么样的成果有点感觉，但要说多有底气也谈不上。其实做研究，一样能获得非凡的体验，你能达成的目标一定会超越自己的预期。当真的走到了理想的一步，你会被自己惊艳到。你可以讲出你的研究了。你已经找到了一个解决方案。这个美丽而优雅的解决方案不仅有数据作为支撑，还能与现有文献对话，在整个研究语境中都能凸显出意义。你的研究，只要稍加整理和改进，就是对现有知识体系的重要补充。

保持这样的劲头，把成果发表出来，让大家都看到。当这一切都实现的时候，请隆重地将我们这本书推荐给朋友。

参考资料

我们建议，但凡可以找到的基础文本，都要广泛阅读，感受一下质性分析在实践中究竟是如何开展起来的。

主要资料：

Creswell, J.W.(2009).*Qualitative inquiry and research design : Choosing among five traditions* (2nd ed.).Thousand Oaks, CA : Sage.

该书中涉及的五种研究方法分别是传记研究、现象学、扎根理论、民族志和个案研究。

Denzin, N.K., & Lincoln, Y.S.(Eds.).(2011).*The SAGE handbook of qualitative research* (4th ed.).Thousand Oaks, CA : Sage.

每一章就是一个主题性的回顾；为质性研究提供了全面的概览。

Mason, J.(2002).*Qualitative researching* (2nd ed.).London : Sage.

该书综述了质性研究方法，对学生们经常遇到的难题也做了清晰的讨论。

Mayan, M. (2009). *Essentials of qualitative inquiry*. Walnut Creek, CA : Left Coast Press.

对如何做质性研究做了精彩的概述。

Munhall, P.L.(2012).*Nursing research : A qualitative perspective.*Sudbury, MA : Jones & Bartlett.

Richards, L.(2009).*Handling qualitative data : A practical guide* (2nd ed.).London : Sage.

这本书可以看成《先读我》的姊妹篇、附加篇。它会告诉你在拿到数据之后应该怎么做，对我们这本教材后面几章涉及到的任务和技术都有很详细的说明。在原书SAGE公司的配套网站上，还提供了实际的个案研究案例、研究者的经验总结和如何使用质性研究软件开展研究的建议。

其他资料：

Bernard, H. R. (2000). *Social research methods : Qualitative and quantitative approaches.*Thousand Oaks, CA : Sage.

Creswell, J.W.(2009).*Research design : Qualitative, quantitative, and mixed method approaches* (3rd ed.).Thousand Oaks, CA : Sage.

Ezzy, D., Liamputtong, P., & Hollis, D.B.(2005). *Qualitative research methods.* Oxford, UK: Oxford University Press.

Grbich, C.(1999). *Qualitative researchin health : An introduction.* Sydney, Australia: Allen & Unwin.

Lewins, A., & Silver, C.(2007).Using qualitative software: A step-by-step guide.London: Sage.

Marshall, C., & Rossman, G.B.(1999). *Designing qualitative research* (3rd ed.).Thousand Oaks, CA: Sage.

Prasad, P.(2005). *Crafting qualitative research : Working in the post positivist tradition.* Armonk, NY : M.E.Sharpe.

Ritchie, J., & Lewis, J.(Eds.).(2004). *Qualitative research practice : A guide for social science students and researchers.* Thousand Oaks, CA: Sage.

Seale, C., Gobo, G., Gubrium, J., &Silverman, D.(2004). *Qualitative research practice.* London: Sage.

第一部分
筹划研究

质性研究的整体性 2

开展质性研究工作,仅仅知晓研究方法的多样性是远远不够的,研究者更应重视的是研究的整体性。研究的整体性意味着研究问题、研究方法、研究结论之间总是紧密结合、无法切割的。在这一章,我们主要探讨什么是研究主题和研究语境以及这两者是如何决定研究方法的。研究方法的选择,标志着一个研究项目的定位,也意味着研究成果的最终形式。研究方法决定了一个研究者应该如何去提问,如何去完成研究以及会获得什么样的答案。**问题、方法、数据、分析之间是相互呼应的一个整体**。一旦研究者把握住了这种相互呼应的关系,哪怕他所做的是对未知领域的探索性研究,这个研究也会在既定轨道上进行,不会跑偏。

不同的研究方法在处理研究整体性的时候有不同的要求,存在一定的多元特征。我们在这里主要强调两个基本原则:目的性原则和一致性原则。本书后面具体介绍的五种质性研究方法都遵循这两个基本原则。

2.1 目的性原则

做任何一个研究,理论上都存在一个最佳方案,每一个研究问题,都有一个最适合它的研究方法。要找到这个最适合的研究方法,就必须从研究的目的性原则出发。

当然,选择研究方法受到诸多因素的束缚,比如研究者对方法的熟悉程度、研究者的资源,再比如数据本身。有些数据只能采用某种特定的研究方法来处理,研究者对这样的数据感兴趣,就意味着他在研究方法上已经不需要做出选择了。不能做选择当然显得很受局限,但这未必不是一件让人羡慕的"好事"。大多数研究者要做出的决策实在太多了：主题领域总是很宽泛、处理数据存在多种可能性、方法论上没有方向。为了逃避这种选择困难症，一些新入门的研究者可能就会自己给自己"制造"一些限制条件（比如，我必须去做一个扎根理论，我们学院只认这个），但这样做是将研究方法置于了研究目的之前，是很危险的。有经验的研究者走的是另一条路，他们是从目的出发找方法，这意味着他们只会去问一些特定的问题（事实上也只能去问一些特定的问题），然后从问题出发，并且始终对问题的不同解法保持开放的态度。

不断反思研究目的非常重要，这是选择和使用研究方法的基础。如果你在研究方法上没有多大的选择余地，那么就更需要反思研究目的。所谓研究目的，可能是去处理一个特殊的课题（比如，为什么这里的居民不使用某种设施？），或者去阐释一种状态（比如，他们对……的经验是什么？）。研究目的也可能只是去了解某个研究主题或者去分析一些偶然获得的数据。在这种情况下，阅读文献，花时间进入田野场景，都会帮助研究者去发现一个更为清晰的课题，提炼出一个更有针对性的具体的研究问题，从而找到数据背后隐藏的研究价值。选择研究方法不是一件随意的事。研究目的，即便不那么具体，也都是引导研究者聚焦研究问题、选择研究方法的决定性因素。

不断对研究目的进行反思，聚焦具体的研究问题，考虑如何解决研究问题……研究者需要通过这样一套程序，才能建立起研究目的和研究方法之间的逻辑关系。这种逻辑关系不是一个单向的因果关系，研究者往往需要通过"扶手椅穿越"法①去对比多种研究路径和多种方法论工具。研究者可能会发现，对某项研究最恰当的路径并不是质性研究。有时候为了实现一个研究目的，研究者需要回答多个研究问题，那么每个研究问题都需要配备一个不同的质性研究方法，甚至可能是质性量化结合的多元研究方法。但是，只要研究目的和研究方法之间的逻辑关系建立起来了，研究项目就可以顺利启动。

2.1.1　为什么要使用质性研究方法？

你为什么选择质性研究方法？通常情况下，开展研究工作都是要去解决一个实际问题。可能是要去解释课堂上的某种突发情况，也可能是病人出现的某种令人费解的情形。有时，某个社会现象（比如出生率）会发生统计学意义上的改变，这

①本章后面部分有对"扶手椅穿越"法的具体介绍。——译者注

种改变的原因藏在每个人的生存状态里，也需要研究者去加以理解和分析。研究者还可能会去分析政策问题（比如城市计划），有时，明摆着最佳的政策就是得不到支持，人们的选择显得非常没有理性（比如，贫民窟居民就是不愿意搬迁）。在上述情况中，研究者都会采取质性的方法，期待从复杂的非结构化的数据中获得新的研究发现。下面，我们会总结出选择质性研究的两大原因：研究问题的需要和研究数据的需要。

(1)研究问题的需要

好的开头非常重要，那么，对于大多数研究者来说，什么才是好的开头？那就是发现了这个研究问题只能用这个研究方法才能完成。话说回来，这好像是不言自明的道理。比如说，你想去预测出生率，当然就要先去分析孩子对父母来说究竟"意味"着什么，你得去聆听父母的故事，而不是去调查人们对控制人口出生率有什么观点。你要去解决课堂上出现的各种突发情况，首先就应该去分析课堂上是否存在潜在的权力秩序，你不能只去发个问卷，你得去教室待着，去教师办公室待着，去聆听去分析他们都在说些什么，找出他们话语背后真正的含义。为什么贫民窟的人不愿意搬迁？要找到答案，你就必须走进贫民窟的日常生活，不能想当然地认为住房就是他们的头等大事。以上每一个研究目的，都对应着我们在本书后面介绍的一种研究方法。

有些研究者是不情不愿地被研究目的"绑架"到质性方法上来的，他们一般都会对量化方法恋恋不舍。他们希望采用质性方法去诠释现象，发展概念，然后再去做量化研究，不愿意用质性研究去替代量化研究。在这种情况下，质性研究就会成为量化研究的助推器，可以为整体研究提供更多样的研究发现和更丰富的研究成果，也可以为后续调查提供更多的问题线索。反过来，量化研究也可能是质性研究的前奏，一些量化研究无法解决的细节上的问题可以通过质性研究来继续完成。（在本书第4章中，我们会介绍质性量化混合研究方法。）

(2)研究数据的需要

如果没有一个这类的研究目的指引你选择质性研究，那还有什么能指引你呢？还有数据，你得思考怎样有效恰当地使用数据。有些数据只能通过特定的策略去搜集。比如，有些人你是无法进行访谈的，像不会说话的孩子，罹患了阿茨海默症的老人，等等。在这样的情况下，研究者就只能采取观察的策略，记录田野笔记、拍摄存档视频，后续研究也会在数据的驱动下进行。质性研究能一直往前走，很多时候也是因为研究者考虑到了数据这个因素,因为质性方法本身就是去处理数据获取研究发现的。

很多训练有素的量化研究者转向质性研究,是因为他们发现问卷调查的统计结果和通过开放式问题获得的答案不相符,也和那些利益相关者的叙述不对应。研究者肯定不能打马虎眼说这种差异不存在,也不能仅仅只报告说这些差异是存在的。所以,感觉派的研究者会寻找理论路径来分析这些差异;而行动派的研究者就会转向质性研究,去处理那些乱糟糟的无法做类型化分析的文档和讨论,进入到复杂的社会语境或者政治语境中去理解这种矛盾的情况。一个研究要做到"有用",研究者就必须这么处理问题。比如在医护界,官方的病情记录总是很"干净",但是医生护士自己可能就会去观察和记录诊疗中出现的复杂情况,然后去寻找能够分析这些数据的办法。

因应数据的需要而开展质性研究,这是一个很大的动力,但同时也是一个很大的压力。你必须报告调查结果,必须告知所在的团体,必须让病人配合,而且你还必须马上变成一个质性研究者。如果你正处于这样的状态,那么你可以翻到第12章"怎么开始?",在那里我们提供了10条建议。

2.1.2 非用质性研究方法不可?

很明显,开始研究之前,首先必须回答另一个问题,质性研究是不是达成研究目的的最佳方案。我们希望强调的是质性研究方法无论在伦理上还是方法论上都不存在优越性。相同条件下,对于缺乏质性方法训练的研究者来说,量化研究可能上手更快更容易,也适用于很多研究语境。学术领域里有很多问题只能用量化方法来解决,如果用质性方法做就会弄得一团糟。这就好像灰姑娘的姐姐们为了嫁给白马王子,非要穿上水晶鞋,结果只能是毫无用处、伤痕累累、疑点重重。本书的目的不是去分析质性研究的哲学基础,也不是去探讨不同方法论看待事实和证据的不同角度;本书要强调的是从技术角度而言,质性研究和量化研究之间并没有巨大的鸿沟。就我们自己的经验来说,很多质性研究会包含统计工作,会用量化的方式来回答一些问题。考虑到我们的读者可能都是计划去做质性研究的,我们才会在这里帮助你去理解以上问题。因此我们希望你考虑的第一个问题是,你是否非做质性研究不可?

质性研究适合解决特定的研究问题,达成特定的研究目标,这包括以下几种情况。

第一种：如果你的目的是理解一个全新的领域。在你之前，人们对这个领域的理解很不足，比如说比较单薄、有偏见、没有整体性等，你就需要一种研究方法来提供新的主题，发现新的惊喜。或者直接说吧，如果你根本不知道你可能会发现些什么，那么你的项目就需要依靠一种研究方法来帮助你从数据当中找到研究问题。

第二种：如果你的目的是去理解一种复杂的情况、多语境的数据，或者是不断变化和转型的现象，那么你需要一种方法去简化和管理数据，同时还要保证数据的复杂性和语境特征。如果在一项研究中，只要预先减少一部分数据，就会影响研究发现的话，这项研究采取质性研究就非常合适。

第三种：如果你的目的是去了解参与者在某个社会过程中的经历，他们如何赋予这个社会过程以意义，他们怎样诠释他们所经历的事情，那么你需要一种方法来帮助你发现和充分理解他们的见解，以及他们诠释事物的复杂性。此时，质性研究一般都能够帮助你开辟出一条分析现有数据的新的道路。

第四种：如果你的目的是去建设一个新的理论，或者一个新的理论框架，而不是去验证一个原有的假设，那么你就需要质性方法帮助你从数据当中创造出理论。

第五种：如果你的目的是很深入地从细节入手去理解现象，你就需要质性方法去发现这一现象中的核心主题，然后去分析它。

把这五种情况反过来说：如果你已经有了假设，你并不想去挖掘人们观念的复杂性；或者你只是想去论证某个已有的理论；或者只是去描述一个现象而不是深入分析这个现象，那都可以不用质性方法，你的研究问题用问卷来解决就比用深度访谈来解决更适合。对以上情况，我们的建议是你再回头去检视你的研究目标，不断问自己能不能换一个方法来进行。很多研究的目的只能通过调查来实现，需要调查数据来支撑。比较典型的例子就是去验证某几个变量之间的关系，这几个变量存在于某个群体或者场景当中，非常方便测量。如果你的研究目标是去验证全职主妇比职业妇女更喜欢使用邻里服务，那么就用量化方法。但是，万一你真正想问的是职业妇女如何处理邻里关系呢？

还有一些更为直截了当的量化技术，像内容分析。举例来说，你很想了解究竟是哪些词主导了药物治疗的讨论，你压根没想去分析这些话语背后的意义，那么质性研究方法肯定会耽误你。但假如你想要的其实更多呢？你要探究的问题其实是"主导性话语是否就是讨论的基石"。

通过不断地反思，我们发现上述每一种情况都可能需要同时使用质性方法和量化方法。在第4章中，我们就会介绍混合研究，混合研究事实上很容易嵌入到质性方法中去。

质性方法可以满足很多研究需要，当然不是全部的研究需要。我们已经说过不能因为一些错误的原因去做质性研究。比如说，"我讨厌做统计""我不知道怎么用电脑"，这些都是消极的因素，不是积极的因素。有一些对质性研究的误解，比如说质性研究更具有人文主义意义，更具有伦理价值，更具有性别关怀、种族关怀或者说更受到尊重，我们要在这里加以澄清，事实并非如此。我们在下文中介绍的具体研究技术，就常常带有侵入性，存在伦理上的问题。研究者选择这些技术唯一正当的理由就是研究问题的需要。

选择质性方法一方面需要考虑实际的和伦理的原因，另一方面也要考虑你将如何运用质性方法。好的质性研究，必须目的明确、技术娴熟、问题聚焦。研究者必须首先确认自己做到了这些，才会避免那些棘手的问题。

2.1.3　如何开展质性研究？

上文已经提及，研究问题和研究方法之间不是一个简单的此因彼果的关系。缩小研究范围、聚焦和提炼研究问题的过程，会帮助研究者框定研究方法；在研究方法上的钻研，又会反过来帮助研究者去继续聚焦研究问题。在以下两章中，我们会选择五种经常在教科书中出现的质性方法来具体谈谈这种互嵌、互动的过程。这五种方法是民族志、扎根理论、现象学、话语分析和个案研究。

这五种研究方法回答的是五种不同类型的问题（表2.1）。如果研究者感兴趣的是"这里正在发生什么"，民族志可以提供工具。扎根理论关注的是社会互动和社会过程，适合的研究问题类似于"情况是如何变成这样的"。一般情况下（不是所有情况下），现象学的研究问题都是有关"意义"的，比如"对这一现象的体验是什么"。如果研究者聚焦的是人们自己的世界，那么话语分析就能帮上忙。如果你对特殊的个案感兴趣，想通过一些细致的对比来分析这个世界，个案研究就能发挥作用。通过对比这五种方法，我们可以很清晰地看到问题和方法之间的关系。

表 2.1　从问题到方法

问题类型	适合的研究方法
针对某个文化群体的价值观、信念、文化实践活动而提出的：（1）观察性问题（比如，行为模式是什么？）和（2）描述性的问题（比如，那里正在发生什么？）。	民族志

续表

问题类型	适合的研究方法
针对处于变迁过程中的某个事物而提出的：（1）过程和阶段分析性问题（比如，成为……的过程是什么样的？）和（2）诠释性问题（比如，这种经验的维度有哪些？）。	扎根理论
针对现象或者体验的核心、实质和意义而提出的问题（比如，这个现象的意义是什么？）。	现象学
针对社会意识建构和话语结构而提出的问题（比如，谈话或者书写是如何建构社会事实的？我们要如何通过分析对话的主导模型来分析权力结构？）。	话语分析
聚焦性和图解性的问题（比如，在实践中这些问题是如何出现的？一个人、一个部门、一个产业是如何反映宏观情况的？），或者比较性的问题（比如，在不同环境中的群体会有怎样不同的体验？）。	个案研究

2.1.4 从选择方法到获取数据

研究目的指向研究问题，研究问题主导研究方法，研究方法也需要恰当的数据类型。如表2.2所示，不同研究方法所需要的数据类型有时候是类似的。需要指出的是，研究方法和获取数据不是井水不犯河水的两件事，而是共同组成思维方式的两个方面。

表 2.2　研究方法和数据类型

研究方法	可能的数据类型
民族志	一手数据：参与式观察资料、田野笔记、非结构或结构式访谈资料、特定的焦点小组资料（有时会形成音频或视频记录） 二手数据：档案、史料；图片资料、视频资料、地图、家谱、社会关系图
扎根理论	一手数据：访谈资料（一般会有录音）、参与式或非参与式观察资料、对话日记、根据研究主题开展的田野笔记 二手数据：对比性案例、个人经验
现象学	一手数据：音频资料、深度访谈、小群体对话、现象学意义上的文献 二手数据：诗歌、艺术、电影
话语分析	一手数据：访谈资料（一般会有录音） 二手数据：档案、日记、媒体报道等文字资料
个案研究	同一主题的个案（例子或者场景） 一手数据：参与式观察资料、田野笔记、非结构或结构式访谈资料、特定的焦点小组资料（有时会形成音频或视频记录） 二手数据：档案、史料；焦点小组

在处理数据方面,各个方法的差异并不是那么严格。比如说以上不少方法都会用到焦点小组和参与式观察来收集资料,但是研究者都会按照自己的逻辑来使用这些技术;划定严格的文献范畴;设定适合数据处理技术的目标。个案研究比较特殊,它包含各种方法(最常见的是民族志和扎根理论),提问和回答的方式也较为独特。

在后面的章节中,我们将探讨各种方法都会用到的数据类型、数据处理和分析技术。但是现在,我们还是回到不同方法所需要的不同数据上去。这不是说方法就等同于数据处理的方式,也不是说数据处理方式就表明了方法的存在。"你正在做访谈"这件事,没办法说明你为什么去做这个访谈,也没办法说明你将会怎么处理访谈资料。但是,你的访谈内容、访谈形式以及你怎么看待你的访谈资料,就受到方法的限制了。这是因为,不同的方法决定了你将如何"思考"你的数据。

2.1.5 从选择数据来源和种类到管理和分析数据

在方法论的逻辑链条里,研究目的、研究问题、研究方法和研究数据是一脉相承的关系。研究者处理、管理、挖掘以及分析数据的方式是整个逻辑链条中的一环。举例而言,表2.2所涉及的每一种方法都可以使用非结构式访谈,每一种方法也都会把访谈内容转录下来。但是,每一种方法的访谈"形式"以及访谈资料处理方式都是完全不同的。对于访谈获取的资料,民族志用来描述行为模式及其分类;扎根理论会用来叙事,然后更进一步地去创造理论;现象学看重其中的对话,并继而去归类主题,寻找"意义";话语分析会详细剖析每一个细节;个案研究则拿来与其他个案的数据进行对比分析。

所以,问题的关键不是数据本身,而是使用和分析数据的路径。不同的研究方法在处理数据、分析数据的时候要求是不同的。再以编码而言,每一种方法都会对资料编码,也都会使用差不多的技术——选择一部分文本,把它进行归类。但是,相同点也就到此为止。每一种方法对编码的理解和运用不同,编码所输出的结果不同,数据和观点之间的逻辑关联也因此不同。

每种方法在回答以下问题的时候,答案都是不同的。比如:"归类的标准?""编码了哪些数据?""这一类别的数据搜集,是分析的开始还是收尾?""你如何进行归类,如何使用归类?"……尽管不同的研究方法都会使用类似的策略,但是不同的研究方法使用这些策略时有着不同的考虑。你的思维方式由研究方法决定,更由你的研究目的决定。

正如表2.1所示，每一种研究方法都适合回答某一种特定的研究问题。研究目的会决定你的研究是偏向描述的，还是偏向理论的。我们会在后面的章节中继续讨论这些差异。

接着表2.2，我们继续用表2.3来揭示方法、分析和数据处理之间的契合关系。

表2.3　方法、数据和分析技术

研究方法	分析技术
民族志	——深描、对笔记的再解读、存储信息、讲故事、个案研究 ——编码、试图呈现模式和过程
扎根理论	——理论的敏感性、发展概念、按归类编码、开放编码生产理论 ——焦点备忘录、建立图表、将重点放在寻找核心概念和处理上
现象学	——发现和探索核心命题、现象学反思 ——备忘录、反思性的写作、甄别意义
话语分析	——对语言或文字非常细节化的鞭辟入里的研究（通常会有一套方案），包括分析停顿、语气的转化等 ——分析对话和文本解构、甄别社会过程的建构过程、揭示社会过程背后的意义
个案研究	——从精心挑选的案例中获得数据，继而挖掘主题以及充分描述研究问题 ——依照已有的先期理论来编码和统计数据 ——从细节出发，对要素、事件、利益条件等进行语境化的分析比较

2.2　一致性原则

(1)什么是一致性原则

了解过目的性原则之后，我们需要进入一致性原则。表2.1到表2.3其实都在说明研究需要一致性，研究目的和研究问题之间，研究问题和研究方法之间，研究方法、数据和处理数据的技术之间，都要相互一致、相互契合。研究过程中的这些要素融洽相处，才能帮助你找到研究问题的最佳答案。每一种研究方法对世界和数据的解读方式都是独一无二的。

研究的一致性原则不是指一旦研究者选择一种方法，他就不需要再思考搜集数据和分析数据的手段了，因为它们早已预先设定好了。事情没那么简单。研究的一致性原则也不是指研究者一旦选择一种方法,就不再有灵活变动的可能了。**研究的一致性原则指的是研究者思维方式的一致性**。使用现象学方法的研究者必须以现象学的方式来思考他的研究目的、研究方法和数据是否协调一致。你如果要使用扎根理论,就要学会用扎根理论的方式来思考。正是由于思维方式的差异,使用不同方法的研究者才会对同样的数据(比如田野笔记)给出完全不同的解读,也会利用同样的数据分析技术(比如编码)得出完全不同的结论。

质性研究不是简单地去执行某个数据分析技术,相反,每一种质性研究方法都是一种独特的数据思维方式,质性研究者会利用不同的技术来"操控"数据进而达成研究目的。研究过程的每一步都是环环相扣的,你所选择的方法把每一步中使用的特殊策略紧密结合在一起,从而形成一个整体。

(2)在实际操作中实现一致性

我们从一个实际的研究选题出发,看看不同的研究方法是如何实现一致性的。作为例子,我们现在就选择"亲密依恋"作为一个研究选题。如果你手头正好有一些先期研究的数据,或者你已经形成了某个研究兴趣,不妨按照下面的方法来试试看如何处理研究选题。

什么是"亲密依恋"?我们应该阅读哪些文献?我们有很多选择——母婴关系研究、家庭关系研究,甚至社会支持研究。我们还可以把我们的阅读范围延伸到互动研究、婚姻研究或者是"母职"(Mothering)研究。我们需要选择一个既能观察到"亲密依恋"这一概念,同时也能包含个人经验的场景。结合研究主题和阅读过的文献,我们决定选择机场送机口和接机口来研究公共场合中的"亲密依恋"行为。我们需要观察亲朋好友之间是如何迎来送往的;我们需要对乘客还有他们的亲友进行访谈,了解他们有哪些迎来送往的经验。我们还可以考虑去访谈那些见惯了迎来送往的"专家",比如行李员、租车点的工作人员、安检人员、保洁人员等。

有了研究选题和研究语境,下一步就是确定研究问题。不同的研究问题会导向不同的研究方法,研究方法也会反过来帮助我们修订研究计划中的细节,比如说如何选择参与者、如何确定样本规模、如何搜集和分析数据,还有最重要的,如何确定研究结果的样态。

我们可以通过"扶手椅穿越"法来探索这个研究选题。在上文中我们列出了五种主要的研究方法,接下来就让我们围绕研究选题开展五次"思维穿越",每次穿越都使用一种不同的研究方法,看看我们最终会得到什么结论。质性研究者首先要做的是去找到合适的研究场景,在这个研究场景中,研究者可以很频繁地观察到他所感兴趣的具有典型意义的现象。访谈对象,则必须是那些"专家型"的参与者,他们对研究者感兴趣的现象应该具备丰富的经验。在选择研究场景时,我们必须目的明确、深思熟虑,确保在这个场景中我们看到的是最佳的研究对象。我们不能随意选择研究场景和研究样本,因为那样的话,我们的研究成果就要靠天吃饭全凭运气。我们也不能只搜集那些"中庸"的经验,因为那样的话,社会现象的个性特征会被冲淡,无法浮现。

2.3 "扶手椅穿越"法

一项学术研究的准备工作是什么样的? 很显然,每个研究选题都不止一个解决方案。不同的解决方案,对应的是不同的研究问题,不同的研究方法和不同的研究结论。那么,我们要如何确定哪一个才是最佳方案呢?

我们可以采用"扶手椅穿越"法(Morse, 1999)来面对这种研究中的不确定性,这是一种利用思维来进行穿越的方法。如果我提出了这种研究问题,我就要使用对应的这种研究方法,搜集这一类型的数据,寻找这类的参与对象,提出这类的访谈提纲,使用这类的数据处理和分析技术,得出这类的研究结论。换个角度,如果我提出的是那种研究问题,那么,我就要使用那种研究方法,搜集那一类型的数据,寻找那类的参与对象,提出那类的访谈问题,使用那类的数据处理和分析技术,得出那类的研究结论。

通过使用"扶手椅穿越"法,我们可以预测研究过程和研究结论,避免盲目开展研究。我们可以不再纠结于如何管理我们的研究,而是把精力集中在数据本身,同时还能保持研究的灵活性和做选择的能力。尽管我们不能据此对可能遇到的每一个困难都做到明察秋毫,但是,我们却能据此对每一种方法可能带来的结果做到心中有数。这样,我们就能在信息比较充分的情况下做选择,大致明白哪一种方法是最适合的,对未来的写作也有一定的帮助。另一方面,我们也应该知道这种选择并不是钉死不变的,我们要随时准备好重新做判断,并在必要的时候做出调整。在表 2.4 中,我们可以看到用"扶手椅穿越"法处理虚拟课题"迎来送往:亲密依恋的模式"所得到的结果。

表 2.4　虚拟课题"迎来送往：亲密依恋的模式"的五种研究方法对比

方法	研究问题	场景和参与者	策略	结论类型
民族志	机场迎来送往中包含了怎样的亲密依恋模式？	机场接机口和送机口、行李处；乘客及其亲朋；对迎来送往很熟悉的"专家"；30 到 50 位研究对象	非结构的录音访谈、在送别和迎接场所中的参与式观察；田野笔记和其他文件	对迎来送往行为模式的描述
扎根理论	你的家人是如何迎来送往的？	在任何空间中的访谈；在机场对乘客及其家庭成员的观察；30 到 50 位研究对象	录音访谈、观察；以理论为导向的新数据	有关迎来送往的新理论、聚焦于社会心理过程
现象学	与配偶的离别和重逢究竟意味着什么？	依被访者方便而进行的访谈、最近旅行过的人们；6 到 10 位研究对象为一小组	深度对话的录音；对现象学资料和其他资料的反思	对配偶间离别和重逢的反思性深描
话语分析	亲密依恋及其在社会结构中的地位是如何通过信息传递和语词使用来建构的？	将出发大厅和人们在那里使用的话语作为意义的来源	在公共场合中展示出的文本，包括人们的对话以及书面表达	对由话语和场景建构而成的"家庭"或"归属感"进行批判性解读
个案研究	在不同国家，亲密依恋的表达方式有何不同？	能体现国家差异和场景差异的个案	观察；对官员、乘客及其家属的访谈	对比已有描述，提供对亲密依恋关系的多元化解读

表格来源：Morse(1994a). 经 Sage 授权使用。

2.4　那么现在，你的选题是？

　　"你在做什么研究？"这大概是一个研究者最容易碰到，但最难回答的问题。有趣的是，大多数质性研究教科书都不会告诉你如何找选题。这是因为如果你还在找选题，就说明你根本还没开始研究。要确定选题，同样需要明确研究目的以及确保研究问题、研究方法和研究成果之间的一致性。

　　确定选题，意味着你选择从"哪里"开始着手研究——这个"哪里"，不是指一个你已经明确了的研究问题，也不是指你将选择哪条方法路径。如果你对你的同仁们说："我正在'做'教室权威；我正在'做'护士们针对无子女人士的护理经验；我正在'做'痛苦体验……"回头想想你正在使用的字眼。一个旅游者也会"做"研究——了解看看比利时是什么样的，比较一下法国的博物馆跟斯堪的纳维亚的博物馆有什么不同。但真正的研究不是这样大而化之"做"出来的。选题是一个研究项目所处的学术位置，它只是意味着你将如何定位自己的研究——它不是你将要提出的研究问题，不是你提出研究问题的方式，也不是你给出答案的方式。【凑巧的是，"选题"的英文单词——"topic"来源于亚里士多德的"范畴"(topics)概念，其本身就带有定位的含义，在古希腊语中，写作"topikos"，最原始的意思是"在某个地方"。】

一个研究选题可能是某个研究领域、某个题材，或者某种经验（比如待在某个组织里的经验、生活在某个社区中的经验、遭遇某种学习障碍的经验等），某个概念（比如公司结构、课堂学习、社会支持、应激反应等），某个场景（比如会议室、学校、村庄、医院病房），某类人群（比如老师、医生、青少年等），人们日常生活中的某些方面（比如老师在休息室里的谈话），一些非同寻常的活动（比如阅读障碍学生的教育个案研究）。以上都是对研究的定位，有了这样的定位，研究者才能开始界定研究问题。一个选题可以从多个视角来"做"，所以只要研究者能够确定自己选择的研究对象足够特殊，过往没有得到过关注，他就能够切入以上列出的所有选题的研究。

可能你正处在灵感爆发期，手头积攒了很多选题。那么对你来说，最大的挑战就是要一个个地去"穿越"它们，去思考如何形成研究问题，如何解决研究问题，以及最重要的——去思考自己是否具备足够的能力和资源去完成整个研究。如果说你自己没有选题，做研究是为了完成任务，那么这种状态不太好。因为对你来说，此时的研究不再是兴趣所在，而只是应付工作。想改善，你所需要的就是：一个好选题！

2.4.1 怎样找到一个选题？

总结找选题的经验其实很冒风险，因为谁也不敢说已经把找选题的规律吃透了，能够有条有理地把它还原出来。研究者洞察到好选题一般没什么规律，可能是在登山的时候，在沐浴的时候，或者是泡在图书馆的时候。也就是不管在努力做什么其他的事情，其实注意力都在选题上。不过，对怎么找选题做一些类型化的总结还是可以的。如果你正一筹莫展，就试试看用以下五种方法来定位你的研究。但是别忘了,你还是要首先问自己这个选题应该怎么做,它可能的研究结论会是什么样的。

(1)你已经在那儿了

"你已经在那儿了",毫无疑问,这应该是确定选题最常见的理由了。这个理由最激动人心,但也最危险。因为你已经在那儿了,所以你可能已经具备了,或者说很自信已经具备了掌控选题的知识。万事俱备,只欠东风,你可以快速前进了。你熟悉地方,和参与者相处融洽。但你要注意:这里不是指因为做研究才在那儿的,而是你因为工作才在那儿,因为入会才在那儿或因为做分享才在那儿。要成为一名优秀的参与式观察者或者客观的访谈者,你要做的准备是完全不同的。在你自己很喜欢的领域里做研究,的确可以为这个领域贡献新知识。但你要注意,你得首先确保你所给出的确实是有价值的研究结论。它不是你为自己的想法找到的证明,也不是你的实际工作成果。如果它们之间是相互一致的,那么你就更要小心求证,说明它们之间"确实"是相互一致的,你的研究是严谨的。"你已经在那儿了"表明,你自信知道什么是重要的,或者说,谁才是关键,是那个重要的特殊人物(包括你自己),你知道他们是如何被看待的。可是这些都是先入为主的观念,你要如何处理呢?

(2)研究空白

人们常常忽略掉一些靠谱的质性研究选题。当然,这大概是因为它们很难做,甚至更糟糕——它们很无趣。"别人都不选",可不是一个"你就去选"的好理由。你要从另外一个角度看,这些选题遇冷,是因为它们需要质性分析,是因为针对它们提出具体研究问题有难度,是因为它们是很难进入的研究领域,是因为它们被既有解释遮蔽了。

当然,这是一把双刃剑。一个选题从未被开垦过,你的挑战就是开疆拓土式的,去发现一个新定位,绘制一幅新地图,把它变成一片让人神往的领地,将自己的名字镌刻其上。很多经典的质性研究都是这样开辟新天地的。比如,女性主义研究的第二次浪潮就把目光转向了被人们忽略的女性日常生活,包括母亲角色研究、社会支持网络研究甚至家务研究。

话说回来,没被开垦过的土地也很难得到认可。特别是作为学生,你还要申请基金来支持自己的研究。所以,去研究那些"时髦"的题目,也就是已经有人在研究的题目,会相对更容易一些。并且,图书馆里面也容易找到很多这类选题的文献。

(3)换个角度看问题

如果你怀疑既有文献的分析和解释不聚焦、存在错误、结论无效、不精确；如果你发现所谓常识与证据不相符，相关研究使用的是无效的、不恰当的理论框架，那么你就可以打破旧的研究观念，重新检视现象，搭建新的理论框架。近几十年里，女性主义研究和健康与疾病研究就打破了结构功能主义的范式，开辟了新的权力与冲突研究视角。

(4)这里正在发生什么

质性研究常被用来回答一些非常实用的问题，比如"这里正在发生什么""我们要如何应对这一轮创新"。一种类型是评估式研究，主要是对某个特殊现象的过程或者结构做出强有力的理解和描述。一种类型是行动式研究，主要是回答"这里正在发生什么"，研究选题就是"这里"——"这里"的社区、"这里"的抗争、"这里"的政府组织等。

以上研究的成果往往是描述性的，而不是理论性的。研究者的目标是让读者对现实课题和形势有清晰的认知，因此研究本身必须非常生动、深入。这样一来，一个致力于评价教育创新的研究者就不可能去反思什么是教育的意义，也不会尝试去提出一个新的师生关系理论。研究者集中精力要做的是细致观察、认真评估，报告效果。这样的研究多使用个案研究方法，以强调差异点在哪里，共同点在哪里。

(5)对量化研究的补充

质性研究的选题也可以从量化研究中寻找，一种情况是量化研究已经为质性研究积累了数量可观的案例知识、模式分析；另一种情况是量化研究需要质性研究。质性研究可以是量化研究的基础，也可以是对量化研究的补充。量化研究也可以反过来用于验证质性研究的结论。质性研究的结论可能是一个对现实问题的洞察、一个深描、一个假设、一个需要量化研究验证的理论，或者干脆是直接能用的质性理论。在进入研究和选择方法之前，你首先应该考虑的还是研究目的。

2.4.2 考虑研究语境

你已经有了选题，甚至有了研究问题，但你在选择研究方法之前还有别的很多要考虑的因素。这一部分内容就是让你在做选择的时候,更具有"接地气"的智慧。你先穿越到未来的研究成果那里,考虑自己想得到什么,然后再做选择,这样,你就会在做研究的过程中很明确地看到有哪些限制条件,又有哪些有利条件。

(1)考虑你想得到什么?

首先必须考虑的是,你的研究性质究竟是什么? 你是想要去做一个描述性研究,去尽可能细致地描述正在发生什么,还是去揭示被人们忽视的细节? 又或者你想做的,是往后走一步,勾勒出一个比平常看起来更宏大的结构? 描述性研究有自己一整套的标准、方法、数据搜集策略以及确定信度、效度的方式。此时,做研究就是观察生活或者说观察生活的片段,尽可能精细地记录下正在发生的一切。以描述为目的的方法有民族志、行为学、视觉民族志和历史学方法。它们记录——使用照片、录像、对话录音、一些文件(如族谱、社会关系图、地图等)。它们存档和做评估——它们的数据形式方便人们随时检查、核对、再检查、再核对,包括一致性信度的检查、核对。这样,整个研究过程的严谨度就得到了保障。数据通过图片、对话录音、文件等被长久保存下来,可以反复再核对、再回顾、再检视和再分析,研究者也能随时重启田野工作、核查论据。

或者你想做的是解释性研究,就需要解释性的方法。这些方法要能帮助你分析更为主观的现象,或者更为"软性"的数据——那些很难直接触碰到的,很难在事物表面就呈现出来的经验、观念、论点、价值观、意义、信念、梦想。你可以借助理论来开展研究(比如说,女性主义理论就能够把有关性别不平等的观察联系在一起)。现象学和阐释学也是比较典型的解释性方法。你可以在史密斯、弗劳尔斯和拉金(Smith, Flowers, & Larkin, 2009)以及索恩(Thorne, 2008)的著作中,了解到更多有关解释性方法的知识。

或者,最适合你的是描述加解释的混合方法? 扎根理论可以帮到你。扎根理论一开始是描述性的,旨在还原过程;随后就是解释性的,旨在挖掘关键变量、阐释基础社会过程(Glaser, 1978),提炼能够把各种过程联系在一起的让数据说话的核心主题。绝大多数民族志方法也是混合的,既适合描述,也适合解释。

(2)考虑你正在研究什么?

现在,你做研究面对的限制条件就主要来自"你研究的是什么"了。你研究的现象是具体的、有形的、稳定的吗? 也就是对你来说它能一直被观察、拍摄和接触到吗? 还是说,它是被遮蔽的、隐藏的、敛于内心的? 它是否在变动? 你是否只在一瞬间看到了它？它是唯一的吗，还是会一再出现？它是模式化的吗？在一定条件下它是否会随着时间而变化甚至消失？换句话说，你将如何观察、记录你正在研究的对象？这些问题都会影响你的研究设计。你能直接接触你想研究的人们吗？还是说，你要依靠别人来观察你所感兴趣的现象。收集"隐蔽数据"（Morse，2001）需要不同的研究设计。比如，要去研究失亲家庭，你就最好不去访问最悲伤的那个家庭成员，而是通过其他家庭成员去了解他的行为方式。另一个间接式的方法是"找模特"。例如，你没办法观察到不发生在医院里的生育过程是什么样的，那么你就想办法让那些业余的接生婆来演示她是怎么安排产妇的，然后通过这种方式来收集数据。

（3）考虑研究场景

一旦开始研究，你就必须把参与者的隐私和权利时刻放在心上。你所在的场景是私人空间，还是公共空间？家肯定是私人空间，你必须得到许可才能进入研究。但是，隐私的层次不止这么简单。学校、医院等都是受保护的环境，研究者必须获得层层许可才能进入。我们在第11章中专门讨论研究的伦理问题。

（4）考虑你想要做什么？

为什么要开展这个研究，很多研究者都有自己的目标和想法，但这些想法里头，还是有好坏之别的，有些合理，有些不那么合理。

做研究最好的理由大概是"因为它太引人入胜了"。你不断思考、不断阅读、不断讨论，根本停不下来。这样的开头最棒，只有这种上瘾的状态，才能让你有激情一连几个月做研究，即便碰到困难，任务艰巨，也能下定决心完成项目。

做研究最常见的理由大概是研究者自己有经历，有话要说。他们可能刚刚遭遇离婚、失去至亲，或者深信自己具备别人所没有的专业上的一技之长。做质性研究，就成为他们分享个人经验的一种方式。自传式民族志，就是为这种反思量身定制的方法。但在我们看来，做质性研究并不能很好地解决你自身面对的问题。

做研究最不靠谱的理由大概是研究者其实"别有用心"。你发现工作中出现了问题，你看到了一桩很不公平的事——同事被开除了，护理工作很不到位或者出现了教学事故。你希望世界更美好，所以你要着手调查研究。对一个初涉世事的学生而言，通过讨论、应对这些"政治事件"，的确能很快融入集体。但是，在这种情况下，你很难做出好的研究设计。就上面提到的这些例子来说，关键在于你必须搞清楚，你为什么选择这些选题，为什么对它们感兴趣，它们对于你的研究来说会产生什么样的影响。

(5)考虑如何确定参与者

要找到参与者,并且和他们打成一片,很显然有诸多限制条件。而如果你做的是质性研究,在这方面,要面对的限制条件会更多、更特别。

你的项目一启动,你就要问自己,你要和谁对话,能不能和他对上话。接下来就是伦理问题(具体见第6点)。很多时候,这两个问题你都解决不了。你总不能通过访谈不会说话的小朋友去研究"婴儿期痛苦"问题吧。但对"哭泣"行为进行编码,然后分析"哭泣"的性质和模式呢? 你当然不能访谈那些深受阿茨海默症之苦的老年人,但你有没有其他替代方案呢? 还有一些潜在的参与者,你是无法接近的。比如说,心理创伤,对患者来说疗愈总是第一位的。家庭暴力,真实案例很难观察到,你只能去访谈那些遭遇过暴力的参与者,通过回忆型的数据来进行研究。

(6)考虑伦理限制

在研究的最开始,研究者就要考虑问题和方法在伦理层面上意味着什么。在第11章,我们回过头来谈研究过程开始的时候,会更具体地讨论研究伦理。

上面讨论的几乎所有方法都会涉及隐私侵犯的问题。有些甚至会严重地威胁到参与者的权利。开展一项研究,首要考虑的就是伦理问题。一个好的研究设计必须保持对研究语境的敏感,保证对参与者意愿的尊重。研究者必须探讨伦理及其实践问题。如果你打算研究弱势群体(比如学校、监狱、医院的人群或者一些文化群体),你必须得到制度的允许,得到监护人的允许、父母的允许、护理人的允许,还有当事人的允许。"普通人"同样需要对其隐私的全面保护。只要你一接近他,你就必须采取措施保护参与者的身份信息。及早考虑:谁将获得原始资料? 如何保存它? 如何保护参与者的身份信息和地理位置信息? 谁能看到最后的研究报告? 在出版之前,应该由谁来审核批准?

要确保研究能够被接受,研究者需要和相关机构合作。研究者要持续关注研究可能带来的后果,以及不断变化的周边条件,争取更多的谈判机会,让相关机构看到研究方法是合理的。20世纪90年代中期,莫尔斯开展了一项心理创伤护理研究。当时在加拿大,她不能使用音频和视频记录研究数据,但是在美国可以。在美国,使用视频记录数据符合规定,它能保证质性研究的质量。这些视频文件在获准公开之前都是保密的，而且，如果不能获准公开，它们就会被销毁。后来，加拿大伦理审查委员会认为这样的程序比较合理，就批准了莫尔斯使用音频和视频记录研究数据的第二次申请。

2.4.3 从选题到研究问题：聚焦质性研究

研究选题定位了你的研究，你找着地方了。框定研究问题会更难，因为这需要你思考你有什么样的技能和资源，你需要问什么，你能问谁，你的提问是否符合伦理要求，是否具有可操作性，你对答案的期待是不是合理的。一个研究问题必须是"可研究"的，否则不能作为研究的起点。

在开始研究之前，初学者面对的最大挑战之一就是培养质性思维方式。有时候只要稍微思考一下选题，研究者就能看到一个显而易见的结果，但这不是所谓的"可研究"的问题。首先要搞清楚的事项如下：

• 哪些需要问？

• 应该怎么问？需要什么样的数据？针对这些问题，研究者应当去哪里发现答案？

• 这个问题能问吗？如何进入场景？如何保护调查对象？需要何种研究人员？秉持何种研究立场？

2.5 你能达成什么目标？

现在你已经清楚了，质性研究者所期待的成果不仅仅只是一个好故事。方法、数据和分析之间的整体性，正是新闻调查和质性研究的差异所在。好的新闻和好的质性研究有同样的目标，那就是理解人们的处境、做彻底的探究、生动地展现自己的发现。但是所有的质性研究方法都有更"高"的目标——抽象化和分析，而不是仅仅停留于提供一份描述报告。罗伯特·帕克(Robert Park)，芝加哥学派的创始人之一，同时也是一位训练有素的记者，就将社会学称为"大新闻"。

质性研究的分析是一种特殊的分析。以上提到的案例，它们的共同点就是提供"新东西"——更好、更丰富的数据资料，或者从数据中得来的新发现。本书贯穿始终所讨论的数据处理技术都是为了这一目标。比如，质性编码旨在保留数据丰富的细节,方便研究者探索和反思。研究者拒绝或者说很难把细节变成数字,因为这样做会阻碍进一步的发现。不同于许多(虽然不是全部)量化研究,质性研究一般不去验证现有理论。质性研究更倾向于在数据中挖掘出新理论,或者对某个现象的新解释。

这些目标并不是遥不可及的。理论可能很小、很本地化。在第7章中,我们讨论了抽象化及其完成方法。当你埋头想选题的同时,要问问自己:能达成什么目标? 对这个研究来说,怎么才叫好成果? 好的标准是什么? 优秀的标准又是什么?(对研究成果可能性的更多讨论,请见 Richards,2009,第 7 章)。

本章小结

本章我们主要讨论了一个好的质性研究必须遵循的原则——目的性原则和一致性原则。这两个原则意味着,研究目的、研究方法以及研究设计策略之间不能相互割裂。研究策略只是"工具",而怎么使用"工具",是由研究目的、研究方法、数据类型来决定的。下面这一点很重要:人们可以学习研究策略,但是如何使用研究策略是由研究方法来决定的。

在这一章,我们强调了方法的"完整"特征——问题、数据、分析之间是相互契合的。在第3章中,我们要分析"完整"的另一面:虽然质性研究方法具有一致性,它们完整,但它们并不"完满",不会去完全主导研究的每一个具体阶段。我们将从"完满"的意义上去比较前述五种研究方法,看看有哪些方法能够全程指导研究项目,而另一些方法则只能在方法论层面指导研究者。

参考资料

不同类型的质性研究
阅读不同类型的质性研究,感受一下不同的结论。

Brizuela, D., Stewart, J.P., Carrillo, R.G., & Garbey, J.(2000).*Acts of inquiry and qualitative research*.Cambridge,MA:Harvard Educational Review.

Denzin, N.K., & Lincoln, Y.S.(Eds.).(2011).*The SAGE handbook of qualitative research* (4th ed.).Thousand Oaks,CA:Sage. [本书中文版《质性研究手册》已经出版。]

Ezzy, D., Liamputtong, P., & Hollis, D.B.(2005).*Qualitative research methods*.Oxford,UK:Oxford University Press.

Maxwell, J.A.(1998).Designing a qualitative study.In L.Bickman & D.J.Rog (Eds.), *Handbook of applied social research methods* (pp.69-100).Thousand Oaks, CA: Sage.

Morse, J.M., & Field, P.A.(1995).*Qualitative research methods for healthprofessionals* (2nd ed.).Thousand Oaks, CA: Sage.

Richards, L.(2009).*Handling qualitative data: A practical guide* (2nd ed.).London: Sage.

Seale, C., Gobo, G., Gubrium, J., &Silverman, D.(Eds.).(2006).*Qualitative research practice.*London: Sage.

Wertz, F.J., Charmaz, K., McMullen, L.M., Josselson, R., Anderson, R., & McSpadden, E.(2011).*Five ways of doing qualitative analysis: Phenomenological psychology, grounded theory, discourse analysis, narrative research, and intuitive inquiry.* New York: Guilford.

不同学科的质性研究

当然，不同学科的方法也是不同的。建议阅读以下来自不同领域的研究。

Daymon, C., Holloway, I., & Daymon, C.(2002).*Qualitative research methods and public relations and marketing communications.*London: Routledge.

Eisner, E.W., & Peshkin, A.(Eds.).(1998).*Qualitative inquiry in education: The continuing debate.*New York: Teachers College Press.

Frost, N.(2011). *Qualitative research methods in psychology: Combining core approaches.*Berkshire, England: Open University Press.

Gilgun, J.F., & Sussman, M.B.(Eds.).(1996).*The methods and methodologies of qualitative family research.*New York: Haworth.

Golding, C.(2002).*Grounded theory: A practical guide for management, business, and market researchers.*Thousand Oaks, CA: Sage.

Holloway, I.(2005).*Qualitative research in health care.* Oxford, UK: Blackwell Science.

Latimer, J.(Ed.).(2003).*Advanced qualitative research for nursing.*Oxford, UK: Blackwell.

Mariampolski, H.(2001).*Qualitative market research: A comprehensive guide.* Thousand Oaks, CA: Sage.

Merriman, N.B.(1997).*Qualitative research and case study applications in education.* Toronto: John Wiley.

Munhall, P. L.(2012). *Nursing research: A qualitative perspective* (5th ed.). Boston: Jones & Bartlett.

Padgett, D.(2008).*Qualitative methods in social work research* (2nd ed.).Thousand Oaks, CA: Sage.

Patton, M.Q.(2002).*Qualitative research and evaluation methods* (3rd ed.).Thousand Oaks,CA:Sage.

Seale, C., Silverman, D., Gubrium, J., & Gobo, G.(Eds.).(2007).*Qualitative research practice*.London:Sage.

Shaw, I.S., & Gould, N.(2001).*Qualitative research and social work*.Thousand Oaks, CA:Sage.

Ulin, P.R., Robinson, E.T., & Tolley, E.E.(2005). *Qualitative methods in public health :A field guide for applied research*.San Francisco:Jossey-Bass.

学术期刊

Ethnography Field Methods Forum :Qualitative Social Research
International Journal of Qualitative Methods
International Journal of Qualitative Studies in Education
International Journal of Qualitative Studies on Health & Well-Being
Journal of Contemporary Ethnography
Qualitative Health Research
Qualitative Inquiry
Qualitative Report
Qualitative Research
Qualitative Research Journal

选择一个方法 3

对新手而言，在诸多方法中做选择是一个很艰难的任务。但是你必须做选择，因为质性研究的关键，就是去找到那个可以回答你研究问题的"最佳"方法。那么要怎样准备，你才能做到这一点呢？

从质性方法的共同点开始着手会很有帮助。既然都被称为"质性"研究方法，它们确实拥有很多共同点。所有的质性研究都试图理解那些复杂的、只能在具体语境中被理解的经验数据。本书谈到的研究方法在研究步骤和研究结果上存在很大差异，但它们的目的都一样：使用恰当的数据分析流程，创造一个新的解释框架。

从表面上看不少研究方法用的是同样几个分析策略，但每一种方法对这些分析策略的运用方式是不同的。不同的关键在于研究者对数据的思考方式和随之而来的概念化方式不同——也可以说是对数据的"升华"方式不同。在后面的几章中，我们会讲到关于编码、分类、主题化的一般性流程，然后再回过头来介绍研究策略，看看它们如何赋予不同的方法以独特性。不过这里，我们的关注点还是差异和选择。

所谓"最佳"的研究方法，指的是最能够帮助你思考和处理数据，从而达成研究目标的方法。它听上去不一定那么佶屈聱牙，也不一定那么富有学术气质。它也不应该是你朋友正在用的，或者你恰好在工作坊听来的、在书里刚看来的、在学校里被教过的什么方法。这我们在前文里也已经说过了。所谓"最佳"方法，是最适合"你"的方法，能解决"你"的研究问题，帮助"你"高效高能地正中靶心。"最佳"方法要能够保证你接近你想要接近的生活场景，报告出你想要报告的内容，揭示出你想要揭示的道理。"最佳"方法要可以帮助你在你的研究主题里发掘出激动人心的新见解——当然了，它也必须能够帮助你拿学位、发文章、助力他人或者收获其他种种你想要收获的成果。

这一章要分析的还是前面几章一直在分析的五种方法,分析这五种方法的问题类型、提问方式和结论类型。这一章的主要目的是为你绘制一幅方法地图,拿着这幅地图,你就能够找到最适合你自己研究主题的方法。在以下的内容当中,我们会告诉你一些研究策略,讨论一下五种最常见的研究方法是如何运用这些研究策略的。

3.1 描述和解释

对研究新人来说,不少研究方法看起来非常类似,交叉重合的地方很多。某两种方法看起来差不多,是因为它们都会采取某个步骤(比如某种编码方式)或者都具有某些特点(比如分类或者主题化)。然而每一种方法的深层逻辑不同,看待事实的角度就不同。每一种方法都有运用研究策略的不同方式。不少方法会共享某些研究策略(或者也称为技术),但它们的分析视角不同,从而使得对数据的思考和反思都是不同的。

那要怎么才能看出它们的不同? 为了帮你走出这个迷宫,我们的方法地图将把上一章讲到的描述和解释之间的差别作为起点。所有方法都会描述和解释,但是各个方法所强调的重点是不同的。研究目的不同,研究重点就会不同,研究结论也会完全不同。

偏描述型方法,它们能达成的研究目的是生动而又丝丝入扣地描绘出一种形势、一种现象,把"正在发生的事情"和盘托出。如果研究者的目的是揭示"那里有什么",或者是找到各种社会过程之间的联系,偏描述型的方法就很好用。偏描述型方法带来的研究成果,是厘清问题的状况,突出生活方式的差异,开阔我们的视野,增进我们对已知事物的了解,从而使我们的生活更为丰富多彩。偏描述型方法被广泛用于评估一个项目或组织,确定、检测或监视事物的变化。需要强调的一点是,偏描述型的方法很多样,经常被组合使用,而且更重要的是它们都很少止于描述。

传统的偏描述型方法是民族志。民族志起源于人类学,它研究现实生活的主要方式是聚焦于人们行为所处的文化语境。民族志一般采用的研究技术是参与式观察,而且往往是长周期的、要求严苛的参与式观察。参与式观察本身也经常被看成一种研究方法,而不仅仅是研究技术。如今民族志的运用范围跨越了多个学科,产生了许多不同的形式，而且其中绝大多数都偏解释，将研究目标放在批判性的反思上。在行动式研究中，研究者往往会采用民族志的那些研究技术，但他们的研究目的就不仅仅是描述，而是改变现状。行动式研究会让研究对象都参与到严谨的研究过程中去，通过大家的参与，让现状有朝一日得到改变。

有没有一种纯粹的描述型研究呢？在本章我们所提及的方法中，答案是没有。比如民族志式的个案研究。这种研究确实旨在精准的描述（常常采用民族志的研究技术）。但所有研究都是从一个大的愿景出发的，个案研究之所以需要做，就是因为某个案例有研究价值。这样一来，整体的研究设计就会超越描述，变成对不同案例进行比较，然后去阐明**为什么是这一些案例成了案例研究的对象**。

在各个学科领域中，最常见的描述型研究大概就是那种短周期焦点小组访谈的快捷技术。和参与式观察类似，焦点小组技术本身就被视为一种研究方法，相关文献不在少数。焦点小组技术能迅速收集复杂数据（这一点我们将在第5章中详述）。比如在短周期的市场调查中，数据分析和描述性报告的产生都很快速。（比如，客户只想通过焦点小组法收集人们对一个新产品标签的反应，那他肯定不会渴望看到人们的反应中蕴含着什么样的精妙的意识形态。）但是很多研究方法还是会运用焦点小组技术去达成多元的研究目标，可能旨在描述，也可能旨在理论化。

大多数质性研究都是兼顾描述但更偏**解释**的，它们希望把发现的社会过程和经验从"描述"提升为"理论"。这些研究的目的就不仅仅是发现"正在发生的事情"，更包括**"它意味着什么"**或者**"可以怎样解释它"**。一些研究可能会到之前的研究或前人的文献中去寻找理论视角，还有一些研究会创建或者说贡献出新的"中间"理论作为解释工具，来发掘出那些如果止步于描述就不能被发掘出的洞见。扎根理论和话语分析是两种用得比较多的兼顾描述和解释的方法。运用这两种方法的研究往往会吸纳更高层次的理论，或者运用自己的数据去发现和创建新的理论。

当然，也有一些方法就是解释型的。研究者很少把重点放在描述上；相反，研究者关注的是去解释这个被发现的世界，在这个世界里研究对象正在经历着什么，他们的观念又是如何被理解的。现象学就是经典的解释型方法，它既是一种哲学视角，又是一种社会学方法，被运用于多个学科，具有多种形式。现象学研究中充满着感觉、反思性的意义描述、各种情感和体验，它能从读者那里导引出类似的情感反应，并加以运用。现象学研究的核心是去抓住现象的本质，创建和探索新的概念。它们的作用是确定现象的本质，以及去建构和探索新的概念。但是请注意，所有这些解释都是建立在描述的基础上的。

现在，回到你的研究目的。它会暗示你一个研究需要的是描述还是解释。研究者开始思考研究主题的时候,就会决定在哪个层次上去分析自己感兴趣的主要现象。研究者很有可能是因为某个实践活动或政治活动去开展研究的,那么实践行动或者政治议题的需要就会影响研究者的方法选择。比如说,在一项提升患者护理水平的研究中,行动式研究方法会被用来揭示问题,评估式研究方法会被用来报告绩效,现象学方法会被用来探究患者的经验。每一个不同的目标,都需要不同的方法去达成,整个研究的聚焦点和框架设计也都会不同。上面提到的这些研究可能或多或少都会用到一些民族志的研究技术,但是每个研究收集数据、处理数据的分析过程都是不一样的。研究问题的聚焦点不同,研究者忽略什么、关注什么,认为哪些是无关紧要的、哪些才是最有价值的,都会不同。当然民族志从广泛意义上来说都是基于文化研究的,但每种不同形式的民族志还是会有自己独特的理论基础和文献基础,有自己的研究视角和立场。方法之间的差别,以及方法内部形式之间的差别都会让每一个方法、每一个研究,所能达成的目标和功效,所能取得的研究成果一一有别。

3.2　从简单开始

拿着我们的方法路径图,你就可以为自己的研究找到一条路径。当你能够了解每一条路径是怎么走的,沿着它能看到什么风景,依靠它能做出什么分析,你就能为自己的研究定位一条最佳路径——去提问,去回答,去创造成果。只有熟悉、了解了这些不同的质性研究方法,你才能知道哪个是最适合你的,然后以此为起点开始你的研究。你的研究精准定位到某一个方法上了,你就能更好地学习它,并按照它的方向开始思考。记住,所有的方法都强调整体性——研究问题、研究数据、研究分析间一定要彼此契合。所以在挑选那个最能确保你达到目标、最能回答你研究问题的"最佳"方法时,明智的做法是一定要从整体性出发做考量。当你去阅读教材、学习运用这些方法的真实案例时,你就能发现这些方法是如何处理数据的。

为什么一开始只选择一种方法呢?研究高手常常可以混搭使用多种方法,甚至自己创造出一种新的方法。但是对新手而言,这样做非常容易把事情搞成一团乱麻,方法论没有头绪、滥用理论假设、研究设计不堪一击,最后整个研究支离破碎,不能回答研究问题,更谈不上发表。如果你是刚刚开始研究的新手,我们强烈建议你只选择一种适合自己的方法，就用这种方法去研究，不要尝试在各种方法里学技术。

对初学者，我们也建议不要去尝试那种被称为"混合式"或者"多元式"的研究设计，这种研究设计是由多种方法多个研究部分搭建起来的。有时候一个研究问题不能用一种方法来解决，必须要用多种方法去分析多组不同类型的数据。但像这样的组合研究，需要极其严谨细致的设计，需要两倍甚至更多的工作量投入。对于你的第一个研究，我们强烈地建议，从小开始，从简单开始。

同样地，还有一些研究设计做的是同一个主题下的多个研究(有时被称为混合集成研究)，初学者也不要轻易尝试。在混合集成研究当中，研究者相当于建造了一个研究结果的蓄水池，在其中甄别对比研究发现、组合综合概念理论，生产出巨型的或者多方证据确凿的成果。混合集成研究对一个个研究发现进行异同比较，打磨抛光，然后重新组合成一个宏大的模型。这样的研究比基于语境的小型研究更能推动一个领域的快速发展。但是，这种多任务处理式的研究会让人望而生畏。(我们会在第4章中讨论这样的混合集成研究。)

3.3 五种方法

以下，我们会从五个方面讨论我们的五种方法。这五个方面是：提出何种类型的问题？研究者的立场是什么？需要什么类型的数据？结果呈现何种面貌？最后，这种方法有哪些不同的类型？

以下我们会对五种方法做简单介绍，其目的是帮助你从不同的方法中识别出适合你自己的、能回答你自己研究问题的那一个。当你找到合适的方法以后，还可以按照我们建议的深度阅读清单，去对这一方法及其不同的子类型做更深入的了解，让自己更加胸有成竹。我们每介绍完一种方法，都会列出相关阅读资料列表。在这一章的结尾，我们还给出了更多的资源链接方式，指导你做进一步的文献阅读工作。你的目标是评估哪些方法对你有用，以及这些方法的哪些类型对你有用。你要始终保持谨慎的态度，尤其是看到一个方法显得特别权威(其实也就是显得特别教条)的时候。

在第8章中，我们会继续回到这五种方法，谈谈使用它们的感受，它们在收集数据和分析策略方面有哪些不同。

3.4 民族志

3.4.1 提出何种类型的问题?

传统的民族志研究,指的是研究者特别是人类学研究者进入一些原始的部落,去探究那里人们的生活方式和文化样态。民族志的研究目标是通过数年的部落生活,学习(和记载)部落语言,尽可能翔实全面地记录部落文化,包括亲属体系、工作模式、生活方式、信仰和价值观。**民族志通常也被称为田野调查**,因为对研究者而言,研究目标就是进入所要研究的"田野",然后去探究那儿正在发生什么。

随着时间的变化,民族志的角色和作用已经发生了相当大的变化,其运用范围更广泛,研究主题也更聚焦。研究者现在主要用民族志去研究一些小规模的**亚文化单位**,比如一些机构,尤其是相对封闭的特定机构(像监狱、医院和疗养院);一些人际联系松散的团体(像曲棍球队或摩托车团伙);某些特定的职业人群(像大学教授和政治家);或者某些特别的人群,比如遭遇不幸或患有顽疾的人群(像地震受害者或中风患者)。

进入当地田野点的时候,研究者可能已经有了特定的研究问题,也可能只是有一个相对开放的文化描述的目标。例如,戴维斯(Davis,1983,1986/1992)对灰岩湾地区更年期妇女的研究,就"主要从乡村集体生活因素和个人生活因素去帮助分析更年期对妇女来说意味着什么,这包括(1)更年期一词的基本语义,(2)更年期一词的世俗语义,(3)当地的制度和道德秩序"(Davis,1986/1992,p.151)。卡塞尔(Cassell,1987/1992)则使用民族志对外科医生的工作进行了研究,探讨了外科医生的气质和职业特征,以及外科医生保持气质和职业特征的动力和性价比(pp.170-171)。

3.4.2 研究者的立场

民族志研究者是一个"参与式观察者",扮演这个角色既有传承,也有挑战。如果你打算做民族志研究,你就要了解好的参与式观察会对你提出哪些要求。想成为某个场景中真正的参与者,你会尝试着努力观察和记录,而这就预示着你即将面对挑战（Richards，2009，pp.40-42）。

你觉得你的参与程度会有多深，你所面临的挑战会是什么？参与式观察的程度有深有浅，有些场景中研究者是**完全的观察者**，是外人；也有些场景中研究者是**完全的参与者**，完全融入可观察到的一切之中。更为常见的情况是，研究者处于**主要参与者和主要观察者**之间的某个位置上。重要的是你得"预演"一下你的角色，尤其是你想进入的地方（像社区、家庭或者工作单位）的人们很期待你能帮上忙。你被信任、被接受的程度，直接影响到人们愿意告诉你什么、让你看到什么，然后直接影响到数据和研究本身的质量。建立良好的关系需要时间，所以你不能指望一下子就能收集到出色的数据。参与式观察成功的关键就是研究者和被观察者之间的关系。研究者在田野中的经验是交涉得来的，他需要通过反思和谈判来确定自己的角色、获得人们的认同和许可。

从传统上讲，民族志观察文化现象的视角是"**主位**"视角，即文化群体内部成员的视角。从参与者自己的立场出发去分析数据。与"**主位**"视角相对的是"**客位**"视角或者叫"局外人/研究者"视角，这是量化研究常用的视角。但是视角和视角之间的优劣之别很难说。人们对自身所处文化的理念、信仰和行为方式，往往是"不识庐山真面目，只缘身在此山中"。如果研究者接受了参与者的文化（这样就可以使用"主位"的或者叫"局内人"的视角），他们就很难"看见"那些嵌入在日常生活中的信仰、价值观以及行为实践。如果研究者是个局外人，那么他去观察和对比一种陌生文化的时候就会更容易看到差异，研究就更好做。

民族志总是在自然的环境中，也就是"**田野**"中开展的，这使研究者可以在日常情景中直接研究一个文化群体的生活方式。民族志研究者致力于成为参与者，总是尽可能完整地参与到研究对象的生活中去。回想一下，研究者的立场其实是外在于研究对象的，但是研究设计的目标是去获得"主位"数据（也就是反映"原生"观点的数据）。研究者实际上是研究对象的"学生"，而不是研究对象中的一员，他们之间是指导和被指导，学习和被学习的关系。这种角色，阿加（Agar，1996）称为"专业的陌生人"。

民族志研究是分阶段分步骤完成的，在不同阶段不同步骤，研究者收集到的数据不同，对数据的分析能力也不同（Morse & Field，1995，pp.71-73）。民族志研究的第一步是"进入"，此时，研究者是个彻底的陌生人，其首要任务是谈判进入，找准自己的角色然后适应自己的角色。这挺尴尬和难为情的。瓦克斯（Wax，1971）就说过一个人只有能够容忍"不得其所"和"自己成为傻瓜"的感觉才能成为一个民族志学者（p.370）。通常情况下，在这个阶段，研究者并不了解场景或参与者，所以此时的解释是不成熟的。因此,这一阶段的数据搜集应当关注相对具体的任务,例如制作研究场景的地图或者熟悉群体中的目标研究对象。研究者可以记日记、做田野笔记来保存最初的印象和观察。

在第二阶段,研究者对当地的路数已经比较熟悉了,和人们的相处也更自在了。这个阶段的数据搜集方式一般是非参与式观察和非正式访谈。关键的"线人"、主要的参与者开始浮出水面,接受访谈。一步步被接纳之后,研究者对当地的分析直觉也越来越好。

在第三阶段,信任已经建立起来了,**合作**和**接纳**是信任建立起来的标志。这个阶段的数据工作是最有效的。研究者现在已经理解了当地发生的事情究竟意味着什么,数据搜集变得更为聚焦。研究者也可以开始使用数据来验证直觉和发展理论了。

第三阶段接近尾声的时候,研究者的状态就已经是放松、融入的了,达到了完全适应的境界。但这也会带来问题,研究者可能被群体内部的文化规范给带跑了,忘记了自己的研究议题,失去了观察和分析的客观立场。因此,需要第四阶段:撤退。这个阶段的研究工作主要是数据初步分析,查漏补缺,检查含混之处,验证先前数据,等等。最后一个阶段的任务是分析。研究完成后,开始撰写民族志论文或报告。

在数据搜集过程中保持自我觉知是至关重要的。做好民族志,一个关键之处就在于研究者要觉察到自己的文化价值观、信仰和偏见是什么,它们会以什么方式影响收集上来的数据。研究者还必须意识到自己在当地的角色是什么,和其他参与者之间的关系是什么样的,收集上来的是何种数据,收集这些数据的理由是什么。研究者必须在研究日记中记录下所有这些自我观察。一个好的研究日记能对研究者阐释数据的过程产生深刻的影响,这关系到他们能否看到数据中那些明显的和暗含的意义。研究者和当地人的关系、相互间信任的形成发展、研究者被接纳为群体成员的程度——所有这些因素都会影响可用数据的类型和质量。

3.4.3 需要何种类型的数据?

民族志有各种各样的策略去帮助研究者获得数据,描述一种文化中的规范、观念、特征、行为和模式。但是不管策略有多少,民族志研究的主要数据永远是**田野笔记**和记载体验、观察、对话的文件或可视化资料。好的田野研究者记起田野笔记来,是非常深入细致的。他们始终保持记日记的习惯,不仅记录观察到的细节,还记录自己的体验和反应。

数据的类型不是单一的。数据类型和形式,由研究目的和研究问题决定。有**观察性数据**(以田野笔记或者照片、视频等形式记录),有**访谈性数据**(以田野笔记或音频、转录音频等形式记录),有**日记**形式的理论思路数据,还有历史资料和各种其他相关的文献资料。同时,这些数据的呈现形式也很多样。例如,访谈数据可能是非结构化的、半结构化的或结构化的;还有问卷式的数据、调查式的数据,以及一些用句法框架、卡片索引等特定技术呈现出的针对特定研究指标的特定反馈数据,甚至也包括量化的数据。

文化是群体成员共享的,因此从理论上讲,当研究者开始收集数据的时候,每一个当地人都能成为研究的参与者。但是,研究者还是必须考虑清楚一个**好的线人**需要具备哪些特点(比如,要有反思和描述该文化的能力,善于表达和富有耐心),以及究竟需要什么样的数据。所谓的"关键线人",指的是那些和研究者处得最近、能给研究者解释当地文化的参与者。他们可以帮助和指导研究者理解当地文化,当然研究者还会通过其他参与者验证这些关键线人带来的数据。在数据搜集和数据分析的过程中,研究者必须结合当地文化语境(包括价值观、信仰和群体行为)来不断反思研究结论。

在限制条件比较多的场景中,在一些只能找到文件资料的组织和社会团体内部,民族志研究者就需要从差异中寻找信息,不同类别的信息。比如正式的制度规则是这样,而实际执行情况是那样。

3.4.4 取得何种结果?

大多数民族志研究的主要目标都是**深描**(Geertz,1973):对一种文化的所有特点进行纤毫毕现的描述。

认知民族志(Spradley,1979)则可能会对数据做类型学的或者说是**类型化**的呈现,其主要作用是去甄别出一种文化所独有的,但隐含难见的特质,继而分析这些特质之间的关系,创建分析框架,提出独一无二的洞见。类型学可以帮助研究者根据一般分类标准,或者某个特殊门类下的次分类标准对数据进行规整,但这一方法不能用来描述过程。

在我们讨论的几种方法里,民族志方法在近年来发生的变化可能是最大的。你会发现很多文献正在热火朝天地讨论民族志的目标到底是描述还是理论化。民族志的研究成果,看起来可能像是理论专著,也可能像是有关某个琐碎日常(比如吃饭、跳舞或健康观念)或某个特殊场景(比如分娩、葬礼)的纪录片和散文,还可能像是再现作品(使用的媒介可能包括美术、戏剧、舞蹈等)。

3.4.5　民族志方法的不同形式

基于不同的研究问题、研究范围和研究者的视角立场,民族志产生了多种不同的形式。

焦点民族志,是传统的民族志方法。"只有长周期的田野调查,才能被称为真正的民族志。这个来源于人类学的观点,让许多社会学和其他学科领域中的民族志研究看上去很是'矮穷矬'。"(Knoblauch,2005)这句话,其实反映出民族志方法的一种运用趋势。就像米克(Muecke,1994)说的,民族志研究的主题现在分得很细,甚至在研究者着手研究之前主题就已经确定了。焦点民族志更多地被用来研究亚文化群体,而不是一个跟研究者所处文化完全不搭界的陌生文化。人们还用焦点民族志去研究社会机构,关注机构中的生活是如何被"嵌入到社会关系里面去的,不管是在规则层面,还是在经济层面"(Smith,2005,p.31)。例如,古布里姆(Gubrium,1975)对养老院的研究,杰曼(Germain,1979)对癌症病区的研究。民族志研究的焦点也可以是共同具有某种或某几种特质的人群,比如某一特殊残障人群。在这样的研究中,参与者相互之间可能是不认识的,但研究者关心的是他们因为共有这些特质,就可能会共有某些普遍的行为和经验,比如说很多老人得到的看护方式都差不多。这样,研究者就能看到一种共同的文化,并从这种共同的文化中推导出假设。在焦点民族志中,数据处理策略可能只有那么一种。比如,用访谈,不用田野调查。

自我民族志,顾名思义,是有关研究者自身经验的民族志。作者不研究"他人",而是在社会理论的关照中去研究自我叙事(参见Ellis & Bochner,1996,2000)。这种研究在研究者角色和反思性方面提出了很复杂的问题。自我民族志使用民族志方法,但是它的目标和结果很特别。研究者做记录,写故事,不断反思,制作田野笔记,还会用日记的方式或其他的记录手段来刷新他们对事件的回忆、增添细节。但研究者还是主观的,他们的目标是去研究他们自认为独特的、重要的和难忘的经历。这些经历对他们来说都是具有重要意义的生命"里程碑式"事件,不同寻常,极有特点。自我民族志研究者常常认为,共享和反思自己的经验能帮到其他人,让其他人感受到支持和鼓励,不再那么孤立无援。分享自身的经验,还能在某种程度上推动他人去寻求治疗、坚持自己，或者说至少能帮助他人理解在自己身上究竟发生了什么，他们并不是孤单一人。

批判民族志，是在20世纪六七十年代，随着更广泛意义上的"批判理论"的兴起而出现的。批判理论挑战既定的社会价值观和权力关系。女性主义和后现代主义流派提出批判民族志要承担"在一个特定生活领域中消除不公平的道德责任"（Madison，2005，p.5）。托马斯（Thomas，1993）给出了一个较宽泛的定义："批判民族志的研究者旨在描述、分析、揭示那些隐蔽的议题、那些权力的中心和那些控制人、压迫人、约束人的观念。批判理论会质疑那些所谓的常识。"（pp.2-3）在批判民族志那里，研究者不可能是价值中立的，社会研究要用来直接推动积极的社会变革（Carspecken，1996，p.3）。批判性的田野工作主要是由男性研究者推动的，这种性别差异直接影响到了民族志方法本身，从研究的焦点问题到数据搜集、结果呈现都反映出女性的贡献被忽略和淹没了。

参与行动式研究（PAR）和其他民族志研究一样，采用田野调查，使用访谈和观察，但它对研究者和参与者的关系提出了挑战。不同于对人进行研究，PAR研究者是**和人一起研究，和研究对象一起研究**（Reason & Bradbury，2008）。他们认为，这样的**合作式研究**不太会"破坏参与者的自主性"（p.4）。所有的参与者会一起讨论他们想要研究什么，问题的实质是什么，数据搜集、数据分析、数据描述和结果呈现应该是什么样的。

行动式研究（AR）也是由团队推动的，这个团队的成员包括专业的研究者以及利益相关者——被研究的组织和社区里的成员。行动式研究的目的在于**改善利益相关者的处境**。就像在PAR中一样，参与者们一起确定研究课题、贡献相关背景知识、确定和学习研究方法、解释和补充研究发现。因此，"AR将专业研究者和当地利益相关者之间的关系民主化了"（Greenwood & Levin，2007，p.4）。

自从贝茨和米德（Bates & Mead，1942）采用胶片记录田野工作后，民族志就把胶片，现在主要是把视频当成重要的媒介。在视觉民族志中，研究者用视频和胶片记录下当地情况、参与者的日常生活、访谈现场以及那些田野笔记不能准确（或细致）记录的事件。研究者会用两种方式使用视频：一种是为了补充参与式观察的缺漏去记录、归类和收集数据；一种是作为独立的解释策略去记录、归类和收集数据（比如说，研究者可以控制视频节奏，放慢或者快进，从细致入微处观察互动模式或者一些非语言的手势符号）。此外，视频还能确保研究者能观察到对话和手势的细节（参见Goldman-Segall，1998）。

3.5 扎根理论

3.5.1 提出何种类型的问题?

扎根理论起源于符号互动论,这一理论认为现实是人协商的结果,会不断变化、不断进化(Blumer,1969/1986)。扎根理论的研究问题是有关过程的,而且会随着时间的变化而变化,其记录和分析数据的方法建立在社会事实建构论的基础上。扎根理论认为通过对细节的探究,以及保持理论敏感,研究者最终可以**扎根于数据**来创建理论。

扎根理论一开始的研究问题往往是"这里正在发生什么"。对于那些希望**向参与者学习**从而理解社会过程或情境的研究者而言,扎根理论很适合。问题本身就意味着需要对过程加以关注。扎根理论往往会待在一堆未来会发生变化的经验材料里。在一些以理解过程和变化为核心的研究领域,比如健康研究领域、商业研究领域,扎根理论可谓主流方法。例如,洛伦茨(Lorencz,1988/1992)在精神分裂症患者出院前,对他们进行了历时两年的研究。莫尔斯和博托夫(Morse & Bottorff,1988/1992)研究母乳喂养的女性对母乳喂养的态度。特纳(Turner,1994)对组织流程是如何导致一次轮渡灾难的过程进行了成功的扎根研究,他的经验总结细致入微。

扎根理论最初是由格拉泽和斯特劳斯(Glaser & Strauss,1967)提出的,他们两人的贡献相当。后面我们还会详述,他们一位提出了理论敏感性概念(Glaser,1978),一位发展出了通过扎根数据创建理论的技术(Strauss,1987;Corbin,1990)。在他们的论著中,格拉泽和斯特劳斯提出了在当年的同行们看来有些惊世骇俗的观点,即理论"要从数据中来,研究者必须意识到自己就是发展扎根理论的工具"(Strauss,1987,p.6)。

扎根理论通常是小型理论、中层理论,非常聚焦。扎根理论的研究技术强调"数据分析和数据搜集之间需要持续互动"(Strauss & Corbin,1994,p.273),直到发展出扎根于数据的理论。这是一种数据驱动型的研究设计(理论化抽样),其关键目标是从数据中发展出新的理论概念尤其是**核心概念**(Strauss,1987),或者是去廓清格拉泽(Glasser,1978)所谓的基础的**社会过程**或**社会心理过程**。

3.5.2　研究者的立场

理论敏感性是扎根理论的关键。理论都是被研究者探求出来的。他们不断地爬梳数据和灵感，去搜寻出可能诞生理论洞察的概念和概念间的关系。有了这些浮出水面的概念，研究者还要继续寻求理论的整合，让概念和数据之间连续产生互动。

扎根理论的研究者认为社会现实是不断变化的，是在妥协谈判中产生的，因此他们推崇长时间的追踪研究。扎根研究强调细节性的知识，强调持续的对比分析，强调事件的发展轨迹。研究者持续要问的不仅是"这里发生了什么"，更得问"它哪里不同"。扎根理论是一种具有"多动症"体质的方法，它拒绝流于表面的研究报告，催促研究者去探求各种事件各种反应的特征、条件、原因、经过、结果，用具有融合性的理论将它们缀连到一起。

3.5.3　需要何种数据？

扎根理论需要的数据无甚特别之处，但这些数据必须是能够让理论生长出来的"根"。为了完成扎根数据创建理论的目标，扎根理论对数据的要求很严苛，细节上要有深度，过程覆盖要完整。不管数据是怎么来的，对数据的记录一定要能够支持研究者不断地进行对比、反思，发现灵感的火花。研究的一开始，可以是田野观察，也可以是访谈——从事件的来龙讲到去脉的访谈。对扎根理论来说，这种访谈形式比半结构化访谈或者概况梳理都好很多。

研究者在进行扎根理论研究时必须当心，避免结构化的数据记录，结构化的数据记录会让研究者有先入为主的立场，从而选择性地收听人们对预设问题的回答。研究者很难在结构化的数据中，廓清社会过程，归类社会意义。

3.5.4　取得何种结果？

在质性研究领域，扎根理论就像是个流行标签，被四处贴得最多，也被四处滥用得最多，很多时候，扎根理论简直就被当成了**质性研究**的同义词（Lee & Fielding，1996）。我们认为研究者必须理解什么是真正的扎根理论，它其实是一种要求很高、前后一贯性很强、非常独特的方法。在你对方法还一知半解的时候，是不太可能使用好扎根理论的。

扎根研究的目标非常明确,那就是发展理论。所以,扎根研究的成果就是理论,一种有限的**本地化**的理论,一种扎根于数据产生的理论。扎根研究的故事线通常都比较单一,用核心概念和基于核心概念产生的理论为数据赋予意义。理论是之前还没有人宣称的新理论,它就是扎根研究的产品。概念是之前还没有被学术界采纳的新概念,而不是日常生活中的概念。

扎根理论需要被反复论证。研究者要深入社会过程的不同阶段,探索数据中的核心类型和变量(或者**基础的社会过程**),仔细甄别出其中蕴藏的核心概念,梳理这些核心概念的关系,然后再发展出理论。所谓的核心类型,指的是贯穿在所有数据和变量中的主题。扎根研究会用讲故事的办法来解释核心概念中的核心思想。它的研究成果可以是对社会过程的图解,或者是对社会事实类型的总结,指出哪些要素在发挥作用,而哪些要素没有发挥作用。

3.5.5 扎根理论的不同路径

扎根理论的创始人们学术背景不同,但却一起做出了备受瞩目的研究。在前20年,基于格拉泽和斯特劳斯(1967)的原始工作,扎根理论表现为一种前后一致、体系完整的方法,具有单一性。但在接下来的20年中,两位创始人不再一起做研究,扎根理论作为一种方法,其内部开始不断进化和分化。格拉泽(1978)和斯特劳斯(1987)各自推出了自己的方法论教材,这两本教材都很著名,但内容有很大不同。而这一时期,大多数研究者都以为扎根理论只有一个路数。

20世纪90年代初,格拉泽和斯特劳斯之间的分歧开始明显起来。格拉泽(1992)拒绝在著作中引用斯特劳斯和尤列特·科尔宾(Juliet Corbin)的合著作品(1990)。这件事并没有引起方法论上的学术讨论,反倒是在一些地方激起了扎根理论的门派之别,出现了所谓扎根理论的“格拉泽学派”和“斯特劳斯学派”(Stern,1994,p.219)。研究者们渐渐地(或许也可以说,很遗憾地)被迫在两种不同的路数间选边站,要不格拉泽(1978),要不斯特劳斯(1987)。接下来,斯特劳斯和科尔宾(1994,1998)出版了合著,再接下来斯特劳斯去世(Corbin & Strauss,2008),这些都使该领域的分歧加大,变化明显。斯特劳斯去世之后,形势就更加分化了。

所有的方法都会进化,的确也需要进化。我们在下面介绍了四种不同的扎根路数,希望它们都能被用对、用好。你也可以探索创新,只要恰当,同时使用两种路数都没关系。当然,前提是你知道这些路数各自的特点。

格拉泽扎根理论：格拉泽扎根理论的立场更具客观性，当事人和研究者都要和数据保持一定的距离（Charmaz，2006）。格拉泽关心的是数据，他喜欢让数据自己来讲故事（Stern，2009；Stern & Porr，2011）。格拉泽式研究者"注视"数据，他们会问的问题是"在此处我们有些什么？"（Stern，1994，p.220）。就像扎根理论的早期文献所强调的那样，格拉泽式分析侧重于理论的各个组成部分——过程、类型、维度和属性。这些组成部分渐次长成，彼此间不断互动，理论也就自然而然地被生产出来。格拉泽式的研究中，理论更多的是一种图解，将概念和类型之间的关系描述得很清楚。

斯特劳斯扎根理论：斯特劳斯式研究者"检视"数据，每碰到一个词，一个短语，他们都会停下来，然后问一句"如果这样……那会怎样？"。这样一来，他们就会把和数据有关的各种偶发因素都考虑进来，也不管数据当中有没有出现这些偶发因素。他们考虑到每一个与数据有关的可能出现的意外，不论在数据中它是否出现（Stern，1994，p.220）。斯特劳斯式研究者倾向于拔高数据，发展抽象概念，描述抽象概念（Corbin & Strauss，2008）。理论是在和数据互动的过程中产生的，而且（和格拉泽方法一样）强调分析过程、类型、维度和属性。斯特劳斯式的研究非常强调所谓的"开放编码"，具体可见斯特劳斯（1987）著作中记录的学术谈话。通过反思、讨论、核查文本，理论才能基于备忘录和密集编码被生产出来（Corbin，2009）。斯特劳斯式研究者不像格拉泽式研究者那样倚重图解。

多维分析扎根理论：早期扎根理论的第三条道路（与前两者有较大差异）是所谓的多维分析法。它是格拉泽和斯特劳斯的同事尚茨曼（Schatzman，1991）提出的。这一方法关注"分析过程的明确和清晰"（Kools，McCarthy，Durham，& Robrecht，1996，p.314）。多维分析法基于比较研究，因此能够比一般的扎根理论更全面地描述社会生活。

建构主义扎根理论：格拉泽式的扎根理论、斯特劳斯和科尔宾式的扎根理论都是"客观主义"的。和它们相比，建构主义扎根理论看上去更偏重解释——不管是数据还是分析，都从当事人的相互关系和共同经验中而来。

> 建构主义的研究一般从经验出发，试图弄清楚所有的成员（也就是当事人）是如何建构经验的。建构主义者会尽一切可能地去深入现象，抓取各个面向的图像，然后在连接和控制构成的网络中定位这个现象。建构主义者们认为自己对研究对象所做的解释本身也是一种建构（Charmaz，2006，p.187）。

情境分析扎根理论：这是由阿黛尔·克拉克（Adele Clarke）在近些年创立的，情境分析聚焦于情境——语境和人,以及他们的关系、行动和互动(2005,2009)。情境分析主要利用访谈、观察等来进行研究。情境分析鼓励研究者同时分析话语与动因,行动与结构,历史与现实,以及图像、文本与语境——去廓清宏观意义上的复杂情境(Clarke,2005,p.xxii)。情境分析与过程导向的扎根理论差别巨大,它不会围绕某个基础的社会过程来建构理论;相反,它运用安塞姆·斯特劳斯提出的所谓"情境核心"式分析架构来组织理论。情境分析主要通过三种类型的标识性数据将"核心要素、重要事实、话语、结构和条件组织起来,继而界定出需要研究的情境究竟是什么"(Clarke,2005,p.xxii)。从这个角度来说,"情境分析可以被理解为一种组合式分析,其最主要的目标就是去理解要素和要素间的关系"(Clarke,2005,p.xxii,原文为意大利语)。情境分析扎根理论更像是民族志而不是传统意义上的扎根理论,它能够廓清人们行动和关系结构的情境,分析异构话语以及异构话语中情境化的知识和关系结构,还能分析生活本身就具有的情境化知识(Clarke,2005,p.xxiii)。

你需要了解这些方法有哪些不同,各自都有什么样的特点,不要被那种"扎根理论只有一条道"的论调给误导了。那种论调只会让研究者与方法创新、方法组合绝缘,使研究变得越来越僵化。我们还是回到两位创始人的早期著作中去,看看他们的观点是什么。1987年的时候,斯特劳斯就曾写道,他的方法"绝不是一个把数据转化为理论的死板公式"(p.7)。教条主义对扎根理论来说只有百害而无一利。

研究者不仅仅要关心研究限制、研究困难和研究目的这些研究要素,更要关心数据的本来状态。研究者要明了自己此时此刻的研究阶段、研究面向是什么,明了在任何一个领域里最好的研究都有一个"开放式"的结尾,明了自己的经验本身就是有价值的,明了自己所处的地方性语境是什么样子的(Strauss,1987,pp.7-8)。

3.6 现象学

现象学是20世纪一股重要的哲学思潮,由埃德蒙德·胡塞尔(Edmund Husserl,1859—1938)创建。它既是哲学也是研究方法。作为一种方法,现象学的导向和路径发生过多次转变。

我们在这里主要讨论**诠释现象学**。从这一角度来说,现象学是一种描述、反思、解释和卷入的研究范式,其主要目的是去发现人们经验中的本质究竟是什么。

所谓经验，指的是当事物、事实或者价值观因缘际会时，个体在此时此刻对自己存在于这个世界的感知(van Manen, 1990)。

现象学主要从四个存在主义的角度来进行研究：**时间性**(此刻)、**空间性**(此地)、**身体性**(此身)和**关系性**或者说**社群性**(此群)(van Manen, 1990)。人和他们所在的世界是紧紧绑在一起的——所谓的嵌入(embodied)——要理解人就必须理解他们所在的语境。这样，存在才有意义(存在于这个世界)，存在的核心就是此时此地的经验。人与人、人与事物、事件以及情势之间的关系是人的行为发生的语境。

现象学的基础理论判断有两个。其一，人们通过感知了解到世界是存在的——世界不是所想，而是活生生的所在。活生生的世界，或者说活生生的经验，对现象学来说是关键所在。其二，我们只有在感知到某种事物存在的时候，才是有意义和有意趣的。所谓存在主义，是现象学的概念，意为"存在于此世界"，强调人是存在于世界中的，只能通过语境去理解人。如前所述，人类行为发生的四个存在主义语境是：人与人的关系，人与事物的关系，人与事件的关系，人与情势的关系。

3.6.1 提出何种问题？

现象学研究一般不会从某个具体问题开始。研究开始的时候可能只是单纯地对某个特定现象感兴趣，希望去理解其意义，随着研究的深入，研究问题才慢慢浮现出来。这些问题会使研究更有感觉。比如说，史密斯(Smith, 1989/1992)就有为人父母的非常经验，他的孩子在心脏移植手术后没有进行及时镇痛。他这样描述自己难受的心情：

> 采访者不是简单地去问，做出这个决定究竟是站在父母的角度还是孩子的角度？他问的是，父母才是对孩子负责的人，在完全不考虑父母的情况下，一个治疗方案怎么就能被推定为是对孩子最好的方案。我们这些为人父母的总想要守护好孩子，那么在确定孩子关键的治疗方案的时候，我们需要对付哪些情况？是什么样的逻辑把父母想对孩子负责的感受给抹杀掉了？(p.106)

在最后的成稿当中，研究问题一般都是嵌在表明研究语境的绪论里。比如凯尔平(Kelpin, 1984/1992)曾对分娩疼痛进行了研究。她认为，不管是作为母亲，还是作为人，"分娩疼痛"都是女性关系中非常特别的核心要素。她的研究可以很好地帮助我们理解现象学研究者是怎样考虑研究问题的：

　　分娩疼痛对了解我们自己、了解我们自己的痛苦和幸福来说究竟意味着什么呢？对于女性来说活生生存在的分娩剧痛当中究竟隐藏着什么？谁在谈笑自若？谁在努力隐忍？谁又在痛苦煎熬？有些人分娩时间短但很紧张，有些人分娩时间长耗尽了体力，有些人需要产钳助产，还有些人必须进行剖宫产。这些活生生存在的分娩疼痛能为我们揭示出生育一个孩子所带来的高尚情感、幸福体验、痛苦挣扎和心灵伤害吗？疼痛也是一种经验，我们对它的即时反应就是我们理解隐藏意义的灵光一现，而这种灵光一现是超越于理论和实践方法之上的。我们通过理解女性的疼痛经验，就能够逐渐走进疼痛的核心和本质。(pp.93-94; 获得 Alberta 大学和 Sage 出版社的引用许可。)

　　范梅南(van Manen, 1990)认为一开始就提出研究问题会让课题变得简单化，所以在现象学研究当中，真正的研究问题可能是"只在此山中"的。比如克拉克(Clarke, 1990/1992)会通过自我反思来考察自己孩子的哮喘经验。她在研究中就没有明确问题，而是用一种现象学的方式来说话：让自己女儿的散文"Memories of Breathing"(呼吸的记忆)说话，让如图的诗歌来说话，让现象学文献来说话，让她自己的声音成为我们洞察经验的向导。

3.6.2　研究者的立场

　　做现象学研究的时候，研究者的目的是理解和捕捉人们参与世界的本质是什么(从此前提到的四种存在主义角度来分析)，将人们的描述看作一种感知，一种解释(Boyd, 1993; van Manen, 1990)。我们每天都在通过直觉去有意识地体验客观世界。另一方面，正如乔治(Giorgi, 1997)所言，人们对很多不是"真正实在"的现象也有体验，这些现象也是"存在"，并且对理解活生生的"经验"至关重要。这些现象包括梦境、幻觉等。意识最核心的特点是指向性。意识中的客观事物，是被反思出来的，和其真身往往不是一回事，虽然也有可能成为一回事(p.236)。

3.6.3　需要何种数据

　　现象学研究者会把相关主题的先验知识打包收好，他们希望自己以一种毫无准备的状态进入对话，然后再去书写判断、知识和预期。这些早期的书写本身就是数据。他们最常用的数据搜集方法是无主题的、顺藤摸瓜式的录音访谈(Ray, 1994, p.129)。他们会转录这些录音访谈，并以此作为研究反思的基础。在分析过程中，现象学研究者同样会反思自己的个人体验、个人观察，甚至还会把诗歌、小说和电影里表现出来的各色人等的体验也纳为反思对象。

3.6.4 取得何种成果

我们知道一些体验是有意义的、有其本质所在的，但却说不清道不明，而现象学研究就会帮助我们去洞察和识别它们。这种领悟，被称为"现象学式的领悟"。一篇小文章、几个段落、几笔结构图，就能勾勒出经验的几个断面，还原出本质的样貌。现象学研究者既会写散文，也会写长篇巨著。

3.6.5 现象学的不同路径

现象学研究者都有一个共识，那就是人的存在是一种独一无二的存在，人的经验和行为都从属于人的"自我释义"（Benner，1996，p.ix）。不过现象学方法内部还是存在一些大同小异的分支。对此，范梅南（van Manen，2011）进行过归类：

先验现象学[胡塞尔和他的合作者：尤根·芬克（Eugen Fink），泰米尼卡（Tymie-niecka），范·布拉德（van Breda）以及乔治（Giorgi）]：这种解释路径，不鼓励预设前提，其研究基础是"指向性"概念（"所有有意识的觉知，都是有指向性的觉知"）和"本质还原"技术（"生动的、专注于细节的描述"）。先验现象学关注知识的形成过程，认为知识不是基于客观而是基于洞察才产生的，是洞察"建构起了意义"。

存在主义现象学[海德格尔（Heidegger）、萨特（Sartre）、德·波伏瓦（de Beau-voir）、梅洛-庞蒂（Merleau-Ponty）、马塞尔（Marcel）等学者]：这一路径提出，观察者是不能把自己从活生生的世界中分离出来的。"存在于世界"既是一种感知，也是一种实在。观察者和包含着思想、情绪、精力的现象是相互作用的，观察者和把人嵌入其内的生活世界里的行动也是相互作用的。在"此"之前就被反思的经验、生活世界和现象构筑起了"存在"，或者说人的实在。

诠释现象学[海德格尔、伽达默尔（Gadamer）、里科（Ricoeur）和范梅南]：在这一路径中，知识是通过语言和理解形成的。理解和诠释相互交织，而诠释本身是一个渐进的过程。诠释现象学家们在诠释中会用到文化（符号、神话、宗教、艺术和语言）、诗歌和艺术。范梅南（van Manen，1990）的路数是从一个已然是教条的扎根概念出发，将它放到日常的活生生的体验里去重新探讨。通过反思、书写、再书写以及主题分析，研究者才能把生活体验中的本质和意义描绘和诠释清楚。

语言现象学[布朗肖（Blanchot）、德里达（Derrida）和福柯（Foucault）]：这一路径的观点是语言和话语能揭示出"理解、文化、历史、认同和个人生活"之间的纠葛。意义"居于语言和文本之侧，而不在主题、意识，甚至鲜活的经验之中"。

还有一种启发现象学（Moustakas，1994），主要用来理解研究者自己和他们的生活世界。这样的研究看上去像自传，但它给出的回答却可能具有社会价值甚至普世价值。启发现象学的研究画轴是慢慢打开的，从早期卷入、主题沉浸、提出问题、孵化思想、阐释说明，直至拨云见日得出结论，是一整套的"创意综合体"（Moustakas，1994）。

3.7 话语分析

简而言之，话语分析就是对"使用中的语言"的研究，不仅仅是用来"说事"的语言，还有用来"做事"和"成事"的语言。人们使用语言来交流、合作，相互帮助，创造像婚姻、名誉和制度这样的东西。他们也会使用语言来说谎、损人利己，破坏像婚姻、名誉和制度这样的东西（Gee，2011，p.ix）。

一眼看上去，话语分析和现象学是最好被比较的一对方法。它们分别代表了诠释和描述的至高点。现象学家定位现象的意义和本质，话语分析学家诠释人们的谈话和文字。

但事实上，话语分析和其他方法之间的关系也很密切。它们的理论前提都是"社会事实是被建构出来的"。民族志研究者观察"实在"如何慢慢展开，扎根理论研究者探究接受或挑战的过程，现象学研究者关注"实在"给予我们生活和其他部分的意义。

话语分析聚焦于言谈传播和书写传播。言谈不仅包括言谈者的非口语暗示（比如眨眼睛、打手势和其他行为），还包括听众和相关的语境。通过探究这些话语，人们可以洞察我们生活中的社会结构。

3.7.1 提出何种问题

话语分析的研究问题都和语言的意义和暗示有关，研究者希望挖掘出语言背后的被认为是理所当然的信息，探究这些信息暗示了怎样的社会意义。不过，不同的话语路径,会用不同的方式提问,其诠释和描述的重点也不尽相同。

菲利普和哈迪(Phillip & Hardy,2002,pp.34-38)曾经列表展示了不同的研究案例,非常有用。他们从政治学、商学、组织学、媒介学和文化研究领域分别挑选了案例,这些案例的研究问题有小有大。在分析完这些案例之后,两位学者又详述了他们自己在做难民政治研究时是如何搭建研究问题的。"我们的研究考察了组织机构是如何以权谋私、东拉西扯地去给难民这个概念下定义的。"(p.61)

不少话语分析研究者的研究问题是比较宏观的,他们将话语看作社会事实的缔造者和镜像。"其他的质性方法是去理解和诠释已经存在的社会事实,而话语分析则是要努力揭示社会事实是如何被生产出来的。"(Phillip & Hardy,2002,p.6)对这些研究者而言,话语是一个相互关联的文本体系,它包括文本、文本的实践产品、文本的分发和接受,正是这一整套文本体系催生了客观事物本身。需要引起注意的是,话语分析的研究问题也是从文本中来的。克劳福德(Crawford,1995,p.126)对一个"约会强暴"主题脱口秀节目的话语分析,就是一个典型的例子。她的研究问题建立在节目脚本和她对节目脚本思考的基础之上。

正如我们在第2章中所提到的,这样的问题也是对话分析所感兴趣的。对话分析和话语分析之间的差别还是很鲜明的,对话分析常被看作一种自成体系的研究方法。话语分析注重诠释,聚焦于语言的运用,和对话分析在文本对比、分析技术、研究问题上多有不同。(莫尔斯认为它们是不同的两种方法。)但从另外一个角度来说,理查兹认为对话分析只是话语分析的一个变种,因为它也同样关注言谈和文本,只是重点变成了去阐释对话的结构。对话分析的研究问题主要包括对话当中的重复、迟疑、交替等。"他们研究谈话,是因为他们想知道谈话是什么样的。"(Cameron,2001,p.1)

话语分析的研究问题,毫无悬念是各种各样的。话语可以被用来甄别社会性别体验中的差异(见Wodak,1997),也可以被用来分析一条"天然"的政治道路是怎么造出来的。而在对话分析那里,言谈记录可以帮助研究者从谈吐和互动中"理解当事人意向的主体间性是如何被创造和维持下去的。它同样也能让研究者窥视到实时的意义是如何被建构出来的"(Peräkylä,2004,p.168)。研究问题是细节化的,关注"互动的结构,以及相伴随的预期状态"(Wooffitt,2005,p.7)。

3.7.2 研究者的立场

既然将话语看成建构日常生活的一个要素,话语分析就必然会要求所谓的"自反性"。这对质性方法来说,是一种具有普遍意义的要求。研究者需要具有反思能力,需要体察到自己在场可能造成的影响,这一点变得越来越重要。话语分析这一方法论可以引导研究者去反思自己在研究中的位置,反思自己选择听取的声音,反思自己是否有能力去应对文本带来的挑战和其中隐藏的问题。菲利普和哈迪(Phillips & Hardy,2002,p.85)曾用图表展示了自反性的各个方面。

话语分析根深蒂固的老传统是"批判",研究者立于高处,睥睨那些看起来理所当然的推断和正确观点。

3.7.3　需要何种数据

话语分析研究者会去分析文本或交谈的片段以及它们之间的内在联系,因此要做"广义"的数据记录(所谓"广义"记录,指的是精确记录,需要包括"笑声"、"咳嗽声"、停顿、行号等)。这种"广义"记录是相对对话分析中的"窄义"记录而言的(见 Titscher, Meyer, Wodak, & Vetter, 2000, p.58)。话语分析还会将文本主体作为数据,因为文本主体包含了"文本之间的内在联系、文本的变迁、新的文本形式、新的文本分发机制,这些都是话语历时态的组成部分"(Phillips & Hardy,2002,p.5)。根据研究问题的不同,研究者还需要补充社会和现实语境的数据。

对话分析则有些"数据中心"主义。对话分析会进行仔细的文本抽样,抽样出的文本必须在各个方面都具有代表性(见 Tistscher et al.,2000,p.58)。对话分析"原则上不会像民族志那样去分析当事人、刻画场景"(Wooffit,2005,p.63),因为这一方法能解决的课题是被限定的。聚焦于文本意味着所有"外围"要素,比如权力、社会性别关系等都不会纳入研究范围,除非这些要素的确通过文本表现出来了。如果研究者观察到讲话的顺序变了,或者出现了迟疑,那么文本就会更进一步地成为研究的全部核心。

3.7.4　取得何种成果

话语分析的研究成果常常令人眼前一亮,毕竟话语分析的目标就是去揭示出我们认为理所当然的语言或者文本背后更深层次的秘密。话语分析的最后成果一定是要去挑战既有论断,解构肤浅的解说,展示隐藏的意义。不太熟悉话语分析路数的读者,常常会被研究结果惊到。这一方法往往只需凭借只言片语,就能展开异常复杂的分析。对话语分析来说,每一个特定的语汇,每一次特定的重复,都能引发相关的反思。所以绝大多数话语分析在最开始的时候都非常专注，只研究一个文本或者一个对话，仔细探究其中隐含的各个组成部分以及各种可能的意义。顺着话语的细枝末节，他们就能够攀缘到更高层次的社会或政治命题上去。

3.7.5　话语分析的不同路径

话语分析形态众多，最主要的一个是批判话语分析。批判话语分析（Fair-clough，2010）聚焦于权力和"隐蔽议程"，聚焦于一个社会（机构、组织等）中的"故障"之处，继而站在规范性的角度去分析这种"故障"能否被"矫正"或者"修复"。费尔克劳夫认为批判话语分析其实超越了对话语的分析，"更关注话语和其他社会要素间的关系，类似一种跨学科的系统分析"（p.10）。

3.8　个案研究

对新手而言，以上分析的四种质性方法都是挑战。新手们很难快速领会它们处理社会问题的路数。这些方法都起源于博大精深的理论传统，各有各的问题、数据、研究成果。不管采取哪种方法，都必须学会从一个全新的角度去看待现实，去掌握全新的研究技术。

但我们的第五种方法——个案研究，则正好相反，它看上去挺容易掌握的。大家都知道个案研究是什么，从投资方案到政府项目，都会挂上个案研究的金字招牌。这些个案研究一般会找不多的几个人，让他们试用产品、参与项目，把他们的良好感受记录下来，最后提供一个结果喜人的、简笔画一样的研究报告。看看，一条捷径直达目标，多简单。但你要记得，这种做法对市场经理来说可能是蜜糖，对那些要做质性研究的博士生来说，那就是砒霜！

就像殷（Yin，2009）在他经典的教材里面所提到的："社会科学里面，个案研究带来的挑战名列前茅。"（p.3）为什么会这样？

3.8.1　提出何种问题

一般来说，个案研究的对象会是某个特殊的社群或者体制。绝大多数研究者都强调说,"个案"是有"界限"的,它自生自长,具有整体性。研究者需要在更广阔的社会语境中去决定什么样的事物才能被称为个案。斯泰克(Stake,1995)是这样解释的:

> 个案不是随便叫的。一位孩童可以是"个案"。一位老师可以是"个案"。但是这位老师的教学,没有特殊性,没有所谓的"边界特征",那就不是个案。一个创新项目可能是"个案"。瑞典所有的学校都可能是"个案"。但是这些学校之间的关系、推动创新教学的原因、教学改革的政策都不是真正意义上的"个案"。这些研究选题具有概括性,但不具备特殊性。所谓的个案,一定是一个自我驱动的特殊体和复杂体。(p.2)

个案研究这一方法,会通过聚焦观察一个或多个个案的运转,去理解某种社会情境或者某一社会过程。换句话说,个案研究中的个案都有某种特殊"案情"。研究者从一个问题出发,切入微观小宇宙,去观察一个或者几个具有"边界"特征的个案。

3.8.2 研究者的立场

个案研究在社会科学中的运用由来已久,那些关注弱势人群的研究尤其有这个传统。在英国社会学研究中,和个案研究相类似的方法是"社区研究"。在美国,则有芝加哥学派对贫民和贫民窟的生活和语境进行全面的描摹。

但作为一种方法,也就是所谓的"个案研究方法"则是新近才出现的——对它的争议还很大——在不同领域有不同的含义。有些研究像个案集锦,只是用生动的描绘去让读者们了解一下某个创新、某个问题的大概样貌。另外一些研究则希望通过荟萃分析(也译为"元分析",详见第4章),总结不同个案,以便达成更大的目标。

对质性技术而言,对那些希望理解研究对象是如何体验世界的研究方法而言,个案研究都是很靠谱的选择。包括殷(Yin,2009)在内的一些教材,会把个案研究当作实验法、调查法、档案法、历史分析法的替代方案。个案研究在这儿似乎能涵盖所有的质性研究。而另外一些观点认为,个案研究与其他质性研究方法不同,有其特殊性和自身的设计规则(近期的两个例子,详见Swanborn,2010;Thomas,2011;以及Gomm,Hammersley & Foster主编的论文集,2000)。有不少研究者,特别是在教育学和商学领域,他们似乎是在写作中"有意识地去倡导"(Stake,1995,p.XII)不能为了用个案方法而用个案方法,选择个案研究,必须是因为它是推动研究获取成果的最理想、最令人信服的方式。

3.8.3　需要何种数据

对个案研究来说，理想化的数据应当是细节化的，经过深入思考的，能为被研究的个案描绘出"一个有边界的丰富画面"（Thomas, 2011, p.21）。数据搜集的目标是尽可能完整地理解个案。绝大多数个案研究都会使用各种各样的质性数据搜集方法，其中最主要的是那种有参与式观察和访谈的田野调查方法。有些个案研究会包含量化方法，甚至主要使用量化方法。

所以个案研究和之前分析的四种方法有所不同，定义它的标准是研究的焦点和定位，而不是理论和方法论上的传统。它可以采用各种理论传统留下来的方法。斯泰克（Stake, 1995）就曾经说他眼中的个案方法"吸取了自然主义的、历史主义的、民族志的、现象学的和传记学的营养"（p.xi）。

个案研究一般在一个较为封闭的地理环境中开展（比如单个的机构、单位、家庭、村庄），定位于单个的项目或者事件，其研究边界有时候甚至只是单个人的经验。研究者需要在特定的边界内，聚焦特定的问题，结合特定的语境去分析这个特定案例的所谓深度数据。

3.8.4　取得何种成果

一个好的个案研究的报告往往是一本好读物。这是因为它焦点明确，能对情势和个人做出强有力的描摹。它看上去可能很像一个故事，一篇新闻报道，最经典的例子就是芝加哥学派对城市生活和城市语境的生动描述（Platt, 1992）。它也很像一种深度剖析，将影响一方水土或一个项目的各种要素、各种力量全面展现出来。不管最后呈现的结果是什么形式，个案研究都是一种对个案的彻底理解，能呈现出丰富的细节。

个案研究不会超越个案进行总结概括和对比分析。

> 个案研究最关键的地方在于特殊性，而不是概括性。我们进入个案理解个案，不是要去分析它和"别人家的孩子"哪里不同，而就只是去讲述清楚它是什么，它在做什么。个案研究偏重独特性，不是说它和其他案例的不同点不重要，而是说我们第一步要做的事是首先理解这个个案本身。（Stake, 1995, p.8）

这种数据处理方式跟扎根理论与民族志是完全不同的。扎根理论和民族志的数据来自每个当事人,继而又会脱离当事人,被重新归类分析。但是个案研究就不是这样,它完全依赖于研究者对一个或几个个案的分析质量,正所谓成也萧何败也萧何。个案研究做得不好,就很容易沦为一种简单描述。

3.8.5 个案研究的不同路径

目的不同,手段也不同,"个案研究方法"是高度多元化的,具有各种研究程序、研究技术和研究规则。但和我们此前介绍的其他方法不同,个案研究方法内部没有出现所谓"学派"林立的情况。

也有教材给个案研究方法做过分类。像斯泰克(Stake,2005)就认为个案研究方法可以分成三类,但不是三种不同的路径,而是三种不同的研究问题及其需要的研究设计。**"内在性质"式研究**,是最为基础的方法,其兴趣是发现个案的内在性质。**"工具主义"式研究**,相对来说目标更大,它主要希望通过分析个案回答某种问题。**"集合"式研究**则指的是针对不同个案进行对比研究,其目标是界定出某种模式。

研究新手们也可以参看托马斯的概括。他根据研究目标、研究者立场和研究路数的不同,对个案研究做过一些分类总结。他认为每一种分类都是一条"调查路径"的示例图(Thomas,2011,pp.91-95)。

不同学科领域对个案研究的运用不尽相同。你可以多读本学科的著作,找到本学科对个案研究的标准用法。

本章小结

以上我们介绍了五种方法,这样做的目的是希望让大家初步了解什么是方法的一致性。质性研究中还有很多其他方法,而且你也不知道什么时候一种新方法又出现了。

对你来说最合适的方法可能不在我们讨论的五种方法里面。你要从研究问题出发,看看有哪些另外的方法可以更好地帮助你回答问题、达到目标。每遇到一种新方法,你都可以用上面提到的办法去了解——回答何种问题、研究者的立场是什么、需要何种数据以及取得何种成果。在开展研究之前,你需要不断进行对比分析,要让方法服务于研究,而不是让方法牵着研究的鼻子走。

以问题确定方法，只有这样做，你才不会被方法本身所迷惑，误以为质性方法是万能的。研究者如果总是为了方法而方法，就会掉进"结论决定问题"的陷阱。"然后呢？"然后，研究结论往往就是描述性的，而不是分析性的。研究者辛辛苦苦地界定问题，开展访谈，梳理数据，廓清主题和类别，但是最后的研究成果还是会停留在模式描述的层面，缺少真正的理论深度。"有序的数据"（sorted data）也还只是数据。这样的研究可能看上去蛮有意思，但因为它使用的方法不是最合适的，它就没办法跳离描述这个层次。

"为方法而方法"的问题其实比较常见。但是，我们的意思不是说描述性研究不好。我们只是想强调要从整体性的角度去运用方法，不能为了方法而方法。如果是为了方法而方法，你写出来的文章是得不到承认的，也很难发表（Morse，1996）。其实有很多研究者都希望通过具有整体性的方法去重新梳理数据，发现新的模式，理查兹（Richards，2000）认为这种研究可以被称为"模式分析"。尤其是在一些短周期的实务性研究中，研究者除了发掘模式之外很难提出什么高大上的目标。比如说，对一些人口学数据如社会性别的分析；再比如说对一些结构性要素如学校的社会经济状况的分析；等等。这些研究的任务可能就是去搞清楚在某个焦点群体里面，人们的观点是否因为性别不同而有所不同；或者学校里面，低收入群体和高收入群体对学习自主性的接纳程度是否不一样。在这种情况下，"非结构化"的数据反而显得更必要、更有用，所谓的抽象化分析也就不需要了。这些研究一般都是既擅长质性分析又擅长量化分析，能通过非结构化的数据去阐明统计结果，发掘出新的模式。如果说你的目标就是模式分析，就是要去发掘模式，提出模式，那之前我们讨论的几种方法都能帮上忙。但是要记得，你不能把自己的这种研究说成是扎根理论。

方法送给我们研究社会的透视镜，这个透视镜能帮助我们对数据进行抽象化，在数据中发现和建构理论，将我们的研究发现汇入文献之河，与既有理论进行对话。在这一章里，我们一直强调方法总是各有各的体系，适合不同的研究问题，需要不同的研究过程，产生不同的研究成果，具有"适恰性"（fit）。这种适恰性预设了一个研究者的理论视角。做现象学研究的时候，你就得像一个现象学家那样去思考；做民族志研究的时候，你就得像个民族志学家那样去思考；去发现一个扎根理论，你就得像扎根学者那样去思考，以此类推。"一码归一码"在研究里非常重要，莫尔斯就说，为了用好这些质性方法，她把自己的头脑分成了一条一条的思维轨道。掌握了不同方法中预设的视角，研究者才能去使用所谓的"分析技术"。表面上看，这些分析技术每种方法都会用到，但是每一种方法隐含的整体策略（使用技术的路径）都是独一无二的，因此表面相同的技术，其具体运用都是各不相同的，其结果也是各不相同的。

所有的质性研究，其终极目标都不仅仅是描述现实世界，而是洞察和理解现实世界，最后在理论层面上为现实世界提供解释甚至是预测。要掌握这些不同的方法，你需要从头到尾地看完运用了这些方法的经典著作。然后不断问自己：这些著作运用的这些方法到底哪里不同？它们的理论贡献都是什么样的？它们各自到达的理论抽象层次都在什么位置？我能不能看出来在这些著作的背后，作者们是如何进行抽象分析，如何在语境中理解现象的？

参考资料

民族志：方法论资源

Agar, M.H.(1986).*Speaking of ethnography*.Beverly Hills, CA: Sage.

Agar, M.H.(1996). *The professional stranger: An informal introduction to ethnography* (2nd ed.).San Diego, CA: Academic Press.

Atkinson, P., Coffey, A., Delamont, S., Lofland, J., & Lofland, L.(2001).*Handbook of ethnography*.Thousand Oaks, CA: Sage.

Bernard, R.H.(1988).*Research methods in cultural anthropology*.Newbury Park, CA: Sage.

Boyle, J.S.(1994).Styles of ethnography.In J.M.Morse (Ed.), *Critical issuesin qualitative research methods*(pp.159-185).Thousand Oaks, CA: Sage.

Carspecken, P. F.(1996). *Critical ethnography in educational research.* New York: Routledge.

Ellis, C., & Bochner, A.P.(Eds.).(1996).*Composing ethnography: Alternative forms of qualitative writing*.Walnut Creek, CA: AltaMira.

Ellis, C., & Bochner, A.P.(2000). Autoethnography, personal narrative, reflexivity: Researcher as subject.In N.K.Denzin & Y.S.Lincoln (Eds.), *The SAGE handbook of qualitative research* (2nd ed., pp.733-768).Thousand Oaks, CA: Sage.

Fetterman, D. M.(2010). *Ethnography: Step-by-step* (3rd ed.). Newbury Park, CA: Sage. [本书中文版《民族志：步步深入》已经出版。]

Goldman-Segall, R.(1998).*Points of viewing children's thinking: A digital ethnographer's journey.* Mahwah, NJ: Lawrence Erlbaum.(See also website at http://www.pointsofviewing.com)

Greenwood, D.J., & Levin, M.(1998).*Introduction to action research: Social research for social change*.Thousand Oaks, CA: Sage.

Hammersley, M., & Atkinson, P.(1983).*Ethnography: Principles in practice*.London: Tavistock.

Knoblauch, H.(2005). Focused ethnography. *Forum Qualitative Sozialforschung/Forum: Qualitative Social Research*, 6(3), Art.44.Retrieved from http://nbn-resolving.de/urn: nbn:de:0114-fqs0503440

LeCompte, M.D., & Preissle, J.(1993). *Ethnography and qualitative design in educational research.* San Diego, CA: Academic Press.

Madison, D.S.(2005). *Critical ethnography: Method, ethics, and performance.* Thousand Oaks, CA: Sage.

Muecke, M.(1994). On the evaluation of ethnographies. In J.Morse (Ed.), *Critical issues in qualitative research methods* (pp.187-209). Thousand Oaks, CA: Sage.

Reason, P., & Bradbury, H.(2008). *The SAGE handbook of action research: Participative inquiry and practice* (2nd ed.). London: Sage.

Schensul, J.J., & LeCompte, M.D. (Series Eds.). (1999). *Ethnographer's toolkit* (7 vols.). Walnut Creek, CA: AltaMira.

Smith, D.E.(2005). *Institutional ethnography: A sociology for the people.* Toronto, Canada: AltaMira.

Spradley, J.P.(1979). *The ethnographic interview.* New York: Holt, Rinehart & Winston.

Spradley, J.P.(1980). *Participant observation.* New York: Holt, Rinehart & Winston.

Tedlock, B.(2000). Ethnography and ethnographic representation. In N.K.Denzin & Y.S.Lincoln (Eds.), *The SAGE handbook of qualitative research* (2nd ed., pp.455-486). Thousand Oaks, CA: Sage. [本书中文版《质性研究手册》(4卷)已经出版。]

Thomas, J.(1993). *Doing critical ethnography.* Newbury Park, CA: Sage.

van Maanen, J.(Ed.). (1995). *Representation in ethnography.* Thousand Oaks, CA: Sage.

van Manen, M.(2011). Orientations in phenomenology. Retrieved January 17, 2012, from http://www.phenomenologyonline.com/inquiry/orientations-in-phenomenology/

Wolcott, H.F.(1999). *Ethnography: A way of seeing.* Walnut Creek, CA: AltaMira.

阅读民族志

Applegate, M., & Morse, J.M.(1994). Personal privacy and interaction patterns in a nursing home. *Journal of Aging Studies, 8*, 413-434.

Cassell, J.(1992). On control, certitude and the "paranoia" of surgeons. In J.M.Morse (Ed.), *Qualitative health research* (pp.170-191). Newbury Park, CA: Sage. (Original work published 1987)

Davis, D.L.(1992). The meaning of menopause in a Newfoundland fishing village. In J.M.Morse (Ed.), *Qualitative health research* (pp.145-169). Newbury Park, CA: Sage. (Original work published 1986)

Germain, C.(1979). *The cancer unit: An ethnography.* Wakefield, MA: Nursing Resources.

Morse, J.M.(1989). Cultural variation in behavioral response to parturition: Childbirth in Fiji.*Medical Anthropology*, *12*(1), 35-44.

Spradley, J. P. (1970). *You owe yourself a drunk: An ethnography of urban nomads.* Boston: Little, Brown.

扎根理论:方法论资源

Bowers, B., & Schatzman, L. (2009). Dimensional analysis. In J. M. Morse, P. N. Stern, J. Corbin, B. Bowers, K. Charmaz, & A. E. Clarke (Eds.), *Developing grounded theory: The second generation* (pp. 86-124). Walnut Creek, CA: Left Coast Press.

Charmaz, K. (2000). Grounded theory: Objectivist and constructivist methods. In N. K. Denzin & Y. S. Lincoln (Eds.), *The SAGE handbook of qualitative research* (2nd ed., pp. 509-535). Thousand Oaks, CA: Sage.

Charmaz, K. (2006). *Constructing grounded theory: A practical guide through qualitative analysis.* Thousand Oaks, CA: Sage. [本书中文版《建构扎根理论》已经出版。]

Charmaz, K. (2009). Shifting the grounds: Constructivist grounded theory. In J. M. Morse, P. N. Stern, J. Corbin, B. Bowers, K. Charmaz, & A. E. Clarke (Eds.), *Developing grounded theory: The second generation* (pp. 127-154). Walnut Creek, CA: LeftCoast Press.

Chenitz, W. C., & Swanson, J. M. (1986). *From practice to grounded theory.* Reading, MA: Addison-Wesley.

Clarke, A. (2005). *Situational analysis: Grounded theory after the postmodern turn.* Thousand Oaks, CA: Sage.

Clarke, A. (2009). From grounded theory to situational analysis: What's new? Why? How? In J. M. Morse, P. N. Stern, J. Corbin, B. Bowers, K. Charmaz, & A. E. Clarke (Eds.), *Developing grounded theory: The second generation* (pp. 194-234). Walnut Creek, CA: Left Coast Press.

Corbin, J. (2009). Taking an analytic journey. In J. M. Morse, P. N. Stern, J. Corbin, B. Bowers, K. Charmaz, & A. E. Clarke (Eds.), *Developing grounded theory: The second generation* (pp. 35-53). Walnut Creek, CA: Left Coast Press.

Corbin, J., & Strauss, A. (2008). *Basics of qualitative research: Techniques and procedures for developing grounded theory* (3rd ed.). Thousand Oaks, CA: Sage.

Glaser, B. G. (1978). *Theoretical sensitivity: Advances in the methodology of grounded theory.* Mill Valley, CA: Sociology Press.

Glaser, B. G. (1992). *Basics of grounded theory analysis: Emergence vs. forcing.* Mill Valley, CA: Sociology Press.

Glaser, B. G., & Strauss, A. L. (1967). *The discovery of grounded theory: Strategies for qualitative research.* Chicago: Aldine.

Morse, J. M., Stern, P. N., Corbin, J., Bowers, B., Charmaz, K., & Clarke, A. E. (Eds.).

(2009).*Developing grounded theory : The second generation.* Walnut Creek, CA: Left Coast Press.

Schreiber, R.S., & Stern, P.N.(Eds.).(2001). *Using grounded theory in nursing.* New York: Springer.

Stern, P.N.(1994). Eroding grounded theory. In J.M. Morse (Ed.), *Critical issues in qualitative research methods* (pp.212-223).Thousand Oaks, CA: Sage.

Stern, P.N.(2009).Glaserian grounded theory.In J.M.Morse, P.N.Stern, J.Corbin, B. Bowers, K.Charmaz, &A.E.Clarke (Eds.), *Developing grounded theory : The second generation*(pp.55-84).Walnut Creek, CA: Left Coast Press.

Stern, P. N., & Porr, C. (2011). *Essentials of accessible grounded theory.* Walnut Creek, CA: Left Coast Press.

Strauss, A.L.(1987). *Qualitative analysis for social scientists.* New York: Cambridge University Press.

Strauss, A.L., & Corbin, J.(1994).Grounded theory methodology: An overview.In N. K.Denzin & Y.S.Lincoln (Eds.), *The SAGE handbook of qualitative research* (pp.273-285). Thousand Oaks, CA: Sage.

Strauss, A.L., & Corbin, J.(1998).*Basics of qualitative research : Techniques and procedures for developing grounded theory* (2nd ed.).Thousand Oaks, CA: Sage.

阅读扎根理论

Corbin, J., & Strauss, A.L.(1992).A nursing model for chronic illness management based on the trajectory framework.In P.Woog (Ed.), *The chronic illness trajectory framework : The Corbin and Strauss nursing model* (pp.9-28).New York: Springer.

Glaser, B.G.(Ed.).(1993).*Examples of grounded theory : A reader.* Mill Valley, CA: Sociology Press.

Lorencz, B. J. (1992). Becoming ordinary: Leaving the psychiatric hospital. InJ. M. Morse (Ed.), *Qualitative health research* (pp.259-318).Newbury Park, CA: Sage.(Original work published 1988)

Morse, J.M., & Bottorff, J.L.(1992).The emotional experience of breast expression. In J.M.Morse (Ed.), *Qualitative health research* (pp.319-332).Newbury Park, CA: Sage. (Original work published 1988)

Stern, P.N., & Kerry, J.(1996).Restructuring life after home loss by fire.*Image : Journal of Nursing Scholarship , 28 ,*9-14.

Turner, B.A.(1994).Patterns of crisis behaviour: A qualitative inquiry.InA.Bryman & R.G.Burgess (Eds.),*Analyzing qualitative data* (pp.195-216).London: Routledge.

现象学:方法论资源

Benner, P.(Ed.).(1994).*Interpretive phenomenology : Embodiment, caring, and ethics in health and illness*.Thousand Oaks, CA : Sage.

Boyd, C.O.(1993).Phenomenology : The method.In P.L.Munhall & C.O.Boyd (Eds.), *Nursing research : A qualitative perspective* (2nd ed., pp. 99-132). New York : National League for Nursing.

Giorgi, A.(1997).The theory, practice, and evaluation of the phenomenological methods as a qualitative research procedure. *Journal of Phenomenological Psychology*, 28, 235-281.

Moustakas, C.(1990).*Heuristic research : Design, methodology, and applications*.Newbury Park, CA : Sage.

Moustakas, C. (1994). *Phenomenological research methods*. Thousand Oaks, CA : Sage. [本书中文版《现象学研究方法:原理、步骤和范例》已经出版。]

Ray, M.A.(1994).The richness of phenomenology : Philosophic, theoretic, and methodologic concerns. In J. M. Morse (Ed.), *Critical issues in qualitative research methods* (pp.117-133).Thousand Oaks, CA : Sage.

van Manen, M.(1990).*Researching lived experience : Human science for an action sensitive pedagogy*.London, Ontario : Althouse.

van Manen, M.(2011).Orientations in phenomenology.Retrieved January 17, 2012, from http://www.phenomenologyonline.com/inquiry/orientations-in-phenomenology/

阅读现象学

Clarke, M.(1992).Memories of breathing : Asthma as a way of becoming.InJ.M.Morse (Ed.), *Qualitative health research* (pp.123-140). Newbury Park, CA : Sage.(Original work published 1990)

Kelpin, V. (1992). Birthing pain. In J. M. Morse (Ed.), *Qualitative health research* (pp.93-103).Newbury Park, CA : Sage.(Original work published 1984)

Smith, S.J.(1992).Operating on a child's heart : A pedagogical view of hospitalization. In J. M. Morse (Ed.), *Qualitative health research* (pp. 104-122). Newbury Park, CA : Sage.(Original work published 1989)

van Manen, M.(1991).*The tact of teaching : The meaning of pedagogical thoughtfulness*.London, Ontario : Althouse.

van Manen, M.(Ed.).(2011).Textorium.Retrieved January 17, 2012, from http://www.phenomenologyonline.com/sources/textorium/

话语分析:方法论资源

Cameron, D.(2001).*Working with spoken discourse*.London : Sage.

Crawford, M.(1995).*Talking difference : On gender and language.*London : Sage.

Fairclough, N.(2003).*Analysing discourse : Textual analysis for social research.* New York : Routledge.

Gee, P.J.(2011).*How to do discourse analysis : A toolkit.* New York : Routledge. [本书中文版《话语分析：实用工具及练习指导》已经出版。]

Peråkylå, A.(2004).Conversational analysis.In C.Seale, G.Gobo, J.F.Gubrium, &D. Silverman (Eds.), *Qualitative research practice* (pp.165-179).London : Sage.

Ten Have, P.(1999).*Doing conversation analysis : A practical guide.*London : Sage.

Titscher, S., Meyer, M., Wodak, R., &Vetter, E.(2000).*Methods of text and discourse analysis.*London : Sage.

van Leeuwen, T.(2008).*Discourse and practice : New tools for critical discourse analysis.*New York : Oxford University Press.

Wodak, R., & Meyer, M.(2009).*Methods for critical discourse analysis.*London : Sage.

Wooffitt, R.(2005).*Conversation analysis and discourse analysis : A comparative and critical introduction.*London : Sage.

阅读话语分析

Antaki, C., Finlay, W.M.L., & Walton, C.(2007).Conversational shaping : Staff members, solicitation of talk from people with intellectual impairment.*Qualitative Health Research, 17,* 1403-1414.

Barnard, R., Cruice, M.N., & Playford, E.D.(2010).Strategies used in the pursuit of achievability during goal setting in rehabilitation. *Qualitative Health Research, 20,* 239-250.

Caldas-Coulthard, C., & Coulthard, M.(1996).*Texts and practices : Readings in critical discourse analysis.*London : Routledge.

Crawford, M.(1995).*Talking difference : On gender and language.*London : Sage.

Fairclough, N.(2010).*Critical discourse analysis : The critical study of language.* Harlow, UK : Longman.

Gee, J.P.(2011).*Hope to do discourse analysis : A toolkit.*New York : Routledge.

van Leeuwen, T.(2008).*Discourse and practice : New tools for critical discourse analysis.*New York : Oxford University Press.

Wodak, R.(Ed.).(1997).*Gender and discourse.*London : Sage.

个案研究：方法论资源

Gagnon, Y.C.(2010).*The case study as research method.*Boisbriand, Quebec, Canada : Presses de l'Université du Quebec.

Gomm, R., Hammersley, M., & Foster, P.(Eds.).(2000).*Case study method.*London: Sage.

Platt, J.(1992).Cases of cases ...of cases.In C.C.Ragin & H.S.Becker (Eds.), *What is a case? Exploring the foundations of social inquiry* (pp.21-52).New York: Cambridge University Press.

Stake, R.E.(2005).*The art of casestudy research.*Thousand Oaks, CA: Sage.

Swanborn, P.(2011).*Case study research: What, why and how?* London: Sage.

Thomas, G.(2011).*How to do your case study: A guide for students and researchers.* London: Sage.

Yin, R.K.(2009).*Case study research: Design and methods* (4th ed.).Thousand Oaks, CA: Sage. [本书中文版《案例研究：设计与方法》已经出版。]

阅读个案研究

Aldinger, C., & Whitman, C.V.(2009).*Case studies in global school health promotion: From research to practice.*New York: Springer.

Kinuthia, W., & Marshall, S.(2010).*Educational technology in practice research and practical case studies from the field.*Charlotte, NC: Information Age.

McNabb, D.(2010).*Case research in public management.*New York: M.E.Sharpe.

Yin, R.K.(2003).*Applications of case study research.*Thousand Oaks, CA: Sage. [本书中文版《案例研究方法的应用》已经出版。]

质性研究设计 4

所有的质性研究都有一个共同的目标，那就是要基于数据开展分析，继而形成一个新的理论观点。这就跟量化研究形成了区别，量化研究是去检验已有的理论观点，利用研究假设去框定数据的形式、数量和范围，是一种事前卡位式的研究设计。

质性研究则很难事前规划。不管是什么样的研究、什么样的方法，其所需要的数据形式、数据数量、数据范围都不确定，受制于问题、方法、主题、目标，更受制于总处于"进行时态"的研究过程。质性研究设计很有挑战性，也很关键。但是很多质性研究成果对设计部分的探讨却很不充分。

质性研究不需要像量化研究那样去做事前卡位，但并不代表就可以不做研究设计了。在第2章里，我们讲到过研究目标会决定研究问题，研究问题又会决定研究方法。但是这个过程不是研究设计，也不能取代研究设计。在本章中，我们将首先讨论研究设计的不同层次，然后分析研究设计的目标其实是去框定整个研究项目的最终疆界和所需数据的类型，最后就如何开展研究设计提供一些实用的建议，帮助你把自己的研究主题变成一个真正的研究问题。我们会把研究设计的不同层次、规划路径和推进步速作为一个整体去讨论。

4.1　研究设计的层次

研究设计是由研究人员创造的，是由方法塑造的(而不是被指定的)，并且是对环境和参与者的响应。研究设计工作包含从不同的层次去看待研究。一旦你确定了自己的方法论，你就需要设计好研究项目的推进步速和推进策略，同时谨记研究的整体性。

　　所谓**步速**,指的是要把研究项目包含的种种工作都排好队,让数据搜集和数据分析能够有序地交替进行。这就需要研究者在整个研究过程中做出实时反应:何时终止采访? 何时重新启动观察,是在觉得数据不够用的时候,还是在觉得分析显得比较薄弱的时候? 所谓策略,是暗含在研究方法里的,但也会受到研究问题(比如说,你想寻找的到底是什么)和研究语境的制约。举个例子吧,戴维斯(Davis,1983)曾经在纽芬兰岛做了一个有关更年期体验的研究,由于她真正感兴趣的是私人情感和行为,她在分析中就很看重访谈类数据而不是观察类数据。而她和理查兹、塞伯德(Richards,Seibold & Davis,1997)在对更年期女性周边的社会结构做调查的时候,就很看重观察类数据,比如说存在哪些女性支持团体、信息中心等。

　　整个研究设计必须以回答研究问题为终极目标,后面我们会谈到很多具体的例子。你的研究设计从研究问题、研究方法、研究主题和研究目标中来,要跟它们保持适恰性。研究设计没有给定的脚本台词,它贯穿项目始终,需要研究者一而再、再而三地对它进行思考。

4.2　规划研究设计

　　从哪下手呢? 研究设计要跟着问题走、跟着课题走、跟着方法走。光这样说,做研究设计就未免显得太难太抽象了。其实如果从以下两个问题出发,就可以把事情变得简单一些:项目疆界(scope)在哪? 需要何种性质的数据?

4.2.1　项目疆界

　　所谓**疆界**,指的是学术探究能够抵达的"领土"范围,也就是你的研究项目能覆盖和触及哪里。这包括内容上的学术疆界(研究主题的边界)和物理上的对象疆界(场景和样本)。

(1)确定疆界的意义

　　吸收前人对主题、概念以及理论的理解,有助于圈出大致的学术疆界。但在收集数据、分析数据的过程中,对学术疆界的思考不能停止。在利用已有文献做研究对比的同时，要始终盯住研究目标，保持严谨、深入、灵活，不断进行自我反思，尤其不能忘了对数据的分析性思维。给数据编码的时候，需要一直问自己"它是属于这个类别的例子？还是另有含义？"。推进项目的过程中，你需要不断反思学术疆界要怎么划才合适。如果数据与问题不相符，你的分析会失焦，结果就是事倍功半。但是如果过早地把疆界限定死了，你的研究又会变得很狭隘。不要让已有文献的概念、定义一下子占据你的思维，不能提前就把所谓的意义拎出来，要避免过早地做决定、下结论。若画地为牢，则所得有限。

在划定样本疆界，选择研究场景时可以遵循以下两个原则。第一个是目的抽样原则，要有目的地去选择研究场景和研究样本。要选就选"最佳"的，选最理想的样本，选最能看出门道的场景。就自己的研究主题提前做观察、提前对专家进行深度访谈。还有一种方案，那就是进入一个能帮助你看到各种立场、各种经验的场景，然后采取滚雪球方法来抽样（请已经参与调查的人推荐后续人选）。

第二个是理论抽样原则，一旦你已经开始理解自己做的是什么研究，你的抽样策略就必须贯彻理论性（Glaser, 1978）。这意味着现有分析要指导后续的样本选择，后续样本中产生的数据又要去进一步优化理论。抽样的疆界并非僵化地指有多大样本量就够了，它是始终往前走的，你要一直重复追问自己还要去哪里、用什么方式、花多长时间、研究哪些场景和哪些人、能提出什么问题、能获得什么答案。项目进行多久，你就要重复追问自己多久。抽样还要顾及"**反例**"（不支持当前理论设想、能开拓新维度的案例；或者按理论设想来说应该存在，但在实际研究中还没发现过的案例），以及"**飞地**"，因为有些参与者的经历很特殊，对理论设想来说有特别意义。每个参与者都能给你讲讲别人的故事，和他自己的或相同、或不同，所以整个项目的疆界是大于样本数量的。这些别人的故事，是所谓的"隐藏数据"（Morse, 2001），它们能帮助你在理论抽样的过程中走得更远。抽样包括归纳性的、发现性的工作，也包括演绎的、求证性的工作。你自己在做哪种工作，一定要心里有数。

在数据搜集和分析的过程中，学术疆界和对象疆界之间的内在关系会变得越来越清晰。记得一直问自己："我的问题、主题、方法、读者、研究领域以及政治语境等，它们要的数据应该从哪种场景里来，要有多大规模？"要反复来回地自问自答，只有这样才能帮助你定位研究项目、聚焦研究问题，对研究目标做理性的反思和完善。

(2)疆界设计的过程

疆界的设计是一个渐进的过程。质性研究不能画地为牢。研究者常常需要调整数据搜集的模式,保证自己的研究始终站在数据的基础上说话。但这种调整绝对不是随心所欲的,研究者对情势的理解升级到哪一步,调整才能做到哪一步。

下面是疆界设计的一些注意事项,希望对你有帮助:

首先,**确定一个项目的**实质疆界时,你需要做对比——"如果我待在这个群体里,能不能理解到更大范围内的情况?",做研判——"在给出政策建议之前,我要怎么才能知道自己其实哪里出错了?"。你需要从多少个不同的视角出发进行研究?举个例子,仅仅通过观察是不能搞清楚人和人之间的关系的。如果你的问题是去搞清楚经理和员工之间的关系,你不仅要观察,更要意识到你在场这个因素对观察结果的影响。你得通过其他途径收集数据,比如去跟经理们、员工们聊天,查阅相关档案,等等。这些不同的数据相互之间是会打架的,作为研究者还得具备一双慧眼,从矛盾中看出门道。

其次,**确定变迁事物的疆界**时,你需要检讨自己研究的是不是一种过程(绝大多数质性研究都是的),如果是的,那这过程究竟到哪一阶段了。小心别用静态数据来分析动态过程。举个例子。你去做访谈,问被访者过去都发生了些什么。如果这是一次性的访谈,大家都会考虑一下在这种情况下要怎么说才比较合适。那么你就要问自己了,他们说的的确是你需要的观念、你关心的阶段吗?

最后,**确定多元化事物的疆界**时,你需要问问自己以下类型的问题:"我做的是对比研究吗?如果是的话,我要怎么做才能获得足够的对比样本呢?"比如说,你想搞清楚社会性别、种族或者阶层中存在的多元化现象,你在设计疆界的过程中就会不断遇到新问题("如果我就跟这群人待一块,是不是就疏远了那群人?")。给多元化研究设计疆界,你得时时考虑研究问题的涵盖面究竟有多大("哪些人的声音其实我听不到?")。你得注意样本的代表性("我究竟想针对什么发表意见?我没看到的现象重要不重要?"),要考虑到有哪些事物被遮蔽了("这件事是不是只有这一种解释?")。

过段时间就做个回顾,你的研究发现和理论化工作都会得到新灵感。设计疆界的过程,也是定位问题的过程,因为你需要渐渐地去厘清真正能回答的问题是什么,真正能发现的事物是什么。你需要把心中的疑问变成一个真正可以被研究的问题。

4.2.2 数据状态

"怎样创建数据"和"怎样确保数据与研究的适恰性"是两个不同的问题。前者需要你上山探路，亦即进入场景去探索构造数据的可能路径；后者则需要你深思熟虑，遴选出适恰的方法，确保所获得的数据具有丰富性、复杂性和语境意义，这样才能完成分析、解决问题。

做质性研究，一般不是预先准备好一套工具然后从头用到尾。相反，我们需要仔细考量用不同的方法去采集不同的数据。当然，预先设计好的学术工具也不是全无用处（比如对参与者进行最基础的人口学调查，就可以使用预先设计好的工具）。但是由于质性研究需要不断根据数据做归纳，要设计一个能预见到整个项目发展状态的学术工具基本上就不太可能了。

你得知道，好问题一般都需要配备好几套数据采集策略。过分依赖一种技术的话，你拿到的数据就会流于同质化，对于理解整个情势、整个课题来说就显得太单薄了。而且，如果只固守一种技术，你后续的理论抽样也没法完成，所以你要摒弃只用一种技术的想法。你不能只问自己一遍"我究竟是选焦点小组还是去选深度访谈"，而要持续地反复问自己"为什么采取这种方式有利于回答研究问题"。我们和不少学者都发现，现在质性研究的数据越来越同质化了，所谓的"深度访谈"已一统江山，先前那种多样化的多点数据采集方式遭到冷落。但我们还是坚持认为，**不要因为学过什么技术、擅长什么技术就依赖什么技术**。你要找的是最佳方案，是那个最能帮助你了解社会行为和社会经验的方案，是那个最能呈现和诠释现实图景的方案。

你得知道，在研究过程中数据的状态是会变化的。项目的预算、截止时间等要素都会盖过研究结果需要从数据中渐进生长的要求。一旦觉得自己是在"做访谈"，研究者就会觉得所谓重要的事情不外乎还有多少个访谈需要"做"出来。（我们建议你好好思考一下，你想要的究竟是什么？而你在研究过程中想表达的又是什么？）就算是专家，不充分卷入研究，也不可能知道抽样究竟需要多大的规模。抽样规模是将来时态，由研究主题、研究对象和数据的质量决定。记住，研究问题是需要结论的，这会推动你去考虑"还有什么其他的工作可以做、需要做，以保证数据搜集够强大够丰富"。

眼光不要放在项目的开始阶段，而要放在结束阶段，放在如何做论断上（"我能在数据里问出什么？""需要创建何种类型的数据，怎样才能把数据集合起来？"）。

想一想最后的结论有多少种可能("如果只是局限于这些数据来源,我可能会错过些什么?")。

分析自己有没有创建数据的能力——我能不能做到这一步?能不能被人们接受?能不能开展这些测试?能不能找到参与者?分析可能存在的局限条件——如果我的目标是找出人们话语中隐含的微妙意义,我怎么才能确保在做记录的时候不加上自己的意思,保持原话的原汁原味?在研究的早期阶段就考虑成果问题是很有用的。怎么做这个研究才能让人信服?你凭什么能得出这样的结论?你想说服的是哪些人,要怎么说服他们?成功在即的时候,你怎么能知道自己可能弄错了?

4.3 研究设计的步骤

我们强调了研究问题、现实课题和方法对于研究疆界的重要性,我们又强调了研究者本人需要有主观能动性去设计和控制整个项目。那要怎么做才能两全其美呢?

一个好办法是从其他研究那里总结经验,吸取教训。这些研究设计中是什么让你信服(或者对你来说有说服力)?作者有没有总是说我没错?有说服力的研究看着总是很过瘾,这是因为它们的疆界设计和数据状态是针对研究问题、结合研究方法而来的。而不太有说服力的研究就会总是说"我没错",力所不逮却非要把数据生拉硬扯进结论里。

万事开头难,但不要畏惧,我们这里有个五步秘籍,你不妨试试。从研究一开始,你就照着我们的建议来,把自己的思考、遇到的困难、闪现的灵感一步一步记录下来,应该是很有用的。不少研究者在做研究计划的时候喜欢回避一些挑战性的问题,其实这也等于回避了研究设计本身,因为问题意识没有了。

第一步:设立目标。你的问题是什么?你为什么提出这样的问题?此前有没有人也提出过类似的问题,为什么他们的研究不能满足你的好奇心?(提醒,要把文献梳理工作也当成质性研究来做。)你能做出什么样的新贡献?你真正的意图是什么?你想从研究中得到些什么?你已经掌握的是什么,你的优势和劣势体现在哪里?回到第2章有关主题选择的部分。(在这个阶段,你尤其要提醒自己,已经成为"他们中的一员"不代表你已经掌握了足够的知识可以去研究"他们"了。要把成为

"他们中的一员"当成一个问题，而不是一个优势。）

第二步：定位方法论。对于想要研究的主题和问题来说，哪种方法是最合适的？千万不要先方法后主题。这种方法能否帮助你做好研究设计？不同的方法对数据的要求是不同的——在选择了这种方法以后，你究竟需要什么样的数据？（可参考第2章"扶手椅穿越"的部分。）

第三步：划定疆界。定义整个研究项目的疆界。你想针对什么发表自己的意见？你对即将开展抽样工作的田野点是否已经足够熟悉了？如果还不熟悉，那就要立刻开始预研究，预研究也是研究的一个阶段，而不是随意的尝试。如果已经足够熟悉了，立刻着手做对比性设计。你是否已经介入场景了？如果是，你的后续计划是什么？

第四步：规划数据状态。何种数据是切题的？何种数据是可以利用的？这些数据如何才能有序地嵌合在一起？你有能力处理这些数据吗？研究设计不仅要涵盖你的数据处理工作，也要涵盖你的软件使用工作。（注意：说软件能"分析"数据，那是研究上的大笑话。）

第五步：未雨绸缪。这个研究能做到多好？多强？它凭什么让人信服？万一哪里搞错了，你要怎么才能发现？把你的研究给那些挑剔的人看，你自己也要成为一个挑剔的人。思之在前，是为了信服在后。

4.4 效度设计

效度这个词，在质性研究里很容易被忽视。它常常被误认为是一种针对研究态度而言的指标，包括分析态度、诠释态度等，不太适合用在质性方法中。不管在哪种方法的文献里，你都能看到大家对这个词在质性研究中的含义始终争论不休。有学者提出要注意这个词包含的"合法化危机"（Denzin & Lincoln，2005），还有学者建议"质性"研究应该有量身定制的特别术语。你一开始着手研究设计的时候，就要结合研究方法，把效度问题重视起来。

当然，需要你同等重视的是研究成果的适恰性，成果得从数据中来的，不多不少，恰到好处。因为，毕竟效度这个词有最基本的辞典含义：所谓有效的论断应该"依据充分且经得起实践，圆融合理且中肯切题，很难对它提出反对意见"（缩减版牛津英文辞典，转引自Richards，2005，p.139）。

质性研究的效度设计一般遵循两个原则。第一个原则就是本书的主旨:始终关注问题、数据和方法之间的适恰性。这样才能确保数据得到科学的收集和处理,问题得到可靠充分的解决。从这一要求出发,你需要提出一整套检测数据处理和方法使用的技巧。比如说在团队项目中,你就得注意检测编码是否可靠。当然,这些检测技巧的设计与执行也必须和方法本身的要求相吻合(Richards,2009,pp.108-109)。

第二个原则是确保你能解释清楚自己的每一步分析。研究者对成果从哪来的解释能力,是质性研究的信用保证(Maxwell,1992)。从这一要求出发,你需要从设计阶段开始就提出一整套程序,确保自己能步步为营地做好每个重要决策,诠释好每个发现。这是一项很重要的工作。记住,质性分析的理论是在数据中一步步生长出来的,前一个诠释会决定后一个探究要怎么做。遵守程序,一步步地朝前走,你才能知道自己此刻位于何处,发现了何物(Richards,2009,pp.5-27,pp.193-195)。

在研究设计阶段,你要考虑的问题是怎样的设计才能确保自己的结论可以被认为是圆融合理、依据充分的。本章列出的这些步骤,其主要目的是带领你浏览研究设计的整个过程,提醒你哪里是容易出错的地方。在第9章中,我们还会详细地讲如何才能检测研究分析的合理性,重新应对"如何正确地做事"带来的挑战。

4.5　项目步速

一个好的研究设计是什么样子的? 如果是调查研究,它的研究设计就很简洁明了,第一步收集数据,第二步编码,第三步分析。跟调查研究相比,我们前面所讲的设计过程就显得乱糟糟的。质性研究设计更像一个探索之旅,总要踩在前一步的脚印上,我们才能知道后一步往哪里试探。这种有弹性的设计,能帮助你处理研究工作中出现的"不速之客"——调整时间和经费的预算,分配工作量,管理好和重要伙伴之间的关系。这种弹性设计还有一个很有趣的地方,你会发现哪一步都不能彻底结束,让你全然进行下一步。不管有没有人要求你提交一个正式的研究时间表,你都最好按我们下面介绍的五步秘籍规划一下自己的日程。

(1)概念化

仔细地预估和规划一下整个项目的流程,做好文献回顾和批判反思,这一步要尽早进行且不能间断。相关的新研究、新发现出现了，你就得跟上。要把文献回顾的工作成果当成数据本身——你对访谈或者田野观察准备后期如何处理，就照样处理文献回顾的工作成果。（如果你打算用计算机软件的话，这个阶段就要学起来。要把储存资料的基本技术学会，不然真到了储存资料的时候就会手忙脚乱。）

（2）进入田野

进入田野本身就已经是研究工作了：你要做准备、做时间预估、经费预算。你的田野可能是一个地理空间（比如学校），也可能是某个主题人群（比如你正在研究某种疾病的患者，或者因为某种原因曾经遭到歧视的人们）。目前不少学科的研究，强调获取数据应该简单而直接，比如用访谈或者焦点小组，但这样的做法会剥夺学者们的那种民族志式的洞察。如果你对田野工作方面的文献不了解的话，现在就要学起来。这样你才能知道要如何成为一个观察者，如何进入他人的世界，如何被接受。

如果你对进入的田野是很熟悉的，那就要谨慎了。你最好把自己清零，以观察者的身份重新进入。凡事都有利弊，正是因为你对一切情况都了如指掌，就更容易产生很多理所当然的理解、评价、标签和思维定式。如果你对你熟悉的主题领域（你认识的群体、你了解的问题）采用类似访谈这样的强加于人的方法，那你就更要付出十二万分的小心。一两个小时的访谈对你来说，可能就完全没有意义。

（3）建立数据管理体系

研究设计显然不能不考虑数据处理的问题。说到现在，你肯定已经很清楚需要非常慎重地去创设数据处理体系了：这个体系必须胜任研究任务、嵌合研究疆界、保证数据多样化、支持分析工作。（有关这一阶段的文献比较少，但还是有的。详见 Lofland & Lofland，1995；Richards，2009。）数据管理体系在项目一开始的时候就要着手建立，确保自己能够熟练掌握，运用自如。对于团队研究来说，这项工作显得尤为重要（Richards，1999，2009）。你需要为建立数据管理体系以及学习相关软件单独预留出时间。

到这一步就可以学习软件了。先选择好用哪一种软件，刻苦学习，熟练掌握，理解这种软件适合什么样的研究。软件要边学边用，否则麻烦就来了。如果你把所有的东西都记录在纸上，然后排着队把它们慢慢输入到电脑里，你的工作量就会大大增加，焦虑感也会大大增加。而当早期资料快速录入到电脑之后，你对自己的信心会倍增，会多出很多时间继续学习软件技术，也能为后期管理数据、整合资料打下基础。我们在第4、5、6、7章中,都会谈到和这一章内容相关的软件运用。

(4)抽样和理论抽样

研究设计要为定位和评估抽样方法留出时间。这是非常重要的步骤,样本不会从天上掉下来。

不要逃避理论抽样(也就是根据分析去找参与者),要给这项工作预留出充足的时间和预算。如果要申请资助,就要把你进一步的抽样计划、日程计划和其他相关资料都列出来。

(5)分析

研究是一个渐进的过程,你要为自己的思考留出时间和预算。如果要申请资助,你需要把数据编码、类型编码、类型管理、类型系统建立、信度效度检测等工作都纳入预算之列。你的自问自答、反复斟酌、推倒重来、一而再再而三的修改和验证,都需要时间。

4.6　多研究设计

我们在第3章中曾经说过,对于新手来说,为单个研究设计很多个方法不是明智之举。但话分两头说,有时候我们的项目很大,需要把两个、三个甚至更多的研究组合在一起才能完成,那一种方法就不够用了。所以,你也需要了解如何组合运用方法,通过引入新的主题领域或者扩大理论视野,来延展整个项目的疆界。多研究设计有以下几种类型:

第一,使用至少两种方法、两套策略,以充分回答研究问题,延展研究疆界(混合研究设计)。

第二,为研究问题设计多个研究,每个研究都有各自独立的研究方法,从而能够延展研究疆界(多元方法设计)。

第三,通过对某个领域一系列已有研究成果的重新评估和再造,来延展学术探究的疆界(荟萃研究设计)。

4.6.1　混合研究设计

　　每种方法都有自己的强项，同时也都有自己的缺憾，它们总是适合特定的数据，也只能揭示出事物的某个或某几个方面的特征。比如说民族志，擅长阐释结构但很难描述情感（Beatty，2010）。而现象学研究则适合挖掘意义和情感，不适合阐释语境和结构。混合研究设计，就可以采用多种方法，将同一个事物的不同方面都揭示出来，让整体的研究结论涵盖面更广更全面。

(1)质性方法混合设计

　　有时候，单纯一种质性研究方法很难完全充分地回答研究问题。那么研究者就可以设计一个辅助的同步的研究方案去支持核心方法，即主要的、主干的方法。这个辅助研究方案可以针对同一群参与者进行，但一定要收集不同类型的数据。辅助方案要能给主要方法之不能给，还要巧妙地嵌入整体研究，达到丰富对比案例、增强描述阐释的目的。辅助方案如果做了，就要持续做，直到研究者觉得对辅助问题已经心里有底为止。具体如下文所述：

　　建立指标体系：比如整个项目的主要目的是探究康复过程和康复阶段，主要方法是扎根理论。那么为了扎根理论所需要的调查，研究者就需要再做一个辅助研究去把指标体系建立起来。

　　建立验证体系：比如整个项目的主要方法是民族志，是对工人群体做非参与式的观察。那么为了验证非参与式观察的结论，研究者就需要再做一个辅助的半结构访谈来验证研究。

(2)质性量化混合设计

　　最常见的混合设计是质性量化混合设计。采用这种设计的研究众多，而且还会越来越多（Tashakkori & Teddlie，2010）。这种混合设计对软件使用的要求相当苛刻（Bazeley，2010）。采用这种设计的时候，你要始终记得研究是由两种方法两个部分构成的。不管主干研究是质性的还是量化的，辅助研究都不能在设计和数据上打马虎眼、降低对效度的要求。

　　质性研究在混合设计中经常是辅助性的，它负责提供量化统计没法提供的深层分析。比如说，主干的量化研究已经通过调查界定了某个边缘族群中存在的问题，质性研究就可以通过个案方法去深入探讨这个族群的深层故事。

如果主干研究是质性研究,那么辅助的量化研究就要同步或者依序展开(Morse & Niehaus,2009),一般会使用标准化工具对样本的特征、反应等进行测量。辅助量化研究的主要作用是测量参与者的反应,当然也可以用来测试理论假设和猜想。

两种不同的方法需要两套不同的规程来确保效度。比如,主干的质性研究采用小型的目的抽样(purposeful sample),而辅助的量化研究则采用较大规模的随机抽样;那么,质性部分的抽样标准就必须保持独立性,和量化部分的量化数据形成对照。量化部分的辅助数据一般有两种用途:其一,用调查数据直接描述每个参与者的个人特征;其二,如果质性部分的抽样、数据分析都已经相对完整了,调查数据就主要用来强化质性部分的研究发现。研究者的记录可能是这样的:"这一研究中的参与者焦虑程度相当高,因为他们在焦虑量表上的得分比一般人群的焦虑量表得分高出两个标准差。"

4.6.2　多元方法设计

与混合设计相比,多元方法设计显得简单一些,它指的是研究者针对同一个研究问题,设计两个相互独立的研究方案。这两个方案可以同步开展,也可以依次开展。两个方案之间彼此独立,其成果可以分开发表。由于这两个方案针对的是研究问题的不同面向,其对同一现象的疆界划定和抽象层次都会不同,所以这两个方案之间必须相互补充,共同丰富我们对现象世界的理解。(在多元方法设计中,研究者一般可以发表三个研究成果:每种方案各发表一个成果,两种方案合并再发表一个成果。)

两种方案的区别可能在抽象层次上(比如说,一个是对接触行为的微观分析,一个是对增肌运动潮流的宏观分析);也可能在数据类型上(比如说,一个是量化研究,一个是质性研究);或者在对象选择上(可能和语境相关)。由于两种方案都是自给自足的,所以相对于混合研究设计,多元方法设计就不必担心抽样无效、演绎/归纳混乱、数据不足不饱满等问题。

4.6.3　荟萃研究设计

荟萃研究,指的是研究者搜集有关某个主题的多个研究,通过系统性地分析这些研究并整合它们的研究成果,从而"荟萃"出一个新的研究(Sandelowski & Barroso，2007）。研究者对已有研究的主题、分类、概念、理论进行整合分析，将它们融合起来形成全新的研究见解。荟萃研究设计的挑战性显而易见，因为不同的研究，其研究问题、研究立场、政治取向、理论视角、对象人群等都有各种微妙的差异。荟萃研究一般会聚焦于某个群体的某个特殊问题，比如拉丁裔青少年中的肥胖问题（Jean，Bondy，Wilkinson，& Forman，2009），或者拉丁裔糖尿病儿童的肥胖问题（Clark，Bunik，& Johnson，2010）。荟萃研究也可能聚焦于某种理论——比如，身体意象和拉丁裔族群中的肥胖问题（Hughes，Sherman，& Whitaker，2010）；或者研究的效果——比如，健康信息技术及其质量提升对非裔和拉丁裔族群糖尿病族群的影响（Baig et al.，2010）。

4.6.4　多视角研究

单个研究设计中也可以存在多种数据和多个焦点。对比研究和三角研究，就是在单个设计中从不同视角处理不同数据的研究类型。

(1)对比研究设计

如果你的研究问题是去了解一个特殊族群，廓清一个特殊条件、特殊环境，你就要进行双族群研究设计。理想状态下，你需要分别从这两个族群中获取数据，包括分别进行理论抽样和数据浸入。随后的研究中，你需要对这两组数据进行对比、对照，找出其中的异同。但是在对比阶段，抽样和数据搜集工作还需要持续进行，以便延展和验证分析。

质性的对比研究非常重要，比如说它可以运用于评估。单个的质性研究不能回答诸如"有多少""有多大程度"这样的问题，也不能回答"行为干预能带来多大的改变"的问题。如果通过对比研究，两个群体具有类似的经验，但一个群体接受行为干预，而另一个群体不接受行为干预，以上的问题就能得到解决。另外一种对比研究的方式是对比同一个群体接受干预前的行为和接受干预后的行为。这种在实验室之外开展的实验，被称为自然主义实验。

(2)三角关系研究设计

在很多国家，"三角关系研究"一般都能申请到巨额的科研经费，但是这个意思模糊的研究名词很多时候是被误用了的。不知道是从什么开始，三角关系研究不再指一种特别的研究设计样式，而是"随便什么三类事物"。那么究竟什么才是三角关系研究?

三角关系研究指的是针对同一个主题开展了多个独立完整的研究,并且这些研究相互对照验证,能从多个视角关照到研究主题。要建立真正的三角关系,这些研究必须呈现出"狭路相逢"的状态——一个挑战下一个(在分类问题上),下一个启发再下一个(提供新的概念化设想或者理论化设想),或者验证再下一个(提供相同的结论)。最早提出这个词的是戈夫曼(Goffman,1989),他认为当一个调查研究者本来只从两个角度来研究事物,而现在从第三个角度来研究事物的时候,就是在做三角关系研究。这是一个生动的比喻。

和调查研究者类似,质性研究者也可以针对同一个问题或主题开展多角度分析。第一种三角关系研究设计,是针对同一个问题的三角关系研究。在这种设计当中,研究者必须确保不同角度的分析和探索都针对同一个问题展开(Richards,2009,p.20)。研究者需要通过并列分析几组不同类型的数据、并列采用几组不同的研究方法,去回答同一个研究问题。比如说一方面观察校内威权行为、记录田野笔记,另一方面通过对师生的访谈了解他们对校内威权行为的所见所想。第二种三角关系研究,显得更有野心一些。那就是研究者会针对同一个问题,设计多个自成体系的、方法和数据各自独立的研究,如果这些研究的结论都一样,研究者再继续设计一个"第三者"方案,看看后来的"第三者"方案能否提供不一样的回答。第三种三角关系研究设计的形式,是"同主题(topic)-异问题(question)"的研究设计。研究者针对同一个研究主题,开发出不同的研究问题。在完成对一个研究问题的分析之后,再设计新问题、采用新方法、建立新体系、搜集新数据以开辟一个新的疆域。(比如说,对社区偏见的研究。研究者可以先用调查方法搜集预先编码好的问卷数据,再深入那些已经接受过调查的社区、组织进行观察,分析在公共场合中人们到底是怎么做的。这样一来,那些没有接受过调查的个人也可以被观察到。)

以上研究技术都很实用,它们可以帮助你从不同角度进行全面探究,让你的研究成果极具揭示意义,你的新解释可以让教师的威权行为得以暴露,你的新发现可以让人们意识到内心隐藏的偏见。如果你的研究可以达到这样的境界,那无疑说明你的研究设计相当完美。如果你想挑战一下三角关系研究设计,那从一开始你就得清楚自己的目标是什么,自己在哪个阶段能达成什么结论,提出什么新观点。

但是一定要避免误用三角关系研究设计。用不同的理论解释同一组数据不是三角关系研究设计,从不同领域调集编码伙伴抑或调查伙伴也不是三角关系研究设计。空有一堆杂乱的数据,不代表你能做三角关系研究设计。两组相互矛盾又各自不能自圆其说的数据、少量几个从不同角度做出的访谈，这些都**不能**帮助你从不同角度对同一个研究问题或者研究主题进行探究。还有一些研究设计，固然是好的研究设计，但绝对**不是**三角关系研究设计，举例如下。

> 数据来源非常丰富，但只建构了一个研究，呈现了一幅画面（比如说民族志，既有访谈，又有观察，等等）。
>
> 做了一个研究，同样再做第二个（六个以上的个案研究！扩大样本规模不等于三角关系研究设计）。
>
> 针对不同现象、不同问题所做的不同的两个研究（针对性不同，研究结论是不可能"狭路相逢"的）。
>
> 并列的量化研究和质性研究（比如说，先对加拿大的继亲家庭进行人口学意义上的普查，再基于这个普查结果对继父母进行深度访谈。在这里，量化研究只是为质性研究提供了语境资料，它不是针对同一个问题的新观点或新解释）。

4.7　要做回顾

在做研究设计的时候，要经常从远处回看自己的进程。要经常跟挑剔的同僚们讨论，经常给身在彼处的朋友们写信报告。要保持整体性的敏感，就得经常问问自己，这个研究到底能揭示出什么？我的目标到底是什么？（Richards，2009，第7章）

我们很容易高估自己的理解力，也很容易还没想清楚就去搜集数据、分析数据，因此我们就要站在高点远眺自己的研究项目。高屋建瓴地思考，能帮助我们避免研究设计窄化，数据搜集同质化，也能让我们冷静分析自己的技术和资源能否保证成果的丰富性，让我们的研究目标不再只是模模糊糊的"走进去看看这儿在发生什么"。我们对何种进入方式、何处、何特点、何种研究发现的思考也会得到锐化。研究问题和研究语境的定位越模糊，研究项目摇摆不定的风险就越大，做研究设计的必要性就越强。好研究不是想有就有的。（研究项目要想拿到资助，可不是靠保证自己能做得好就能拿到的。）

如果你觉得细节遮蔽了你的视野，那就要马上返回高点。相对于已经拿到资助的研究项目，没有资助的研究项目受到的制约会更大一些，因此它的研究问题要更清晰，研究设计要更有针对性。一般来说，研究要想获得资助，肯定是要用研究设计打动对方的。那么在没有资助的情况下,你就要像资助方一样,严格审视自己的研究设计,评估它能否胜任你的研究主题,能否以你的能力和资源加以掌控,是否完整以及能否产出成果。你还得像资助方一样,搞清楚自己的研究问题在伦理上是否站得住脚,能否采用一些较为激进的数据搜集方式。远眺研究,你要时时审视疆界设计以确保研究成果最大化,也要时时审视数据设计以确保产出更好、更确证的理解。

4.8 选择研究软件

研究软件的类型和产品多种多样,对于没用过的研究者来说怎么选还真是一个问题。如果你所在的机构购买了一些软件,或者其他人能让你用他的软件,你得首先去了解一下这些软件都有哪些功能,它们是否适合你的研究设计。

如果你采用的是质性量化混合设计,那就要选择两种软件。你不仅要熟悉这两种软件的用法,还得清楚它们是否适合并有助于自己的研究。看表4.2和表4.3,你就能知道质性、量化搭配的方式多种多样,相互之间差别巨大。

选软件也是研究整体性中的一环。就像数据类型、分析策略要符合研究目的、研究问题的要求,软件工具也要能配合上研究设计方方面面的要求才行。软件工具哪家好呢?你还是要回到你的研究问题、数据类型、分析方式当中去找答案。

跟过去相比,现在选软件的难度已经小很多了。刚开始的时候,质性分析软件各自之间的差别很大(Tesch,1990;Weitzman & Miles,1995)。而当前,大部分软件的基础功能还是比较类似的。CAQDAS的联网项目网站上会持续更新对质性软件的比对分析。

表4.1到表4.4总结了目前市场上质性分析软件之间的异同。

表4.1 你的研究项目和首次数据

各质性分析软件的相同点	各质性分析软件的不同点	何时需要关注这些异同
为单个项目提供存储数据、管理数据、开展阐释工作的空间和支持	在如何存储、输入输出数据方面,存在一些技术上的差异	在担心数据安全,要求备份便捷,需要跟团队分享数据时需要关注

续表

各质性分析软件的相同点	各质性分析软件的不同点	何时需要关注这些异同
为项目组合，项目对比提供支持	绝大多数软件都支持项目间的相互导入，但是在灵活性上各不相同	在多位研究者开展合作时；或者需要开展多点研究时；或者需要合并多个项目的研究成果时需要关注
为备份项目和安全存储提供支持	各软件提供的内部存储空间和文件支持格式不同，内部文件和外部文件的分类技术有一定差异	一旦文件丢失，后果很严重！这是存储模式的不同，任何时候都要对此警醒，做好必要的备份
为和其他软件兼容提供支持	各软件的兼容程度不同，在调查性数据、数据库数据的导入和输出方面，存在较大的技术差异	在进行混合研究设计的时候需要特别注意

表4.2　数据记录、研究灵感及其相互间的关联

各质性分析软件的相同点	各质性分析软件的不同点	何时需要关注这些异同
支持处理文本类数据	各软件支持的文本格式各不相同（纯文本、富文本，以及图片、表格等特殊文本格式）	项目对文本丰富性有要求时需要关注
支持创建、编辑文本文件和研究备忘录	在编辑导入的数据文档以及备忘录的灵活性程度上有差异	在导入的文件上做编码、做批注在绝大多数时候都是需要的
支持导入文本数据文件	哪些类型的文件可以直接导入？哪些类型的文件只能导入链接？在这方面，各软件提供的支持是不同的	你的文件究竟能在哪里存盘，这也是个绝大多数时候都要关注的问题
支持处理非文本数据，如相片、视频等（包括直接编码、呈现非文本数据记录等）	有些软件能导入非文本数据，有些只能视多媒体文件的类型给出相应的支持	在必须对非文本数据做仔细分析时，尤其需要关注
支持信息存储（比如人口学资料、地图资料等）	绝大多数软件都可以直接导入电子表单或者统计软件中的数据，但是在各软件能提供的选择项、能演示的界面以及兼容的灵活性方面有差异	如果做的是混合研究设计，就需要特别注意
支持在软件内部创建、编辑文件和备忘录	各软件在编辑和创建备忘录的灵活性上有差异，在是否支持备忘录搜索和搜索方式上也都各不相同；有些软件的编辑功能很强大，有些则只提供一些校正功能	类似扎根理论这样的研究，需要持续对理论记录做出反思，就要特别关注

续表

各质性分析软件的相同点	各质性分析软件的不同点	何时需要关注这些异同
支持在文本中使用备注，以及文本之间的关联管理	各软件在备注方式、备注呈现和报告方面存在差异	类似话语分析这样的研究，需要给文本中的话语做出细致的分析和关联分析，就要特别关注
支持数据的内部和外部链接	各软件的链接途径和方法千差万别；哪些能链接，如何链接都是需要注意的问题	如果你的方法更注重搜集数据，而不是编码，就要特别注意

表4.3 编码以及文本搜索

各质性分析软件的相同点	各质性分析软件的不同点	何时需要关注这些异同
支持数据的归类编码，以及同类编码的提取检索，有些软件把编码（codes）称为编制节点（nodes）	在数据选择模式和编码程序上，各软件各有定式；有些软件还可以给编码做权重处理	编码的基础功能和操作方式任何时候对任何人都很重要，试过才知道哪一种软件适合自己
支持点开一个编码，就能看到同一个编码下的所有数据	各软件对已编码数据的呈现方式不同，有些可以检索提取语境，有些不能；在修改编码，以及在已有编码上进一步抽象编码的技术上，各软件能提供的支持也不尽相同	对很多研究者来说，编码只是做诠释性研究的第一步，某一个类别的数据往往有着多维度的意义，这就需要研究者关注到软件对编码工作的支持情况
支持检视已有的编码（通常是在网页空白处）	在能否即时呈现全部编码以及如何使用标注分析编码方面，各软件存在差别	如果非常倚重、在意编码工作，或者需要在团队中比较编码是否恰当，就需要关注
支持自动编码（研究发现的自动化呈现，以及对单词和碎片化信息的自动编码）	在自动编码的操作难度、格式要求以及语境设置上，各软件存在差别	如果研究中存在大量高度结构化的数据，或者有对数据即时提取的需求，就需要关注
支持在数据中进行特定文本的搜索和编码研究	在检索设置、检索结果储存的功能和方式上，各软件存在差异	如果研究需要对语词进行大量的自动化搜索，并需要对搜索结果进行深入分析，就必须关注
支持编码计数、语词发生率统计以及量化内容分析	有些软件能进行词频分析，报告量化结果；有些软件能创建研究词典	如果研究当中有计数的要求，就需要关注"文本提取"和"内容分析"的相关程序

表4.4 抽象化、建模、提问和报告

各质性分析软件的相同点	各质性分析软件的不同点	何时需要关注这些异同
支持呈现和管理编码分类	绝大多数软件都能够对数据分类加以提取、分析，以及分层管理	如果研究的编码分类非常多，或者研究需要分享编码的图示，就需要关注
支持在编码中探求模式，提出问题（一般使用"搜索"或"查询"工具）	在对编码、文本、人群特征、地点特征等进行组合搜索时，有些软件可以通过多元搜索为模式探究提供矩阵分析	有些方法要求进行复杂探究（比如用矩阵分析来建构模式）。这个时候，最好以"扶手椅穿越"方法去追问一下自己究竟要如何探求数据中的奥秘
支持保存搜索结果	有些软件只能报告搜索结果，而有些软件则可以把分析结果也变成数据库中的一个部分	如果想在编码模式的基础上建构查询系统，就需要关注
支持重复探究	能允许研究者写程序脚本规划分析过程的软件很少	对于那些需要建立计算机探究模型的研究来说，这一点必须关注
支持可视化	绝大多数软件都提供建模的工具。但有些只能做简单的图表呈现，而有些却可以对理论和网状结构做生动的展示	如果非常看重研究结果的可视化呈现，那就需要关注软件在展示方面的功能
支持呈现研究者在数据中标记出的关联关系	有些软件可以帮助你俯瞰文本，用模型展示各部分的关联	相对于多个案比较研究和大型的图解式项目，就单独某一个个案做深度分析时更需要关注这一点
支持提供数据报告、编码报告以及编码过程报告	在报告生成和呈现方式上，各软件差别比较大	如果对报告本身有特殊要求，那关注这一点就很重要

4.9 利用软件进行研究设计

本章的最后部分，我们要来看看不同的质性分析软件在研究设计中所能产生的不同影响和扮演的不同角色。我们分三个部分进行描述和讨论，包括支持、优势和友情提醒。支持指的是，你能从软件当中得到什么样的支持；优势指的是，有哪些工作只有软件能做到而人工做不到；友情提醒则指的是，如何避免掉进坑里以及被套路。

现在的研究者或多或少都会使用软件,像记录访谈资料、制作样本表格等工作都可以用软件来处理。但软件更重要的功能是管理复杂的质性数据,维持数据分析的语境,还有保存你时不时冒出来的灵感。

我们在这一章中讨论了很多研究设计中包含的工作。那么在完成这些工作的过程当中,软件能帮我们做些什么?在研究项目的起始阶段,软件能提供哪些支持?软件的优势如何体现?使用软件的过程中,你可能遭遇的陷阱和套路又是什么?

4.9.1 支持

在研究的起始阶段,大量的工作都是管理性、组织性的。要做好研究设计,你就必须开展大量的记录工作。你的想法、你的文献、你打算如何界定项目边界、如何做项目规划等在最开始的时候都是一团乱麻,只有管好它们,组织好它们,那些清清爽爽的文献回顾、项目申请书和研究计划书才能出炉。

质性分析软件的设计初衷就是去管理最开始的一团团乱麻。很多新手常常心怀敬畏,觉得只有手头上的数据积累足够了,才能开始用软件。其实不然。完全没必要一定等到计划清楚了,才开始用软件记录访谈资料和田野笔记。正相反,把思路和数据分开,会妨碍你融会贯通整个项目。

研究就要从软件学习开始。软件是如何存储资料的,如何做分类处理的,以及如何新建文件夹、数据系统、数据团组……这些在一开始的时候就可以掌握起来。就这样一步步学习,一步步认真地去搭建自己的研究项目,你就能一边做访谈、田野观察等新的数据搜集工作,一边做研究规划和研究反思的工作。可以说,在研究设计阶段,软件就是一个非常靠谱(但又不死板)的乱麻收纳和处理器,能把你的研究规划、最开始的想法和各种各样的主题都收纳清楚。

现在就开始用起来:
• 你的软件能提供什么样的支持功能,要如何利用这些支持功能;
• 如何开始一个项目;
• 如何管理项目——如何保存、备份、导入导出。

如果你打算做质性量化混合研究设计,那在起始阶段就要考虑清楚怎么通过软件做"混合"。你需要在两个软件包之间传数据。很多人做混合研究设计,就是分别去做一个质性设计和一个量化设计(Bryman,2006)。但是真正好的混合设计可不是两个并列的设计，而是真正融合在一起的设计。要做到这一点，在最开始的时候你就要想好要搜集什么样的数据，如何规划对这些数据的分析。贝兹利（Ba-zely，2010）提出了两种不同的融合方案：第一，用软件**组装**（combine）计数数据和文本数据；第二，用软件将质性数据的编码**转化**（convert）为统计分析的基础。

4.9.2　优势

软件不能直接完成研究设计工作，但它们的数据管理功能实在非常强大。一旦开始接触软件，你就会发现使用软件的诸多优势，真是好处多多。跟早期相比，现在的软件使用起来更为流畅。好的软件既能帮助你新建一个研究项目，还能根据你新冒出来的各种想法来不断修改和完善这个项目。

在研究设计的起始阶段，你可以先把项目计划的草稿和概述都保存下来，然后结合我们在后面会介绍的软件工具，在这些草稿和概述之间建立起关联，继而完善思路。再接下来，一步步梳理思路和议题，你的研究设计框架就会逐渐清晰起来，知道下一步要做什么、怎么做。比如，你可以根据已经廓清的议题边界去开展抽样工作。

在研究设计的起始阶段，电脑不仅可以帮助你保存资料记录灵感，还可以通过编码帮助你在这些资料和灵感之间建立关联，通过一个编码你就能提取到所有相关的材料。通过系统地记录起始阶段的探究发现，认真反思可供选择的设计方案，逐步落实研究决策，你的研究设计就能浮出水面。

4.9.3　友情提醒

（1）软件不是方法。选好软件以后，你得确保自己的研究是跟着设计来的，跟着方法来的。千万不能因为软件能做什么，你就去做什么。

（2）软件使用可以贯穿始终，但也要保持灵活。起点不是终点，这意味着：软件使用是由方法决定的。软件的使用在一开始就要保持灵活性。要使用各种软件工具去维护你对概念的**变更**（changing），细致地去编码，小心地去探索数据间的秩序和关系。只要你觉得自己对数据的理解发生了改变，你就可以通过软件随时修改自己的编码和备忘，随时对数据进行重新排序、组装或者干脆删除。

（3）不能一开始就做计算机辅助分析。软件对起始阶段的数据能做出非常精细的粉饰。

(4)把项目建起来不等于把分析也做好了。对研究的反思是不能停顿的。进行项目设计的过程中，你需要不断记录、不断思考。当然不一定非要使用软件，但是软件的确能够帮助你做出选择、做出决定。在准备设计、规划时间的过程中，你要时时地反思、更新和管理。一旦有了新的灵感，也得赶紧把它们记录下来。

(5)要灵活，也要严谨！不能因为建立起一个项目就感到非常兴奋，结果忘了自己是要做研究设计的。

本章小结

在开始做研究之前，你需要非常审慎地去做研究设计。你要考虑：研究策略要怎么才能环环相扣？研究方法能否回答研究问题？怎么找到参与者，划定抽样疆界？研究设计是否符合研究目标的要求？如何从方法上定位自己的研究？需要搜集何种数据？需要如何处理数据？选择哪一种软件？以及最后，如何使用电脑管理和分析数据。

在本章中，我们解释了为什么质性研究需要非常审慎的研究设计，也讨论了质性研究设计会给我们提出哪些特殊的要求。质性研究设计通常都是渐进式的，研究者需要时时审视自己的研究疆界，理解数据的状态特征。我们讨论了在做研究设计之前你需要回答的问题和需要考虑的事项，以及开始研究之后你可以如何反思、更新自己的设计。我们提出了建立研究目标的五步秘籍。我们讲述了如何从方法上定位自己的研究，如何确定自己的研究疆界，如何规划数据的状态特征，如何未雨绸缪对研究目标进行思考。在做规划的时候，要首先确认你的研究是分步开展的，而且每一步都需要事先预留出时间——包括概念化、田野进入、创建数据管理系统、抽样和理论抽样以及最后的分析。

整个这一章中，我们都在强调必须从整体的角度审视你自己的项目。我们还讨论了研究设计的组合、计算机辅助软件在研究起始阶段的使用。在附录1中，有更多关于软件使用技巧的内容。

参考资料

开始设计

Hart, C.(1998).*Doing a literature review：Releasing the social science research imagination.*London：Sage.

Piantanida, M., & Garman, N.B.(2009).*The qualitative dissertation : A guide for students and faculty* (2nd ed.).Thousand Oaks, CA : Corwin Press.

Richards, L.(2005).*Handling qualitative data : A practical guide.*London : Sage.

Yin, R.K.(2011).*Qualitative research from start to finish.*New York : Guilford.

进行设计

Bernard, H. R. (2000). *Social research methods : Qualitative and quantitative approaches.*Thousand Oaks, CA : Sage.

Creswell, J.W.(2009).Qualitative inquiry and research design : Choosing among five approaches (2nd ed.).Thousand Oaks, CA : Sage.

Goffman, E. (1989). On fieldwork. *Journal of Contemporary Ethnography, 18,* 123-132.

Lofland, J., & Lofland, L.H.(1995).*Analyzing social settings* (3rd ed.).Belmont, CA : Wadsworth.

Marshall, C., & Rossman, G.B.(1999).*Designing qualitative research* (3rd ed.).Thousand Oaks, CA : Sage.

Mason, J.(1996).*Qualitative researching.*London : Sage.

Maxwell, J.A.(1996). *Qualitative research design : An interactive approach.* Thousand Oaks, CA : Sage.

May, T.(Ed.).(2002).*Qualitative research in action.*Thousand Oaks, CA : Sage.

Morse, J.M.(2002).Principles of mixed and multimethod design.In A.Tashakkori & C. Teddlie (Eds.), *Mixed methodology : Combining qualitative and quantitative approaches.*Thousand Oaks, CA : Sage.

Morse, J.M., & Niehaus, L.(2009).*Mixed-method design : Principles and procedures.* Walnut Creek, CA : Left Coast Press.

Patton, M.Q.(2002).*Qualitative research and evaluation methods* (3rd ed.).Thousand Oaks, CA : Sage.

Richards, L.(1999). Qualitative teamwork : Making it work. *Qualitative Health Research, 9,* 7-10.

Richards, L.(2005).*Handling qualitative data : A practical guide.*London : Sage.

分析

Bernard, H.R., & Ryan, G.W.(2010).*Analyzing qualitative data.* Thousand Oaks, CA : Sage.

Coffey, A., & Atkinson, P.(1996).*Making sense of qualitative data.* Thousand Oaks, CA : Sage.

Miles, M.B., & Huberman, A.M.(1994). *Qualitative data analysis : An expanded sourcebook* (2nd ed.).Thousand Oaks,CA:Sage.[本书中文版《质性资料的分析》已经出版。]

Wolcott,H.F.(1994).*Transforming qualitative data:Description,analysis,and interpretation.*Thousand Oaks,CA:Sage.

混合方法

Bazeley,P.(2009).Integrating analyses in mixed methods research [Editorial].*Journal of Mixed Methods Research,3*(3),203-207.

Bazeley,P.(2009).Mixed methods data analysis.In S.Andrew & E.Halcomb (Eds.),*Mixed methods research for nursing and the health sciences* (pp.84-118).Chichester,UK:Wiley-Blackwell.

Bazeley,P.(2010).Computer assistedintegration of mixed methods data sources and analyses.In A.Tashakkori & C.Teddlie (Eds.),*Handbook of mixed methods research for the social and behavioral sciences* (2nd ed.,pp.431-467).Thousand Oaks,CA:Sage.

Creswell,J.,& Plano-Clark,V.L.(2007).*Designing and conducting mixed methods research.*Thousand Oaks,CA:Sage.[本书中文版《混合研究:设计与实施》已经出版。]

Greene,J.C.(2007).*Mixed methods in social inquiry.*San Francisco:Jossey-Bass.Halcomb,E.,& Andrew,S.(Eds.).(2010).*Mixed methods research for nursing and the health sciences.*Chichester,UK:Wiley-Blackwell.

Hesse-Biber,S.(2010).*Mixed methods research:Merging theory with practice.* New York:Guilford.

Morse,J.M.,& Niehaus,L.(2009).*Mixed methods design:Principles and procedures.*Walnut Creek,CA:Left Coast Press.

Tashakkori,A.,& Teddlie,C.(Eds.).(2010).*Handbook of mixed methods research for the social and behavioral sciences* (2nd ed.).Thousand Oaks,CA:Sage.

多元方法设计

Darbyshire,P.,Macdougall,C.,& Schiller,W.(2005).Multiple methods in qualitative research with children:More insight or just more? *Qualitative Research,5*(4),417-436.

Morse,J.M.,& Niehaus,L.(2009).*Mixed-method design:Principles and procedures.*Walnut Creek,CA:Left Coast Press.

Taber,N.(2010).Institutional ethnography,autoethnography,and narrative:An argument for incorporating multiple methodologies.*Qualitative Research,10*(5),5-25.

元分析

Morse,J.M.,& Johnson,J.L.(Eds.).(1991).*The illness experience:Dimensions of suf-*

*fering.*Newbury Park, CA: Sage.

Paterson, B.L., Dubouloz, C.-J., Chevrier, J., Ashe, B., King, J., & Moldoveanu, M. (2009). Conducting qualitative metasynthesis research: Insights from a metasynthesis project.*International Journal of Qualitative Methods*, *8*(3), 22-33.

Sandelowski, M., & Barroso, J.(2007).*Handbook for synthesizing qualitative research.* New York: Springer.

Schrieber, R., Crooks, D., & Stern, P. N. (1997). Qualitative meta-analysis. InJ. M. Morse (Ed.), *Completing a qualitative project: Details and dialogue.*Thousand Oaks: CA: Sage.

Thorne, S., Paterson, B., Acorn, S., Canam, C., Joachim, G., & Jillings, C.(2002). Chronic illness experience: Insights from a metastudy.*Qualitative Health Research*, *2*(4), 437-452.

Zhao, S. (1991). Meta-theory, meta-method, meta-data analysis: What, why, and how? *Sociological Perspectives*, *34*, 377-390.

软件与设计

Bazeley, P.(2008).Software tools and the development of multiple and mixed methods research.*International Journal of Multiple Research Approaches*, *2*(1), 127-132.

Lewins, A., & Silver, C.(2007).*Using qualitative software: A step-by-step guide.*London: Sage.

Richards, L.(1998).Closeness to data: The changing goals of qualitative data handling.*Qualitative Health Research*, *8*, 319-328.

Tesch, R. (1990). *Qualitative research: Analysis types and software tools.* London: Falmer.

Thompson, P.R.(1998).Sharing and reshaping life stories: Problems and potential in archiving research narratives.InM.Chamberlain & P.R.Thompson (Eds.), *Narrative and genre* (pp.167-181).London: Routledge.

Weitzman, E., & Miles, M.B.(1995).*Computer programs for qualitative data analysis.* Thousand Oaks, CA: Sage.

第二部分
做分析

制作数据 **5**

在前几章的讨论中,我们设定了一个很重要的目标,那就是给质性研究"去魅",从一开始就消除质性研究的神秘感。所以,我们将质性研究定义为一个环环相扣的研究过程,它包括理性选择、时时反思、灵活计划、制定决策等步骤。在质性研究的整个过程中,每一步的工作都彼此适恰,每一步工作都要站在前一步工作的基础上向前迈进。那么在本章,我们就要把重心转到数据上来了,主要探讨的问题是在工作开展起来之后,你究竟需要何种数据。一旦启动了研究项目,你就得搞清楚通过你所选择的方法,要"制作"出什么样的数据才能回答自己的研究问题,取得预想的研究成果。

数据是"制作"出来的,不是简单"搜集"得来的。为什么这么说呢?因为"搜集"或者"收集"这样的词,会让你有一种误解,好像数据已经结好果子挂在树上了,你只要走过去把它们装进筐里就行。但摘果子只是改变了果子所处的位置,把它们从待在树枝上变成了待在筐子里,果子本身的内在特征则没有变化。对数据来说,情况就不一样了。我们能"搜集"到的,其实不是真实的事件本身,而只是事件的"再现"(representation),或者说是一种对事件的陈述或者报告。"搜集"这个词弱化了研究者的能动性。所以,我们要用"制作"这个词来提醒自己,避免对数据的简单化思维。"制作"数据的过程,是一个研究者和参与者协同作战的渐进过程。数据是实时变化的,并且绝不可能是研究对象的复制品。既然是协同作战才能制作出数据,那么制作数据的过程必然相当困难复杂,换成实验术语来说,就是相当的"不可控"。

不管你采用的是问卷研究、观察研究还是非结构访谈式研究,数据都是"制作"出来的。当然你也可以像那些搞民意测验的老古董那样,坐在家里,裱一个现成的工作流程在身边,下一个准确的定义,找到那些已经差不多在那里的答案。但如果这样的话,你就没办法体会到质性研究的迷人之处,没办法体会到那个由研究者、参与者和现实世界一起构建起来的奇妙世界。

5.1 你的研究究竟需要何种数据?

从选择研究主题,界定研究问题,探求合适的研究方法,考虑研究设计这样一步步走来,你接下来要思考的就是自己究竟需要什么样的数据。主题和问题不仅仅提示了你要针对什么做出回答,更点明了你必须找谁去做出回答,以及做出什么样的回答。而你选择的方法则能告诉你要如何处理数据,如何利用数据,以及这些数据究竟能达成怎样的探究结果。比方说你选择的是扎根理论,你就得倚重人们对自己经验的深刻描述。你就要让人们敞开心扉、畅所欲言,不能用问题去引导他们、打断他们。如果你的目标是去分析文化实践活动,你就得花时间耐心地做记录、做观察。

让问题、方法和数据融为一体且彼此适恰,不是一步就能做到的。数据也不是说制作,就能制作出来的。你要给自己时间去考虑清楚究竟什么样的数据才是理想的数据,自己是否具备相应的资源、地位和技能去获得理想的数据。如果你觉得自己实在没有办法去找到最理想的参与者,达到最理想的目标,也千万不要泄气。你要做的是重起炉灶,再次回到问题和方法。不要执着于一个自己没法回答的问题,不要停止对主题和问题的思考,重新回头去做聚焦、做锐化,确保主题、问题、方法和数据之间的适恰性。

5.2 哪些是数据,哪些不是?

研究者听到、看到的事物非常多,他们需要从中把可以称为数据的元素给提取出来。比如说,研究者正在做观察,那么他的眼光就会聚焦在跟研究问题相关的事物上,剔除掉其他不相关的"杂音"。觉得哪些事物有趣、相关,研究者才会用田野笔记、录音、录像等把它们记录下来。研究者只能挑重点,否则那些琐琐碎碎会绊得他寸步难行。当然,挑重点的时候必须非常小心,你得知道自己挑的是什么,为什么这样挑。

做记录的过程也是把一个个事物隔离出来的过程。研究者是带着主观意愿去观察事物的，他总是从自己的判断和价值观出发去挑重点。他觉得理所当然的细节，就不记录；他觉得让他大跌眼镜的事物，就重点记录，其实可能它们也没那么重要。有些事物会让他觉得很无趣，而有些事物会让他非常兴奋。就这样，通过观察、体验，研究者就把数据制作出来了。

不要以为技术能够消除主观性。就拿录像来说，研究者会框定录哪些不录哪些，从哪开始到哪结束。记笔记也一样，语言、记忆力、记录速度、表达方式等因素都会让记录打上研究者的主观烙印。

5.2.1 嵌在数据中的研究者

不同的研究方法要求数据具备不同的样式。研究问题会决定研究语境的特征和类型，同时也会决定参与者的特征和数据的样式（比如说，观察样式的、语言样式的或者视觉样式的）。如何为研究选址，能产生何种数据，这些都是受到既定方法约束的。

研究者就是在这样的约束中，开始和参与者一起制作数据。相同的研究技术——比如说访谈，会因为研究场景不同、研究目标不同、研究者和参与者关系的不同，产生出完全不同的数据记录结果。研究者跟参与者的关系，可以是只打个照面，也可以是平等相处，协同做研究。

随着网络数据资源的不断扩张，研究者跟参与者的关系变得更加复杂了。聊天室、博客、网页、电子邮件等网络技术使人们很容易匿名发布内容。跟面对面的互动相比，研究者与参与者之间的在线互动，更加难以评估和控制。

你和研究对象之间的关系会深刻影响到研究的方方面面，不管是数据、分析过程、目标读者群还是研究成果都不能避免。在后面的章节中，我们还会继续讨论这些关系。（关于研究者应该如何让自己参与到整个研究中去，可以参见 Richards，1990。）制作数据的过程不是被动消极的，而是积极主动的，研究者始终处在高投入、注意力高度集中的状态。研究问题的内在特征、研究者对参与者与研究细节的关注程度，都会直接影响到数据的质量。比如说，某个研究者觉得自己就是倾听者的角色，但是参与者还是会根据研究者那些细微的表情、动作来判断自己究竟该说什么不该说什么。所以，研究者对研究问题、访谈语境等方方面面的事情都不能掉以轻心。

5.2.2　好数据,坏数据

制作数据的过程如此复杂,研究者和参与者的互动如此多样,参与者的协同研究如此重要,影响数据质量的要素实在太多了,于是,就会出现所谓好的数据,也会出现所谓坏的数据。同时,就算是好的数据,因为研究目标和研究机会不同,其标准也是实时变化的。要搜集到好的数据,研究者必须和参与者建立良好的合作关系,这不仅是伦理上的要求,也是技术上的要求,因为参与者配合的好坏,会直接影响数据质量。

有经验的研究者都会灵活掌握究竟什么才是好的数据。他们的记录总是非常丰富,有深度,有密度。看了他们的记录,你对整个情况就会非常清楚,提不出什么额外的疑问。好的数据,具有高度的相关性,其焦点明确集中而又不失弹性,能够很好地兼顾研究语境,使其不被忽略和设限。好的数据是有密度的数据。比如说,研究者针对参与者提出的问题一般来说都是不变的,所以访谈和访谈之间或多或少都是相关的,这一个访谈总可以在另一个访谈的基础上进行。好的数据是具有参与者视角的数据。比如说,研究者不能总在访谈中刻意"引导"被访的参与者。给予参与者表达的空间是非常重要的。

当我们知道了好的数据是什么样的,我们也就能相应地知道坏数据是什么样的了。但是,我们必须再次强调一遍:不要滥用标准。有时候,垃圾只是放错位置的珍宝。对此研究目标来说没用的数据,对彼研究目标来说则不可或缺。有些数据看上去不太好,但那可能只是因为研究者过分嵌入了数据而已。比如说在访谈中,研究者要是总是打断参与者、引导参与者,那他们获得的数据就一定是乱七八糟、相互脱节的,没法把参与者故事的来龙去脉勾勒清楚。再比如说在观察中,研究者很容易就成为场景中的人造干扰器。对于研究者来说,最理想的状态是一种很玄妙的平衡状态,他们在场但又不会形成干扰。研究者得跟参与者不远又不近,"在场而又不在场",这一境界需要经过长时间的磨合和锤炼才能达到。

每个研究项目都会包含一些与主题无关的、看上去价值不大的数据,但是这并不意味着它们就是坏数据。研究要聚焦没错,但在最开始的时候,研究者自己也处在探索状态,他并不能立即分辨出哪些是有用的数据,哪些是无关的数据。所以,在研究的起始阶段,你要保持广角状态,确保能最大限度地记录下一切"语境性"(contextual)的数据。随着时间的推移,研究逐渐聚焦,数据的有用与否才能够慢慢地表现出来。对于一些所谓的"无用"数据，研究者一般也舍不得丢，因为日后可能都用得上。

5.3　制作数据的方式

哪种数据制作方式是最适合你的呢？质性研究方法本身并不会去规定数据的样式（表5.1）。类似访谈这样的数据制作方式，基本上在各个方法中都能用得上。进入田野之后，研究者能采用的方式包括对话记录、拍照、田野笔记、场景描述记录、文件以及私人日记搜集等。如果没有进入田野，研究者也能通过一些间接的方式制作数据，比如通过类似电影这样的媒介或者文学作品对要进入的场景做模拟观察。

表5.1　质性数据的制作方式

技术	特征	用途
非结构互动式访谈	问题相对简单，可能只有一两个宽泛的导入式问题；对于参与者来说，研究者是倾听的角色、学习参与者的角色。研究者会即兴提出问题，也会通过追问进一步厘清线索	民族志、话语分析、扎根理论、叙事学、生活史、个案研究
非正式对话	相比互动式访谈，研究者在非正式对话中表现得更为积极主动	现象学、民族志、扎根理论
半结构式访谈	使用预先准备好的开放式问题。追问可以是有准备的，也可以是即兴的	可用于民族志和扎根理论，也可以被单独看成一种方法
小组访谈	预先准备好6到8个开放式问题，由主持人激发参与者之间的讨论，过程中可以使用录音录像设备	焦点小组作为一种特殊的小组访谈适用于所有方法，非正式的小组访谈则主要用于民族志
观察	采用笔记（可以先记提纲，其后补充内容）或者录音（后期要转录为文本文件）来做田野笔记；观察可以是参与式的，也可以是非参与式的（取决于研究者的参与程度）	民族志、扎根理论；作为访谈技术的补充，适用于所有方法
网络资源	参与者通过博客、聊天室等进行在线讨论，提供观点；研究者则在参与者知情的前提下倾听和使用这些数据，并无须过多介入整个过程	所有方法

技术	特征	用途
录制视频	可以完整保存视频以便回放复检；也可以通过各种形式概括视频内容或者转录视频内容（格式不限，是一种形象化的阐释说明）	民族志，行为学
拍摄相片	一种形象化的阐释说明，也可以帮助研究者进行回忆	多种方法，尤其是民族志
地图	可以作为保存信息的载体，也可以作为参考数据	强调空间理解的方法
文件	为研究提供背景资料和细节知识，其搜集过程可以贯穿研究项目始终	所有方法
日记、信件	可以提取细节，也可以总结概括	多种方法，尤其是生活史
间接再现	研究者以各种方式对被研究现象进行模拟和再现	所有方法

对以上这些技术，你需要掌握使用窍门，明了它们之间的差异，学会对比、选择、灵活组合。下面，我们会简单讨论几种数据制作的常用方式，看看它们能满足哪些需要，要怎么用才恰当。

（1）访谈

很多研究者都认为做质性研究总是避免不了要做访谈。但是，访谈不一定就是那个最恰当又最容易的数据制作方式。研究问题不同，研究方法不同，访谈的用途和开展方式也不同（见 Holstein & Gubrium, 2003；Kvale, 1996；Mason, 2002；Olson, 2011等）。

①互动式访谈

最常见的访谈就是非结构的互动式访谈。好的互动式访谈当中，参与者可以畅所欲言讲自己的故事，研究者会把自己的影响降到最低。如果信息的主要来源就是参与者，你需要通过倾听来获得他们对事物和过程的理解和想法，那就要采取这种方式。

当然纯粹的"非结构"访谈是不存在的，不管是环境、你的问题、你和参与者之间的关系都是一种"结构"。你的目标不是消除它们，而是让它们的影响降到最低。理想的访谈环境应该是私人化的，相对安静、舒适，没有电视、广播、手机等的影响。研究者在开展访谈的时候，最好是一个人。除非参与者需要有个人在旁边作陪，或者研究被规定要求至少两位研究者在场，否则就不要让更多人加入。

那么，在访谈正式开始之前，你要做多少准备呢？需要准备很多宽泛的、开放式的问题来控场吗？实际上不需要。因为你的目标是去引导参与者说出自己的故事，先入为主的问题只会起到相反的作用。无为而访是更好的选择。就算有些非常重要的内容参与者确实没有谈到，你也最好等参与者讲完了，或者第二次访谈的时候再问。一般而言，非结构互动式访谈只需要一个开放性问题（也就是所谓的"导入式"问题；Spradley，1979）。导入式问题能让参与者了解主题、聚焦主题，而研究者大体上就是倾听者的角色。

好听众也得是个好的访问者。你要掌握火候，既能引导出所需的叙述，又不会干扰带偏参与者的思路，难度系数颇高。在访谈中，你要积极做出反应，始终保持感兴趣的状态，做到既维护气氛，但又不扰乱气氛。如果你受到访谈语境的启发，需要临时提问或者追问，那最好提前一点时间想清楚，耐心等待提问时机的出现，一般来讲，放到最后才问是最保险的。

通常情况下，为了征得参与者的同意，研究者在开始访谈之前都会向他们解释清楚大致的研究主题。不过有时候，为了进一步廓清思路，防止话题跑偏，研究者也会提出一个临时问题，不过其最终目的还是让参与者能够不受拘束地畅所欲言。

②半结构式访谈

如果研究者对自己要探究的领域内心非常有数，他知道的是该问什么，不知道的只是参与者会回答什么。那么这个时候，就适合半结构式问卷上场了。研究者按一定逻辑、一定覆盖面来设计一组开放式问题。每位参与者拿到的问题一般都是一样的，但是顺序可能不一样。根据情况不同，研究者也可能会准备一些用于追问的问题，或者即兴提出一些追问的问题。整个访谈过程一般都会进行录音，然后转成文字记录以便后期分析。

研究者一定要清楚，做半结构式访谈的前提是你对情况非常熟悉，你提前制订的讨论框架绝对不会妨碍你去发现重要的事实和线索。半结构式访谈的好处是让研究者能按计划行动，把事情安排得井井有条。同时因为每个参与者都针对相同的问题接受访谈，其整体的信度也能得到保证。对于那些需要跟量化数据做衔接的研究来说，半结构式访谈还能提供关键的支持。不过，你得时刻谨记，设计问题的时候一定要反复推敲，确保不会把那些有助于拓宽视野的答案拒之门外。在跟参与者沟通的时候，研究者也要注意措辞、表达，让参与者能够提供细节化的，具有复杂性、丰富性的回答。

假如涉及的内容比较敏感或者令人尴尬，那就不太适合做面访，研究者可以通过发放纸质问卷或电子问卷的方式，让参与者自己作答然后返回问卷。这当然也是一种质性研究的路径，但它毕竟和面对面的访谈不一样，因为它所处的语境不同,而我们都知道语境对人的影响是很大的。

③对话

对话是很多语言学研究者和话语分析研究者都非常感兴趣的数据。他们会把发生在人们之间的对话(比如说医生和患者之间的对话)记录下来,然后再进行分析。研究者是很难在对话当中插嘴的,他的主要工作是录音。要研究对话,就直接录制对话,这当然是一种直截了当的好办法。不过,你得知道光是懂得录音,对做研究来说是不够的。如果你对分析对话感兴趣,就要学习更多更专业的技巧(见Cameron,2001;Wooffitt,2005)。

④小组访谈

小组讨论以及有引导式的小组讨论,其形式是多种多样的。这包括无引导式对话、正式的会议讨论、社交聚会、多人受访等。小组访谈最受人类学家的青睐,他们会用田野笔记的方式把所闻所见都记录下来。

焦点小组是小组访谈中的一种特殊形式。研究者会根据某一个特定的非常聚焦的主题来组织人们参与讨论。焦点小组能够帮助研究者快速了解相关情况、划定研究疆界,还能让他们抓取多维信息,收集不同的态度和立场。

焦点小组在各领域都是常用方式,相关著述众多,使用规则和使用要求都形成了体系(本章最后提供了相关的资源列表)。一般来说,焦点小组的人数控制在6到10人,时间控制在1个半小时到2小时。焦点小组的主持人非常重要,他负责引导对话、介绍主题以确保数据质量。主持人的控场能力要强,解释问题要清楚,引导对话要注意平衡(比如说不能出现一两个人说话特别多而有人几乎不说话),要时刻注意讨论不能偏题,不在一个点上耽搁太久。

因为相关著述对焦点小组的介绍相当完备,所以大家都认为开展焦点小组的难度系数不高,乐于组织一大群人来快速收集观点和评论。但是因为焦点小组的语境很特别,而在集体中发表评论本身也有局限性,所以跟单独的访谈相比,焦点小组能收集到的数据是完全不同的。对这样的数据进行分析,要求研究者具备特别的技巧。如果你打算用焦点小组来制作数据,还是要仔细考虑清楚你对数据的需求和你将面对的语境。同时,你也得提升自己做焦点小组主持人的能力。

(2)观察

观察是一种最自然的数据制作方式,但它的难度极大。对有些行为,你只能进行观察。比如说在语言不通的情况下,你没办法开展访谈;再比如说,参与者对自己的行动完全是下意识的,就算进行访谈你也不会得到更多的信息。旁观者和当局者的视角本身存在差别，加上当局者所说的和真正所做的有时候也并不一样，所以研究者必须要观察。

观察的重要性还不止于此。很多时候哪怕开展访谈很容易，观察也还是要进行。这是因为观察能够帮助研究者发现一些被忽视的现象，更充分地理解此时此地正在发生的故事。

观察的区分在于研究者在田野中的参与度和"能见度"。我们常常把观察分为两种：参与式观察和非参与式观察，这实际上非常粗糙，忽略了大量彼此差别显著的不同观察方式。没有纯粹的参与式观察，也没有纯粹的非参与式观察。如果你打算使用观察这种数据搜集方式，那就不仅仅要阅读相关教材，更要揣摩那些使用了观察方式的优秀学术著作（相关著述可见 Atkinson & Hammersley，1994；Mason，2002）。

在做田野笔记的时候，研究者都喜欢边记录，边诠释。他们在田野待上一段时间后，会找个安静的地方继续做记录，做反思。为了更清晰地勾勒观察对象的特点、更准确地记录人们的互动模式，研究者还会画地图、做图表，把人们之间的对话一字不落地放到田野笔记里去。在观察过程中，研究者也很倚重拍照，因为照片可以帮助他们在后期做分析的时候产生更多的洞察。

(3)网络资源

聊天室、博客、网页、邮件列表，对于质性研究者来说，这些网络资源实在是太可爱，太诱人了。它们能提供即时的数据，用不着做笔记，更用不着辛辛苦苦地转录音频！线上环境又很轻松，跟面访时高度结构化的环境完全不同，朋友们之间的对话可以非常轻松、非常开放。

但是，事物总是两面的，优势往往也是劣势。在虚拟环境中，就算把伦理功课做得很好，研究者还是很容易就变成一个消失在黑暗背景中的"潜伏者"。所以你一定要确保人们知道你在场，要事先征求人们的同意，才能去使用这些发布在网络上的信息。即便如此，研究者还是会处在一个相对匿名的状态。跟直接的面访相比，研究者和参与者之间的关系更微妙，也更难把握和控制。

(4)录制视频

随着视频在观察和访谈中的使用越来越频繁，各种质性分析软件现在都具备了处理视频数据的功能。硬件上，摄像头越来越小，功能越来越全，在日常生活中也越来越常见。在研究环境中放上摄像头，人们好像也没那么敏感了，研究者好像也不用那么担心拍摄视频对隐私的侵犯和对人们行为的干扰了。视频的优势的确很明显:声像俱全,数据完整,回访方便,重复分析不受任何限制。但是,有两个问题是必须要注意的。

首先,要非常审慎地对待视频录制可能带来的实践和伦理问题。你在录视频的时候是否会侵犯参与者的隐私? 有些内容参与者不想让别人知道,对你来说也并不重要,你是否还在录制? 视频录制会不会带给参与者压力,让他们感到别扭? 录视频的时候要如何呈现整个环境? 视频录制会不会让参与者的行为变形?

其次,要避免"视频一录,万事俱备"的想法。录制好视频,不代表你就可以把它放在一边不管不问了,也不代表你就不用做其他事了。田野笔记是不能少的,对数据的分析、诠释都要正常进行。视频录制要完整连续,不要规定观察、分析视频的时间和方式。

(5)拍摄相片

相片是一种自成体系的数据,可以用来保存场景,记录下"程度"和"数量",为整体研究提供鲜活形象的解释说明。在历史研究、个人生活史研究中,拍摄相片都是很常用的数据制作方式。不少研究者也利用相片来追踪记录研究场景的变化。除了自己拍相片,研究者还会搜集其他来源的相片,通过对比来展示新的变化。随着数字技术的发展,拍照越发简单易行,相片的存储也越发便利,研究者对相片的利用更加具有创造性。韦斯特法尔(Westphal,2000)有一个课题是对城市空间的利用进行研究。在这个研究中,她挑选出一些当地的儿童,发给他们一次性相机,让这些孩子自由拍摄他们自己眼中的风景。跟成年人相比,这些孩子们的教育水平显然是低的,但韦斯特法尔却通过跟他们一起讨论相片,在访谈中收获颇丰。

(6)文件

文件不是研究过程中产生的数据,它是原先就在那儿的,独立于整个研究之外。文件当中有机构档案,比如说校园档案、管理档案、商务会议纪要、政策解释、家庭档案,以及发布在互联网上的机构介绍,等等。地图也是一种文件,可以用来定位研究地点,识别研究地点的特征;有些质性分析软件已经可以导入在线地图,方便研究者开展工作了。

(7)日记和信件

要想走进过去,参与者的日记和信件大概是研究者唯一的引路人。而对于当下而言,研究者则可以通过参阅日记和信件了解参与者的生活和体验,这比通过访谈硬要让参与者回忆往事强很多。有一个办法可以帮助研究者拿到日记,那就是邀请参与者在研究过程中保持记日记的习惯。这个办法能保证双赢。罗尔夫和理查兹(Rolfe & Richards,1993)就曾经邀请年轻的妈妈们记日记,内容是把孩子送到日托中心以后头几个月的经历。整个过程完成下来,不仅研究者收获很大,年轻的父母们也感到很充实。

日记也可以更直观地记录:研究者可以为参与者提供摄像机(Rich & Patash-nick,2002)或相机(Drew,Duncan,&Sawyer,2010),以便他们记录与研究主题相关的日常生活或经历。

(8)间接策略

很多方法都会利用间接策略来创造假设性场景,因为这样可以刺激参与者的反应,方便研究者开展诠释工作。芬奇(Finch,1984)就曾经采用**"小故事"**(vi-gnettes)的策略,来讨论非常敏感的家庭责任问题。参与者们都不愿意谈自己家里分工合作的情况,但分析起小说里的人物来却很自然到位。"模拟观察"(simulated observation)策略,指的是请参与者扮演戏剧角色,来展示他们平时的生活。莫尔斯(Morse,1989a)曾在斐济开展过一项有关生育陪护的研究。为了搞清楚生育陪护者的角色和位置,莫尔斯就邀请了一些女性来演示她们自己生育时的场景。罗伯逊(Robertson,2008)在做移民研究的时候,设计过整套的"文化洞察"(culture probes)研究工具。移民可以通过这些工具去探索和记录他们的日常体验和生活环境。这种策略让罗伯森获得了很多丰富的数据,突破了传统访谈法的一些局限。

文学作品、电影、戏剧、艺术品等都能够作为质性分析的间接数据。好的间接数据能帮助研究者更好地理解现实世界,帮助他们分析主流的话语和意识形态,把握诠释工作的历史视角,获得理解直接数据的背景及线索。

5.4　谁来制作数据?

量化研究当中,搜集数据的工作可以由助研员来完成。如果研究工具都已经事先设计好了,助研员们搜集起数据来会更高效。但是质性研究就不一样了,数据一般都是主要研究者(principle researcher)亲自"制作"。倚靠助研员来"制作"数据这件事,很多质性研究者觉得不太靠谱。主张自己制作数据的研究者们认为,只有这样做才能确保数据质量,确保把整个诠释过程(比如说在田野笔记里标明"这里正在发生什么")和研究者在场可能带来的影响都完整保存下来。在自己制作数据的同时,主要研究者也会或紧或松地跟团队成员保持合作关系。

也有一些研究者偏向于倚重助研员来搜集数据。实际上格拉泽(Glaser,1978)就曾经说过研究者自己做访谈就是"浪费时间"。他的方法是对访谈员进行访谈,然后找出数据中隐藏的意义。不过大多数研究者都认为在进行第一层次编码的时候,主要研究者至少应该完成大部分的工作。

访谈也好,观察也罢,这些工作对研究者个人能力的要求都很高,需要研究者对研究目标盯防到底,更需要研究者具备硬碰硬的理论知识(因为数据是一种对现实的再现,它需要研究者对现实的诠释能力,而不是记录能力)。如果你打算倚重助研员来搜集数据,那就得保证他们具有良好的理论敏感性和扎实的方法论基础。你必须跟他们进行紧密的团队合作,不断地去讨论要如何进行诠释,如何发掘研究成果。

如果你参加了团队项目或者要和其他项目组合作,那你的研究设计就要考虑到团队项目和项目合作的特殊性,规划好自己的时间、预算,以及重要的数据记录和制作策略。

5.5 数据变形

从数据采集到数据分析的过程,其实是一个数据变形的过程。每一个被研究的事件,都从原生态的事件变成了可以在分析中被把玩和操控的事件。完全地还原现实世界是不可能的,我们只能尽力。数据在我们手里会降维,从细节丰富的田野笔记、媒介样式多元的记录(音频、视频以及相片)降维到纯文本(转录以及概述)。我们做的降维越多,我们的数据制作过程就越具有诠释的特征(Richards,2009,第3章)。

到了要开展分析工作的时候,我们手头上的数据已经与原生态事件渐行渐远了。对这一点,研究者一定要保持清醒。比如说,我们在做访谈的时候一定要提醒自己,我们让参与者回忆的不是原生态事件本身,而是**参与者自己对原生态事件的感受、体验和认知**。

正如表5.1所示，各种质性方法都会采用那几种有限的数据制作方式。没有哪一种方式是所谓最好的方式。有些研究者擅长观察，他们就会认为最好的数据制作方式就是聆听和记忆，技术不仅没用而且会帮倒忙。但是也有研究者认为对任何场景（或者任何观察对象）来说，视频记录才是最丰富、最具持续性的数据资料。视频的播放速度是可以控制的，只要愿意，研究者可以一帧画面一帧画面地来回观看、反复琢磨。人们的行动再快，研究者也能通过慢镜头把它描述清楚。要研究的个体再多，研究者也能通过回放一个一个地捕捉。不过琢磨视频记录跟其他数据制作方式没啥两样，都带着诠释性。所谓客观的田野笔记，其实只是记录下了研究者观察到的内容，而**不是发生了什么**(not what happened)；而视频能捕捉的，也同样只是那些能被记录和拍摄的内容。

那么在数据制作过程中，我们要如何保证研究的信度和效度呢？这个答案，得回到研究问题及其对数据的要求当中去寻找。数据制作过程必须满足研究问题对数据层次的需求。如果研究问题是人们之间的触碰，触碰无声无息一闪而过，那就最好使用视频来录制数据。如果研究问题是人们对话的详细内容，那就得录音，然后转录成文字。如果研究问题是人和人的关系，那就需要做田野笔记，做访谈记录。可以这么说，不同的项目需要不同的诠释性记录，但不同项目的不同记录在诠释性这一点上是没有不同的。

传统上，要保证研究的信度和效度，研究者在创建和诠释记录的时候必须尽可能地接近现实世界的原本状态；最好有两名研究者同时开展独立研究，他们的记录越接近，研究的信度和效度就越高。但是如果我们都接受质性研究其实就是一种诠释性的研究，那么刻板的现象复制未必比深刻的洞察来得有意义。

5.6 管理数据

质性研究者面对的数据规模巨大。很多人都有"在数据中沉没"的经验，家里满坑满谷都是数据，饭都没法吃了，因为餐桌上也是数据。我们要面对的问题其实有两个：其一，如何管理数据的量；其二，如何管理数据的记录工作。

在前面几章中，我们也提到过数据要多少才算够呢？答案不是一下子就有的，它得伴随着数据制作和数据分析过程才能渐渐变得清晰。理论抽样本身就能够帮你标定所谓**刚刚好**的数据量是多少。划定数据饱和度（数据的复现度，即需要由多少个参与者共同确认事件、特征和事实等要素）和置信区间的指标，就是在标定所需数据量的多少。以确保研究设计和分析工作的质量为准则，你的数据就不会过量。

那么，要如何管理数据的记录工作呢？数据记录既是体力活，也是脑力活。体力活看起来简单，但其实需要高度自律和处理海量文书的大无畏精神。除了对付那些要转录、存盘、标记的一般数据，你还得专门开辟一个系统去记录所谓的"元数据"，也就是对记录的记录。

元数据要怎么设计并没有统一的标准，但元数据是必须要有的。你要为辛苦采集到的数据贴好标签，把它们分门别类地整齐放好。很多研究当中都需要隐藏人名、地名，那你就要设计好一整套别名或者编码系统。对录音文件、录音的文本转录文件，你也要对它们的名称、定义等一一做说明。有必要的话，你还得在一个隐蔽之处存放这些别名系统、标记系统和如何破解它们的说明系统。一般来讲，密码名单建立好之后，你都会想赶紧把记录它们的真实意义的表收起来。你的电脑要加密，那些备份最好收进保险箱。对于纸质文件，你的放置要有规律，不能一边分析一边忘了一个文件的上下文是什么，更不能允许文件出现破损。要保持数据记录的清爽整洁，这只能靠你自己。

现在，物理的数据管理工作，可以通过电脑做得更好更流畅。就算不用专门的质性分析软件，研究者们也能在电脑上完成数据保存和转录的工作，田野笔记、文本文档、音频文件、视频文件等都不构成问题。而专门的质性分析软件其功能就更强大了，可以帮你创建文件名、文件夹、文件定义、文件备忘等，还能进行编码。质性分析软件现在还能保存研究者在起始阶段的灵感和想法，保证它们能被随时调取和重复使用。

不管采用哪一种数据制作方式，作为研究者，你都会希望能对原始数据随调随用。所以数据的摆放要以方便快捷地提取为要义。不少软件的调取系统都很不错，研究者通过文件说明和参与者假名就能找到原始数据。很多软件也能提供对编码工作和分类工作的支持。对软件，你要做到预习充分；对数据存储，你要做到严苛扎实；对研究过程，你要做到原始记录和渐进成果一把抓。

所有的电脑文件，都不能仅仅只保存在一个地方。你要养成有规律的、定时的备份习惯，不管是原始数据，还是逐渐积累的成果，都得变着法子备份。在一个硬盘上做备份，那不叫备份，硬盘是很容易出问题的。用来备份的硬盘、云盘不能嫌多。对数据管理和数据调取的考虑，越早越好。

管理焦点小组数据

管理数据的挑战性，在管理焦点小组数据当中表现得尤为突出。焦点小组的数据管理不好，你的研究报告就会是很难看的团队结论或者团队感想。那些有趣的过程数据和语境数据就很可惜地被浪费掉了。

焦点小组的特殊性在于它是一种团队讨论，而不是一对一的访谈。要不要用焦点小组，对你来说，取决于你的研究领域、研究问题和研究方法。如果你想闯进一个完全陌生的领地，迅速确定主题、设想，那焦点小组就是再好不过的选择。如果说你想研究的主题本身非常复杂，焦点小组也会很有帮助，因为你可以在不同的参与者那里看到有关主题的不同维度。

开展焦点小组工作是有技术含量的，它的数据也不是那么容易分析的。认为焦点小组简便易行而且人多数据多，是一种误解（Morgan, 1993）。人多话多，这是没错，但是要保证这些话都具有研究上的意义，就需要你具备控场的能力和数据管理的能力了。确实需要用到焦点小组的话，你得做充分的准备，要阅读相关文献，搞清楚应该如何设计和管理小组，如何管理好数据。研究语境不同，焦点小组的用法也不同，你得找到适合自己的用法。

焦点小组的时间再短，你要做的记录也会很长。焦点小组的讨论再简单，你要做的记录也会很复杂。看到任何一个转录下来的话语，你的脑子里都会立刻想到这个话语的背景语境——谁说的（男人还是女人）？他/她们是开玩笑还是认真的？（是否需要重新听一遍录音或看一遍录像确认）？他/她们说这话是不是因为受到了某个人的启发（这个人是谁）？听了别人的意见，他/她们的观点有没有什么变化（他/她们之前的观点是什么）？

这么复杂的数据，你要怎么才能管理好？面对这样混沌的、毫无结构的数据记录，你要做的第一件事是**寻找结构**。好的焦点小组，一般都会围绕主持人的导入和参与者的互动形成一定的结构。现在的质性分析软件，能够让你同时看到所有人对同一个问题的回答。这样，你就能收集到小组里任何一个成员的话语，继而分析在整个谈话过程中他们的贡献分别在哪里。

接下来你要做的第二件事是**寻找语境**，管理好语境信息的提取工作。焦点小组的数据当中，你能找到语境信息的地方有两处。一处是录音录像。相较于转录下来的文本，录音录像中的语境信息更为丰富，你能确认参与者们有没有笑，还能发现是哪位成员在跟进发言。你可以对这些录音录像进行编码，给重要的片段加链接。另一处是小组成员的个性资料,这是你在招募焦点小组的时候一定会搜集的信息。你可以把小组成员的个性信息跟他们在小组中的表现编码到一起。这样,你就能分析这些女士就这个主题究竟说了些什么,她们的观点究竟有没有发生变化,等等诸如此类的问题。

5.7 数据的角色

数据管理的目标不仅仅是避免数据浪费和研究者过劳。一旦建立起数据管理系统,你会发现那些井井有条的数据能为你梳理甚至指明整个研究的方向。所以说,数据管理并不是单纯的文秘活,它本身就是分析工作的一部分。数据管理走上轨道,数据的指向意义就显现出来,数据在研究中扮演的是非常关键的角色,跟数据打交道的过程也是一种振奋精神的过程。

数据会从以下三方面导引你的研究。首先,它会对你的方法提出要求。你不能强迫数据去适应你原来设计好的问题和方法(比如说,你本来想做结构式访谈,结果被访者一直在讲故事,那你就不如改做叙事分析)。处理数据的时候,方法不对等于浪费,谨记不能强求。

其次,它会揭示下一步研究的新方向。比如说,你发现参与者在访谈里说的那些过程你根本没办法理解。那么这个访谈数据就在指引你接下来应该去做观察。理查兹(Richards,1990)曾经开展过对城市远郊的研究。最开始她的打算是做调查和访谈,但是她拿到手的数据告诉她,下一步得去做观察和话语分析。只有这样,她才能够理解参与者们内心相互交锁的意识形态,也才能够厘清那些看似矛盾的回答当中实际隐藏着的含义。

最后,它会告诉你哪些事你做不了。理查兹(Richards,1990)在对城郊进行研究的时候,计划通过访谈来了解街坊邻居之间存在哪些矛盾。结果她发现,大家根本就对矛盾避而不提,对邻居只说好话,不说坏话。理查兹只得放弃访谈,改用观察,然后果然拿到了完全不同的数据。遇到这种情况,你就需要修改研究设计,继而完善写作。

数据会说话,是研究中的主导者。在它的要求下,你常常得回过头去修改自己的研究策略(有时甚至是自己的研究问题和研究目标)。这种来回修改的过程很痛苦,但是如果你不改只会更痛苦,你的研究成果也出不来。在最开始做研究设计的时候，如果你对研究问题和研究方法是乱点鸳鸯谱，那么随着研究的深入，你必定会被数据倒逼着去做调整。跟着数据走，是唯一的补救措施。

你能不能回答自己的研究问题，很大程度上是由数据说了算的。莫尔斯等研究者曾开展过一项对护理工作中"直觉"现象的研究。护士们的直觉常常很准，他/她们能提前感知到病患可能会出现什么问题。护士们为什么可以做到这一点呢？能帮助研究者回答问题的只能是访谈数据。尽管护士们都说不清病患在出现问题之前究竟会发生什么样的一些细微变化，但通过访谈，研究者还是能够了解他/她们直觉到的究竟是什么。观察性数据肯定是不能帮助研究者回答这个问题的，因为研究者不了解病患的情况，他们不可能通过观察病患的行为去揭示护士们的直觉到底是针对病患的哪种表现而产生的（Morse，Miles，Clark，& Doberneck，1994）。

有些研究问题、研究方法之所以很难回答，很难推进，是因为拿不到数据。最极端的例子，你总不能要求婴儿、失语症患者也配合你做访谈。再比如说，阿茨海默症以及其他很多有精神疾病的患者都很难对自己的经历做出准确的描述。在护理学领域中，有很多患者会陷入无意识的状态，要求他们说出病痛的感受也是不现实的。洛伦茨（Lorencz，1992）曾经对精神分裂症患者进行过访谈，她发现要应付的实在太多，患者会出各种状况，发出各种声音。提出一个问题之后，往往要花上一分钟才能等到患者的反应。好不容易等到了反应，患者的回答又常常是前言不搭后语，自说自话，混乱不堪。整个访谈过程只能用类似荒谬、迟钝、晦涩等词语来形容。不过不管怎么样，洛伦茨还是看到了病患们的生存状态。当然我们也不是天天都面对这样极端的情况，但即便如此，一般的选题当中数据也不是那么好拿的，会出现各种麻烦。比如说，你漏掉了最重要的事件，或者你根本没办法跟最关键的知情者搭上线，再或者你面对的参与者们都显得那么讳莫如深，等等。

有时候，数据也会向实际情况低头。研究者常常会受到一些政治因素、伦理因素的制约，拿不到最好的数据，那就只能考虑尽可能好的数据。数据不完美，不代表研究不完美。莫尔斯（Morse，1992）曾经希望研究创伤急诊室的舒适护理工作，从理论上说，这一研究最好是采用非参与式观察来进行。但是，莫尔斯找到的护士们都很明确地告诉她："我们根本没时间去做舒适护理。"这意思是本来急诊创伤室里就是一团乱，你就别来碍事，又是观察，又是笔记什么的。最后整个研究团队总算找到了一家医院愿意让他们在创伤急诊室里安装一个摄像头，不能碍事，只能盲拍，而且还要对患者的面部进行模糊处理。整个音频视频资料的质量都比较差，但就是这样的资料记录下了护士们安抚病患的话语模式,后来被定名为"舒适护理谈话要则"(Proctor, Morse & Khonsari, 1996),用以指导该类行为如何进行(Morse & Proctor, 1998)。

5.8 你自己也是数据

在整个场景中,研究者的表现究竟是要活跃一点还是保守一点?早期的民族志研究者都会苦口婆心地劝导,一定要站得离研究对象、研究主题远一些,不要让研究者个人的日程去驱策整个研究的问题。研究者卷入越多越容易紧张,难以保持客观公允。早期的民族志研究者都认为"不识庐山真面目,只缘身在此山中",研究者在一种文化里浸入得越深,就越难发现这一文化与众不同的价值观和信仰。现在,尽管大家对客观立场不再像以前那么执着了,但正如利普森(Lipson, 1991)所说的,研究者还是很难摆正自己在数据中的位置:

> 搞清楚什么是你什么不是你,本身就很难,需要做出大量尝试、大量努力。接下来,搞清楚你自己的价值究竟在哪里,又是一个挑战,又需要做出大量的自我探索。还没完,你自己的行为究竟是什么样的?你忽视掉的又是什么?这话题让人非常纠结。(p.72)

问题不在于说你会不会把自己摆进整个研究,影响整个研究——你肯定会。真正的问题在于你要怎么摆,怎么影响。要怎么做,才算监控管理好自己在信仰、价值观、文化甚至是身体条件方面的限制?只要一开展研究,你就会面对两个非常棘手的问题。其一,你怎么处理好自己跟研究对象之间的关系?其二,在学理探讨中,你和你自己的经验,应该扮演一个什么角色?不管你研究的是哪个领域,大家对这两个问题的看法都莫衷一是,各执一词。

5.8.1 你和你的研究对象

现在的质性研究一般都不会再强调所谓的客观对待研究对象,切勿对他们施加影响,等等。但仔细一看,你会发现大家都是小心翼翼的。比如研究者都喜欢用被动词(一般不说"我问了这个小组什么",而是说"这个小组被问了些什么")。另外,诸如"知情人""角色"这样的专业词汇也都是在尽量淡化研究者和研究对象之间的关系。(我们对研究技巧抱着非常谨慎的态度,我们也认为研究者的主观能动性是抹杀不了的,这个事情需要加以讨论。)

不排除有些观点会走极端,这些观点认为研究者天然就是研究的一部分,不需要对研究者的行为加以约束。研究者对现象的诠释就是万千诠释中的一个,不具备特殊性;同时不要把参与者当成参与者,要把他们当成合作者。女性主义研究当中,相关的辩论很多。最早的比如说奥克利(Oakley,1981)和芬奇(Finch,1984)。奥克利对女性的访谈非常高调,充满感性色彩。而芬奇就很低调,认为对弱势群体的研究应该非常谨慎。近年来,女性主义对这个话题的探讨主要是围绕着对记忆的叙事分析展开的(Haug,1987;经典性的和近来的文献,见Olesen,2000)。

在这两种意见当中,不管你是选边站,还是走中间路线,其前提都是你要非常小心地做权衡、做比较,从而维护好自己和研究对象之间的关系。这种权衡、比较、维护,需要贯穿在你整个的研究过程当中,在最后的写作关头都不能放松。

5.8.2 你的体验也是数据

研究者的个人体验在整体研究中应该扮演何种角色呢? 有时候,研究者的经验就是研究的动力,能激发研究者的思考,帮助他们看到问题、提出问题。比如说,因为都有过至亲离世的经历,格拉泽和斯特劳斯(Glaser & Strauss,1968)一起开展了一项针对死亡和临终状态的研究。他们都认为在医院看着至亲离去很难受,很奇怪,一想起来就很不舒服。所以对他们来说,要不要跟参与者分享自己的经历(亦即公开自己的经历)就是一个很费思量的问题。 但是不管公开与否,研究者都要思考自己的经验对整个研究来说究竟意味着什么,并在研究成果中如实报告。

目前有两种办法可以帮助你在研究中带入自己的体验。不过每种方法都有挑战性,需要审慎操作。第一种办法是把自己的体验单独拎出来说,不跟其他的资料混在一起,也就是带入但保持距离。马拉克里达(Malacrida,1998)对流产的研究和卡普(Karp,1996)对抑郁的研究就是采用的这种办法。研究者把其他人的体验作为研究的主体,其实是一种对自我体验的确证,能够在很大程度上改变自己的心理状态。以前,那些所谓非同寻常的体验,随着研究过程的深入会变得无甚特别、云淡风轻。用这种办法的时候,研究者对自我体验的运用要始终保持明确的目标感,不能自我纵情到无度。你要时不时地追问自己:我的体验是否重要,为什么重要? 我为什么要跟读者、参与者交流自己的体验? 我公开自己的体验,会对参与者产生什么影响?

第二种办法是直接把自我体验作为研究的数据。他人的体验,对研究者来说总归是二手的,是通过访谈或者观察拿到的;而自我体验则更为丰富、更具效度,可以拿来直接对比文献中既有的描述和社会科学中既有的概念。阿瑟·弗兰克(Arthur Frank)的著作《面对身体的意志》(*At the Will of the Body*)就是采用这种办法讲述了他患癌的自我体验(1991)。

在做自我分析之前,你一定要多看有关自传式研究和自我民族志研究的文献。相关文献汗牛充栋,有些能让你看到自我分析很精彩,有些则会提醒你自我分析有风险,投入研究需谨慎(见Ellis & Bochner,2000)。

5.9 数据管理软件的使用

我们在第4章中已经介绍了如何通过软件创建研究项目,如何处理早期资料以便导引出研究主题和研究问题。这些资料就是数据,随着研究深入,你创建出的数据会越来越多,这都需要你非常小心严谨地处理。

质性数据一般都具有高度的复杂性和丰富性,要把它们管理好、管理得当,可不是一件容易的事。软件就是你的小帮手,能帮你做好数据的创建、导入、处理、记录管理等工作。

5.9.1 方式

一般的软件都能帮你处理文本文件(绝大多数能处理富文本文件及其他格式的文本文件)。但是在处理非文本文件,比如说音频和视频文件的方式上,各软件还是有所差异的。假如说你要大量用到非文本文件,对文件质量的要求又很高,那你就要做好功课,看看哪些软件能帮你完整地保存非文本文件,并且能够对流媒体进行编码。

一般的质性软件都能帮你保存你对数据的分析、起始阶段的灵感,这样你就不会忘记自己的思路,既能持续往前走,又能时刻回头看。

你要找到使用软件的感觉,知道制作数据、处理数据是什么样的一个过程。

你需要掌握的软件技术如下:

· 如何创建以及编辑文件;

- 如何导入数据或建立数据链接以便编码和分析；
- 如何存储数据记录及其所再现的个案（如人口统计资料）；
- 如何处理非文本文件（如相片、视频等），并将其嵌入文本文件；
- 如何记录备忘；
- 如何进行备注，如何编辑备注；
- 如何在文件或者不同的数据部分之间建立链接。

5.9.2 优势

在计算机出现之前，上述很多工作是没法靠人力完成的。在纸质文件时代，存档查档可是件费时间的苦活，不过毕竟还是可以手动完成的。但诸如更改文件、做备注、查询备注、存储文件信息、在数据和统计分析之间建立链接等工作，就只能依靠电脑完成了。

技术的发展给方法注入了很多新的活力，我们在这里只能做一个简单的概述。你可以通过实际操作了解更多相关的内容，也可以尝试处理更多的数据。

一切取决于你自己。

5.9.3 友情提醒

在使用软件的过程中，研究者容易走进的一个误区是：让研究适应软件，而不是让软件适应研究。有三个需要特别注意的事项：数据类型（data types）、数据规模（volume of data）和数据的异质化分布（data's heterogeneity）。这三者必须由研究目标和研究方法来决定，而不是由软件来决定。一定要小心，不能让自己的研究被电脑带跑。如果你发现你的数据软件没法处理，你要做的就是重新换一个数据处理策略（同时告知团队成员），或者干脆换一个软件。

第一，不要因为电脑能处理大规模数据，你就把自己的数据规模撑大。很多研究项目就是陷在大规模的数据里被停滞住了，甚至被毁掉了。在做研究设计的时候，在匹配你的研究问题、研究方法以及数据制作方式的时候，你就应该做到对数据规模心中有数。千万别想着靠数据规模就能让你的研究与众不同。

第二，对哪些是数据哪些不是数据，保持清醒的头脑和辨别力。电脑保存数据的确安全有效，但你不能因为这样就把所有相关不相关的资料都放进自己的项目中来，包括背景信息、无意义的观察、各种方便拿到的文件，等等。你的研究设计会告诉你哪些才是真正的数据。你不能漏掉数据,但也不能把什么都当成数据。

第三,"喂"给电脑的数据应该是清爽有效的。之前我们就讨论过,同质化的数据做不出好研究。你的电脑是很擅长去分析那些来源多样、类型多元的异质化数据的。它不需要你"喂"给它同质化的数据。在处理复杂数据的能力上面,电脑比人脑强,比档案柜更强。一般而言,质性研究本身就是需要异质化数据的。

本章小结

在前几章讨论过质性方法的多元性特点之后,本章主要关注的是数据制作的策略,分析了如何让数据制作满足研究目标和研究问题的需求。不能把数据制作看成孤立的工作,它是整个分析过程的一部分。我们还谈到了数据的内在特征也会反过来对整体的研究项目产生影响。

参考资料

Mason, J.(2002).*Qualitative researching* (2nd ed.).London:Sage.

Richards, L.(2009).*Handling qualitative data:A practical guide* (2nd ed.).London:Sage.

关于焦点小组数据

Carey, M. A., & Asbury, J.-E. (2011). *Essentials of focus groups research*. Walnut Creek, CA:Left Coast Press.

Finch, J.(1987).The vignette technique in survey research.*Sociology*, *21*, 105-114.

Krueger, R.(1994).*Focus groups:A practical guide for applied research*.Thousand Oaks, CA:Sage.

Krueger, R., & Casey, M.A.(2000).*Focus groups* (3rd ed.).Thousand Oaks, CA:Sage.

Morgan, D.(1997).*Focus groups as qualitative research*.Thousand Oaks, CA:Sage.

Morgan, D., & Krueger, R.(1997).*The focus group kit*.Thousand Oaks, CA:Sage.

关于访谈数据

Cameron, D.(2001).*Working with Spoken Discourse*.London:Sage.

Fontana, A., & Frey, J.H.(2000).The interview:From structured questions to negotiated text. In N. K. Denzin & Y. S. Lincoln (Eds.), *The SAGE handbook of qualitative research* (2nd ed., pp.645-672).Thousand Oaks, CA: Sage.

Gubrium, J. F., & Holstein, J. A.(Eds.).(2002).*Handbook of interview research: Context and method.*Thousand Oaks, CA: Sage.

Holstein, J. A., & Gubrium, J. F.(2003). *Inside interviewing.* Thousand Oaks, CA: Sage.

Kvale, S.(1996). *InterViews: An introduction to qualitative research interviewing.* Thousand Oaks, CA: Sage.

Morse, J.M., Miles, M.W., Clark, D.A.& Doberneck, B.M.(1994). "Sensing" patient needs: Exploring concepts of nursing insight and receptivity in nursing assessment.*Scholarly Inquiry for Nursing Practice*, 8, 233-254.

Olson, K.(2011).*The essentials of interviewing.*Walnut Creek, CA: Left Coast Press.

Rubin, H., & Rubin, I.(1995). *Qualitative interviewing: The art of hearing data.* Thousand Oaks, CA: Sage.

Spradley, J.P.(1979).*The ethnographic interview.*New York: Holt, Rinehart & Winston.

Wooffitt, R.(2005).*Conversation analysis and discourse analysis: A comparative and critical introduction.*London: Sage.

关于观察数据

Angrosino, M.(2007).*Naturalistic observation*, Walnut Creek: CA: Left Coast Press.

Angrosino, M.V., & Mays de Pérez, K.A.(2000).Rethinking observation: From method to context.In N.K.Denzin & Y.S.Lincoln (Eds.), *The SAGE handbook of qualitative research* (2nd ed., pp.673-702).Thousand Oaks, CA: Sage.

Atkinson, P., & Hammersley, M.(1994).Ethnography and participant observation.In N.K.Denzin & Y.S.Lincoln (Eds.), *The SAGE handbook of qualitative research* (pp.248-261).Thousand Oaks, CA: Sage.

Glaser, B.G., & Strauss, A.L.(1968).*Time for dying.*Chicago: Aldine.

Kaler, A., & Beres, M.(2010). *Essentials of field relationships.* Walnut Creek, CA: Left Coast Press.

Spradley, J.P.(1980).*Participant observation.*New York: Holt, Rinehart & Winston.

关于视频数据

Ball, M.S., & Smith, G.W.H.(1992)*Analyzing visual data.*Newbury Park, CA: Sage.

Bottorff, J. L.(1994). Using videotaped recordings in qualitative research. InJ. M. Morse (Ed.), *Critical issues in qualitative research methods* (pp.244-261).Thousand Oaks, CA: Sage.

Farber, N.G.(1990).Through the camera's lens: Video as a research tool.InI.Harel (Ed.), *Constructionist learning* (pp.319-326).Cambridge: MIT Media Laboratory.

Harel, I.(1991).The silent observer and holistic note taker: Using video for documenting a research project.In I.Harel & S.Papert (Eds.), *Constructionism*(pp.449-464). Norwood, NJ: Ablex.

Lomax, H., & Casey, N.(1998).Recording social life: Reflexivity and video methodology.*Social Research Online*, *3*(2).Retrieved May 8, 2001, from http://www.socresonline. org.uk/3/2/1.html

Margolis, E., & Pauwels, L.(2011).*The SAGE handbook of visual research methods.* London: Sage.

Rich, M., & Patashnick, J.(2002).Narrative research with audiovisual data: Video Intervention/Prevention Assessment (VIA) and NVivo.*International Journal of Social Research Methodology*, *5*(5), 245-261.

关于日记和间接方法

Alaszewski, A.(2006).*Using diaries for social research.*London: Sage.

Drew, S.E., Duncan, R.E., & Sawyer, S.M.(2010).Visual storytelling: A beneficial but challenging method for health research with young people. *Qualitative Health Research*, *20*(12), 1677-1688.Retrieved from http://qhr.sagepub.com/content/20/12/1677

Robertson, S.K.(2008).Cultural probes in transmigrant research: A case study.*InterActions: UCLA Journal of Education and Information Studies*, *4*(2).Retrieved from http:// escholarship.org/uc/item/1f68p0f8

Rolfe, S., & Richards, L.(1993).Australian mothers "construct"infant day care: Implicit theories and perceptions of reality.*Australian Journal of Early Childhood*, *18*(2), 10-22.

6 编码

> 要做一个擅长分析的质性研究者，就必须首先学会轻松又有效地编码。研究做得好不好，很大程度上依赖于编码做得好不好。
>
> ——斯特劳斯(Strauss，1987，p.27)

在质性研究领域，每个人都在说"编码"这个词，但每个人理解的"编码"在意思上可能完全不同。为什么很少有人讨论这种差异性？事实上，如果不能对编码的用途做到胸有成竹，每个研究者都会在编码工作中遭遇困难。

不同的质性方法，其编码方式和编码目的都不同。但是它们也有共同点，那就是把无结构的、凌乱的数据逐渐梳理成思路，厘清这里正在发生些什么。所有编码技术的目标，都是让研究者简化数据特征，聚焦分析镜头，继而进行抽象、概括。**编码是质性研究者的必备技能**。不过，质性研究编码和量化研究编码是完全不同的两套程序，其目标和成果也都完全不同。(更详细的对比，见 Richards，2009，p.94。)

因为大家都用编码这个词，导致很多差异不能通过字面就体现出来。不同的编码技术在链接数据和思路的方式上各有不同，其相对价值也各有不同(见 Coffey & Atkinson，1996；Coffey，Holbrook，& Atkinson，1996)。如何编码取决于你的研究方法及其指向的分析路径。

本章我们会从质性编码技术开始分析——研究者在一步步逼近抽象概括的过程中，是如何处理编码工作的。我们在这里把编码工作大致分为三种，每种编码方式对整个分析过程的影响都是不同的。第一种，信息存储式编码，也称描述性编码(Miles & Huberman，1994)；第二种，为了将素材就主题做分类而进行的编码；第三种，为了发展概念而进行的编码(分析性编码)。最后，我们会讨论广义上，"主题化"(identification of themes)要达到的目标是什么。

对新手来说，专题编码应该是最容易上手的技术了。一般来说，我们都会按照一定的专题分类去搜集资料,比如去分析人们在讨论中采用的不同视角,廓清他们在做出回应时遵循的固定模式,梳理他们的经历体验中存在的不同维度等。在研究设计已经拟定好相关专题之后,进行编码就是题中应有之义。研究者可以用编码技术把所有相关材料一网打尽,简简单单地就能在数据中抓取到自己想要的新"切片"。

在电脑出现之前,研究者都是在纸质文件上做编码。这就得把论文一篇篇复印下来,放到一起。研究者觉得哪个原始资料里有某个部分可以编码,就单独复印出这个部分,放到一个贴了小标签的专题文件盒里。这个文件盒里装着的就是有关这个专题的全部资料。另外一个办法,是给这些碎片化的数据建立起以专题命名的卡片档案。这样一来,研究过程就变得简洁清爽,因为每一个给定的资料都归属于一个明确的话题归类。研究者按话题归类数据,跟孩子们按颜色归类弹珠是一样的道理,每一个话题大类下面,还可以有更小的条目。(同样都是绿色弹珠,在色调上还是有差别的,所以可以接着分为灰绿色弹珠或蓝绿色弹珠,这就是大类下的条目。)这样研究者就能给每一个大类里的资料再做分层归类,建立起一个概念的结构树。

但是数据毕竟不是弹珠。数据是多面的,你对它的了解也是丰富的。对你来说,人的信息、地点的信息、空间的信息等都需要保存好,都需要编码。你搜集的数据可能会非常有意思,每篇文献都能跟数个甚至更多个话题关联起来。那这个时候,编码就不再仅仅是把数据分堆那么简单了。在纸质时代,一篇文章你可能得复印很多次,然后把复印件一一对准放进相应话题的文件盒里去。编码复杂化了,模式概括的难度也会加大。

更重要的是,正如我们在第3章中提到过的,很少有质性研究是纯粹的描述性研究。一般而言,描述性研究的目标可能就是总结描述好"投诉是如何发生的""关于新项目有哪些新思路"等问题。这种情况下,研究者把专题编码和描述性编码做好就足够了。但是,如果你的研究是分析性的,那你仅仅去设定几个编码专题或者只依据参与者的个性特征归类就完全行不通了。你用于编码的专题越来越多,出现得越来越频繁,你自然就会很迅速地从专题编码转向分析性编码,你会思考这些数据里隐藏的主线究竟是什么,要如何分类才能分析它们。

电脑软件就是因为这种挑战的存在才应运而生的(Richards & Richards, 1994)。同时由于软件的功能大大超越了数据管理,因此得到了广泛的运用。通过软件,你能快速进行描述性编码,快速存储和调取信息。对富文本,你只做一次专题编码是不太可能的。很多专门化的软件都能帮助你根据需要针对同一个文件做多次编码,把你的时间节省下来。通过软件,你还可以在专题编码和分析性编码之间做无缝切换(Richards,2009,第5章)。

编码过程是一个不断创建和发展抽象化概念的过程,在这个过程中你会发现自己已经从编码走到了分析。编码完工之后,数据的归类而不是数据本身就变成了研究者的关注焦点。研究者会在抽象的分类概念上做进一步抽象,寻找数据中隐藏着的概括性主题(themes)。所谓主题,就是贯穿于所有数据中的一个"中心思想"。歌剧中有主旋律,贯穿始终、时时回响。数据中也有主题,尽管可能形式不一,但它一定会不断出现。一步步做好编码可以帮助研究者找到主题,返回数据也可以帮助研究者找到主题。后者需要研究者不断问自己"和所有这些都有关的究竟是什么?",继而重回数据,把相关内容编码到逐渐浮现出的主题上去。

编码的功能强大,可以在数据、信息、专题、概念和主题之间建立链接。它可以帮助你在数据中做聚焦、进行概念化;也能帮助你组织数据,让数据具备可塑性,方便你在提出概念发展分类的时候操控数据。编码的过程繁复,它绝对不是给数据贴小标签那么简单。下面我们会讨论到你要如何做好编码的准备工作,如何保存在编码前以及编码中产生的灵感,如何管理备忘录以便为己所用。我们会介绍几种不同的编码方式。在第7章中,我们会讨论抽象化工作的总体目标,还会重新讨论备忘和注释工作应该如何完成。

6.1 进入数据

无论编码工作的目标是什么,你都要首先做到熟悉数据,走进数据。如果没有自己做访谈、做观察,但又要去分析数据的话,那熟悉数据、走进数据的工作就会显得更为困难,也更为重要。

在第5章中,我们就强调过数据记录工作中细节是非常重要的。通过研读数据记录和文本资料,研究者才能回想起当时的情景,回想起参与者的声音甚至语调变化,继而发掘出其中蕴藏的深意和暗示。田野笔记、转录数据这样的工作,研究者只要是亲自做,而不是指派其他人做,那事后进入数据的时候就要容易得多。

研读数据资料的时候,切记要目标明确。**你研读的不是某个资料本身,而是这个资料在整个研究项目中的意义**。研读过程中,要始终牢记自己的研究方法和研究目标,然后再进行下一步工作。下一步工作主要包括两项:第一,用注释、备忘录等工具记录下自己的思路;第二,根据文本的内涵和深意,为文本做分类记录。

(1)温馨提示:质性研究方法各不相同

在开始分析之前,千万不要忘了你做研究的初衷、理论倾向性和具体的研究目标。尽管有些分析策略(比如主体化、类型化)适用于各种方法,但各种方法对它们的使用方式是不同的。不同的关键在于研究者如何思考数据,继而如何概念化,也就是如何提炼数据。这就意味着表面上大家用的策略都差不多,但实际上由于问题和方法的不同,分析策略的运用方式是完全不同的,其产生的结果在形式上也完全不同。我们在这里讨论的是编码、类型化和主题化的一般原则性程序,但你要始终谨记,你要根据自己的方法去做自己的类型化和编码工作。在后面的内容当中,我们会再次回到这些使方法各不相同的分析策略上来。

(2)保管思路灵感

不管你用哪种方法,你都要保管好自己的思路灵感。你的数据、议题和主题的思考,都要通过备忘录记录下来,备忘录日后就是数据的一部分。因此,你的数据管理系统一定要方便备忘录的写作和编辑。这样一来,只要你一读懂数据,你的灵感就能迅速跑出来。

在第7章中,我们会讨论更深层次的数据记录工作。一旦开始编码,你就会发现自己总想把自己对数据的发现、思考统统记录下来。那就记录下来!写备忘录没有什么固定模式。刚开始做研究的时候,新人难免战战兢兢,总觉得备忘录应该显得很专业、很漂亮。但是研究做得久了,你就会发现备忘录的写作其实相当自由,类似自言自语,想到什么就写什么。备忘录对整个写作过程和最终的研究成果来说,都是非常重要的,但我们在已经发表的文献当中很难看到备忘录的案例,因为大家都不会引用自己的备忘录。备忘录的用处很多,通过写作备忘录,你就能从高处俯瞰数据(Richards,2009,第4章)。

• 用备忘录来描述你观察到的事件、空间场景;或者你对某次会议气氛、语境的感受。

• 用备忘录来记载你对某个访谈的印象、思考;用备忘录在转录资料跟文献资料、其他数据、原始思路、方便自己在未来回看的日志等之间建立链接。

• 用备忘录记录下自己对某个单词、短语的想法,对某个话语的注释,或者对一整个文件的思考。

•用备忘录记录下对编码过程中的某个思路、某个类别、某个主题的思考，或者是对某个你想发展出的概念的思考。

6.2 做编码

现在就开始编码吧。编码，最简单地理解，就是一个个地去贴小标签。给数据做描述性编码，很像给果酱、罐头贴标签。有了标签，你找起东西来就很方便（是找李子酱，还是其他什么果酱）。要想学编码，就从这里开始学起。不过，你一定要确保自己不能仅仅停留在贴标签的层次上。

一旦开始对标签进行体系化的工作，你就已经在运用分析性思维了。用一整套的指标体系来组织编码，这跟图书馆的编目工作类似。由此，同一个主题下的材料会集合在一起呈现出来，其相互之间的关系也能让人一目了然。但是就像果酱标签不能告诉你果酱好吃不好吃，图书馆编目卡也不能告诉你这本书好看不好看。所以，你在进行简单编码的时候，要考虑一下"码"本身到底是什么。你所编的"码"，其实是数据本身就有的分类，其意义是提醒你，这里存在某个特定的模式，那里有着让你惊喜的新含义。

编码更像是一种焊接工作而不仅仅是贴标签工作。编码能领着你在数据和概念之间来回穿梭。在绝大多数方法中，这种穿梭都是非常重要的。通过编码的引领，你不仅能从数据飞升至抽象概念与分类，还能从抽象概念与分类降落至所有相关资料，从任意一个碎片降落至整体的文献。好的编码工作能送你一台监视器，让你看到出现在概念周围的数据有哪些，方便你随时做测试。编码在数据和概念之间建立起了极具弹性的穿梭带，让你能随时追踪概念的来龙，也能随时跟进数据的去脉。

编码也是一种粉碎机，能分割数据，打散记录。被编码之后，数据会变样，你只会分门别类地去看它们，而不再从整体事件的角度去看它们。所以，编码既能给你带来好处，也会给你带来危险。"码"之一物，能让你重新聚焦，见混沌处之不能见，畅然比较；但也能让你远离材料的初始完整性，将数据隔断于语境，陷其于碎片化。

(1)描述性编码

①使用目的

描述性编码一般用来保存管理具体的数据小项（比如被试、事件或者语境）。

研究者可以通过描述性编码来了解被试(性别、年龄等),场景(医院、诊所、住所等),或者语境(访谈年份、所提问题等)的具体信息,继而探求模式、解释和理论。类似话语分析这样的方法还会以对话中的停顿、转折来标记文本。

描述性编码"一般不做诠释。你更多的是把某一类文本标记为某一种现象,然后再针对这一类文本做诠释性工作"(Miles & Huberman,1994,p.57)。描述性编码更像是对数据提问,而不是对数据做简单的提取工作。(男性和女性的视角是否相同? 相比年长女性,年轻女性是否更看重自身吸引力?)

②如何完成

理想状态下,描述性编码是嵌入到数据管理过程中去的,每一个新出现的被试、地点,都会被标记上属性特征。如果是手动编码,你就要准备好说明书或者标记卡。如果是电子编码,你就要设计好文件的页眉页脚。如果是软件编码,你就要给每个数据文件标记好属性特征,或者直接导入相关的属性特征表单。

但是需要提醒你的是,信息存储要充分,但不能过量。过量编码会带来很多麻烦。只要能满足你提出问题、回答问题的需要,你的编码就是充分的。如果你用计算机工作,那随时都可以导入更多的信息。

③使用范围

质性研究总归都是要对语境有所了解的,所以描述性编码的使用范围很广泛。不过不同方法对描述性编码的重视程度还是有所差异的。偏重理论建构的方法,一般不大重视描述性编码,因为理论建构本身就会包含对具体信息的分析。

在研究设计的起始阶段,你需要考虑:哪些信息是你需要保管好的(人、地点、场景等)? 哪些问题是你能问的? 如果做的是混合研究设计,哪些数据是能够在质性分析和量化分析上都用得着的?

(2)专题编码

质性研究当中,专题编码运用最为广泛。有了计算机以后,专题编码看起来变容易了,但这是误解,专题编码操作起来一直很难。不管做的是什么项目,研究者都会或多或少地用一个一个专题来给数据分类。不过专题编码绝不能变成林恩·理查兹所形容的那种"数据清理"("这一个文本是关于这个专题的,那一个文本是关于……")。专题编码本质上是一种分析工作,它不仅要创建分类,还要根据前一个分类调整后一个分类。它不仅要确保每一个分类都能跟得上你不断增长的思路,还要实时反思你用的这个数据跟同类数据是否真正契合。

①使用目的

专题编码指的是把某个特定专题下的所有资料都挑出来,方便你日后提取、描述、类别化和反思。专题编码可以是描述性的(被试在讨论校长)，也可以是诠释性的(含有敌意、是权威人物、做出行为榜样等)。

专题编码的目的，不仅仅是让研究者顺着小标签找到材料。一方面，专业编码要对每一个分类做出精确的描述；另一方面，它还要能方便研究者进行精细搜索，一输入编码就能找到相应数据(比如，如果女性本身就对传统的权威体系抱有敌意的话，她们对校长会是什么态度？)。专题编码是一种对数据的抽象。它具有分析性，你可以结合面向、模式等问题来检讨某个专题编码下的数据，继而再编码，标记出更精细的新分类。

②如何完成

你可以手动做专题编码，在纸质文本上做各种标记(画彩线，在空白处写题头，还可以像前面提到过的那样剪剪贴贴)。但这只适合小型的研究项目，速度慢不说，还不能方便你查找资料、回顾资料以及重新编码。一个更好的办法是给每个专题建立索引卡或者文件夹，对不少人来说，通过这个办法还可以学习一下如何进行编码。但是，这种办法又把数据跟语境割裂开来了，不能帮助你在某个专题里往更深的层次前行。比如，年轻女性与年长女性对阶级的观点是否有所不同？就是这样一个简单的问题，也需要你重新做数据分类，非常麻烦。手动专题编码会破坏数据，把数据从体系当中割裂出去。类似扎根理论这样的方法，本身就是对过程的确证，手动专题编码对于其目标的达成就没有帮助。

电脑的用处会更大，它能让你直接面对文本，选择段落，在屏幕上做编码。因为编码工作是"现场直播"的，你想看就看，想了解语境就可以直接回到原始文件。你可以调取一个编码下的所有资料，在持续的编码活动中找出更细微的含义差异，继而创建新的分类。通过计算机，你还可以采用机器识别技术(比如说某类数据都包含特定的单词序列)来对文字和语境进行自动编码。

③使用范围

几乎所有的质性方法都会用到专题编码。不管是什么样的研究项目，都会强调提取某个专题下全部资料的必要性，比如去呈现某个场所某种体验的某方面特征，或者去精确地描绘出不同观点、体验的分布情况等。民族志研究者需要把手头一个个分散的社会过程拼成完整的图画。话语分析和扎根理论研究者则需要将特定的单词从数据中一一找出来，这就是扎根理论中的"原语编码"(in vivo codes)。叙事分析研究者需要看到整体的故事，但也需要根据专题提取资料。比如说，通过专题编码，你就能够在一系列的生命故事中找到有关阶层的所有资料。

对于所有的研究方法来说，在研究的起始阶段都最好采用大专题编码。(大专题编码能带给我们哪些不一样的好处呢?)专题编码可以被看成是第一阶段的分析工作,它能帮助研究者发现"这里有些什么"。大的专题划定以后,研究者渐渐掌握了"这里正在发生什么",他就可以进一步细分专题分类。专题编码可以被看成分析性编码的前奏。通过集中检视某个专题下的全部资料,你就能发现更微观的次专题或者维度。比如说,在这些叙事当中,"艰难的生活"这个短语有没有其他的含义在里面? 持续地创建新的分类,就是在向分析工作不断挺进。

(3)分析性编码

专题编码总是越编越多,其具有的分析性也越来越强。比如说,老人们在回忆过去的时候每提到一次"艰难的生活",你就编码一次"艰难的生活"。老人们的故事把"艰难"从语境中标亮,你的洞察也立刻发生了——可能"艰难"和"轻松"就是形塑记忆的重要维度。这个时候,你就很想把自己的洞察记录进编码。分类体系开始变得很复杂,你要尝试另开战场、另辟蹊径去把握和处理它们,把自己的洞察记录下来以备后用。你之前从来都没想着要把"放轻松过生活"纳入"回忆"这个编码分类当中,但是当你有了洞察,某个偶发事件就能促发你的思考:所谓"放轻松过生活"能否被看成一种"福气"。当然了,如何处理自己的这些洞察和发现,还是要由研究问题和研究方法来决定。

①使用目的

分析性编码的主要目的是去创建、主导、阐明以及发展理论化的分类。这种编码方式之所以被称为分析性的,是因为你一直在做分类的工作。你不仅仅需要把数据跟分类挂上钩,更要不断地跟数据对话,看看能否冒出新点子,发展出新分类。分析性编码的目标可概括如下:

- 告诉你新的信息和主题;
- 帮助你探索和发展出新的分类或概念;
- 帮助你进行对比分析。

一般来说,备忘录里总会藏着一些会自己不断冒出头来的主题,围绕着这个主题,你肯定也记录下了大量的案例。现在,你最早的思路(如果它们还在那儿的话)是什么样的已经不重要了。分析性编码是帮助你从数据中起飞的编码方式。

②如何完成

分析性编码能帮助你提炼主题和分类。你既可以创建更具概括性的新分类,也可以就在备忘录里简单写写分类思路。但无论怎么管理自己的思路,你都得反复回到数据中去。有些分类适用性很强,对这些数据合适,对那些数据也合适;而有些分类，你在抽象化过程中越看它越觉得要修改。以上种种情况，都要求你整理出更多的数据，把它们和你的分类实时联接在一起。在你的备忘录当中，分类会越长越多。每次回到备忘录里写写看看，你都得把时间日期标注好。如果你喜欢在电脑上完成工作，你就得给备忘录建立超链接，还要保存好自己的登录轨迹（Richards，2009，pp.25-27）。一边提炼分类，一边总结概括数据。

多读前人攻略，看他们是如何完成分析性编码的。（比如 Dey，1995；Miles & Huberman，1994；还有，Turner 分享的高度原始的扎根理论分析性编码资料，1981。）检查自己的编码时，要留心哪些编码有助于做更抽象的分析。多学多想，努力创建新的分类。用新的数据来不断检验自己发展出的概念策略是否合理。

③使用范围

分析性编码适合那些想要提出新理论的质性研究者。当然，方法不同，分析性编码的使用方法也不同。如果你觉得没有把握，那可以先从专题编码开始，然后围绕着一个个专题继续寻找其中蕴含的独特意义和价值，最后再跃升进入分析性编码。

编码的目的是构筑类别，其重点不是已经被贴上了标签的文本，而是正在进行的分类。研究者可以（但一般不这样）用文本去套编码，但他们的重点能力还是从数据中发现和提出分类。

分析性编码是扎根理论的领地，但是这块领地里的争议非常多。在第3章中，我们就讨论过扎根理论中最大的争议就在于编码。"斯特劳斯学派"的编码范式是一种在与数据的对话过程中探求分类的范式，研究者探求的是这些分类如何跟自己的已有知识产生关联。名如其义，各类"斯派"编码的重点如下：**开发式编码**，重在开发数据，探求何种概念适合数据；**轴心式编码**，重在以概念为轴心，寻求不同的**聚焦点**；**选择式编码**，重在分阶段做密集分析，一个时间密集分析一个分类。"斯派"编码的路数是直奔核心主题，这跟格拉泽强调的以"理论敏感"做低结构化推进的路数大不相同。格拉泽（Glaser，1992）批评说，斯特劳斯与科尔宾（Strauss & Corbin，1990）的方法是在"强迫数据"。

你如果坚持要趟扎根理论这潭"浑水"，你就会发现相关争议如火如荼，自己绝不可能置身事外。我们创造概念，对概念进行理论化的核心目标在两派当中倒是有共识。格拉泽和斯特劳斯都强调编码要趁早，他们在早期著作中说了同样的话。他们认为分类本身有着内在的发展逻辑，研究者应该特别关注分类之间不断变化着的关系，采取渐进的编码方式（Glaser & Strauss，1967，p.114）。

我们建议你可以先去了解一下开发式编码，掌握它的目标和处理数据的方式。

斯特劳斯(1987,第2章)在《社会科学家的质性研究》(Qualitative Analysis for Social Scientists)一书中展示了他们团队是如何开展数据分析工作的,还分享了很多数据记录的转录资料。教科书上的条条框框总是多一些,在实际的操作过程中你的束缚就没那么大了,你就把自己当学徒一边做一边学,在做中学。(开发式编码的进展,见 Richards,2009,第5章。)

6.3　主题化

在编码的过程中,随时都可以进行主题化。但是"主题"有着自己特定的含义,它比专题、类型更具概括性和普遍意义。我们之前已经说过了,主题贯穿于所有的数据,不受某个局部文本的限制。一旦主题确定了之后,你就会从主题的角度看文本,分析某个局部文本是否与主题相关。

主题的发现和编码离不开丰富细致、抽象程度高、反思力度强的备忘录。你得把备忘录本身就当成数据,做好分类管理。围绕着主题,你可以发展出一圈编码来分析辅助性的数据。我们在第7章中,还会详细地讨论主题化。

6.4　编码的目标

我们提到过,不同的方法、不同的研究阶段,其编码的目标不同,但不管哪种编码都需要有目标感,这一点是不变的。每次编码之前,你都得问自己"我为什么这么做"。这个步骤在电脑时代格外重要。因为借助电脑编码十分方便,研究者如果不问问自己下一步要做什么,就很容易一直编码编下去(还很有可能为了编码弄出更多的数据),而不是努力推进概念化的进程。编码不是一个规范化的数据处理流程,一旦你发现自己的编码变得很具流程性,可以自动化完成了,你就别编了,去干点别的。然后当你的工作热情又回来时,你再问自己,编码为什么会变得如此枯燥乏味。

编码的目标包括提取分类资料,但不仅仅包括提取分类资料。以上讨论的几种编码方式中,只有专题编码的目标局限在完整提取某个分类资料上,这种一网打尽也意味着"一条道走到黑"。你要做的是在这些资料里面去发掘模式、探索反思，全部工作结束之后再去开始一个新的编码。但对其他编码方式而言，完整提取某个分类资料是远远不够的。要总结出模式，更好的办法是对比分析两到三个不同的分类资料。举个例子，研究者一般都会通过焦点小组去寻找人们最关心的话题是什么，小组每报告一个新话题，研究者都会创建一个新编码，然后把跟这个话题有关的转录资料都编入这个新编码。看起来，研究者能做的事情很有限，就是报告一下这是人们关心的话题，然后引用一下小组讨论中跟这个话题相关的原话。但就算是再小的研究，研究者都会有意识地超越编码分类，去找出更多的东西来（比如说围绕某个话题人们是否存在不同的态度，这些不同的态度背后是否存在某种个性模式，像是性别模式、年龄模式之类的）。

在话语分析这样的方法当中，编码的主要目标就不再是"提取"，而是"逼近"。利用关键词提取出某个分类资料只是第一步，接下来你要一步步地把与一整组话语相关的资料都找出来。波特和韦瑟雷尔（Potter & Wetherell, 1994）曾经进行过一个对电视报道战略的研究，他们利用计算机搜索技术找到了所有涉及"治愈率"的词语，然后将包含了这些词语的相关报道全部搜集到一起，这为进一步分析电视报道中的话语策略打下了良好的基础。他们认为：

> 不管这些报道跟我们的研究有没有关系，我们都先把它存下来再说。跟传统的内容分析不同，我们不把编码当成分析工作，我们把编码当成分析工作的前奏，其目标是使分析工作更有条理。（p.52）

6.5　小贴士和冷提醒：处理好要编的"码"和"编"码

在研究工作当中，数据管理、数据回顾、数据处理等技术活最不受重视，也最少被提及。很少有教材、专著会专门讨论及此。受到重视的，往往是数据制作的过程和最终呈现的结果——也就是那些从数据中生长出来的理论。所以，很多研究者得不到应有的训练和指导，对编码技术以及适合不同目标的不同编码类型都知之甚少。我们都知道编码带来的案头工作车载斗量，但我们都不怎么在意，因为现在电脑编码实在是太方便了，就像理查兹等人说的（1998; Richards & Richards, 1994），我们很容易就会陷入"编码崇拜"的陷阱。编码是分析工作的核心部分，而分析工作是不能程序化、模式化的。那么,我们应该如何对付这些问题呢?

(1)编码:所学即所用

不管你选择哪种方式,编码都是越早开始越好。数据一进来,你就可以开始考虑要怎么编码,怎么为分析做准备。不要等数据堆积成山了,你再去处理。看着堆山填海的数据,你的压力会陡增,哪里还有办法做到闲庭信步、细致分析? 数据里隐藏着的那些蛛丝马迹,你也没心思去细细查找,更别提一步一步稳扎稳打,今天为明天做准备了。

(2)编码也是学术思考的一部分

不要觉得编码只是在为学术思考做准备——编码本身就是一种理论化的工作。即便是看上去很简单的,都能够催生出非常复杂的学术思考。对自己的分类要常常回顾,常常反思,不管什么时候,只要发现了小意外、小惊喜,都马上把它们记录下来。

(3)不要过度编码

到底编多少码才是恰到好处的呢? 首先,你不会编好码就把原始文件丢一边。在管理数据的过程中,你得时时回到语境、原始文件中去,对它们加以思考,看是否需要再增加编码。质性研究的各个阶段中,很多事情都要一而再、再而三地反复来过。鉴于你在研究过程当中是会不断回顾反思的,对描述性编码和专题编码所需的度,我们的最佳建议就是,你能提出问题的地方都可以去编码。

但是分析性编码不同,分析性编码需要"换位置了,就重新编"。在分析性编码的过程中,你保存和回顾自己做的分类,其目的是让自己的项目始终保持新的活力。有软件工具这样的神器相助,你可以把自己的编码轻松地搬来搬去,搬到备忘录里,搬到被编的资料里,搬到原始文件里,搬到重要无比的主题里,然后重新编、重新想、重新创建备忘录、再重新编。

(4)管理编码

对于所有的质性研究来说,编码工作和分析工作都是不可分割的。有些质性分析软件在最开始的时候就像个编码机器,因此很不受人待见。"编码是一种理论指示牌",这是斯特劳斯1995年跟理查兹面谈时说的原话。"通过编码,我们做的访谈、收集的自述等都能联接到一起……编码,是在数据中编织起了一种诠释性的结构。"我们不是为了做分类而去做分类，我们做分类是为了把数据、分类自身都联接成有机的整体。

管理编码，到最后还是管理数据。编码量越大，对数据管理的要求就越高，因为你很难一下子就找到合适的编码。编码的时候切忌前后不一致，给编码的解释变化无常。做编码，不是做一个筐把数据放进去，而是在数据中创建概念。做专题编码的时候，你需要养成时时回顾的习惯。你的编码是否前后一致？有没有新的主题出现？分类当中出现了多少个变量？这个分类能否细分为更小的两个分类？分类的定义、分类的备忘录是否需要再回顾检查一下？一个团队共同进行编码工作时，你还要注意各人之间的分类标准是否一致，如果不一致你就得跟大家讨论清楚。即便是描述性编码，你也要做到分类精准，不可含糊。只有这样做，你才能避免只编码不思考，"学而不思则罔"，也才能避免因过度编码、无效编码而浪费时间。

把编码分类规整好，不要乱放，这样你找起来才方便。如果是手动编码，你就把文件分门别类地在文件柜里放好。如果是电脑编码，你就尽情地展示自己的软件技巧，建好编码树，让分类、次分类等各归其位，方便你随时提取管理（Richards，2009，第6章）。

(5)监测编码的一致性

质性研究编码以诠释性为主，很少有两个研究者能编出同样的码来。那为什么一定要保持一致呢？描述性编码和简单专题编码的信度都可以通过信度检验建立起来（比如，她属于哪个年龄组？她每一次谈及治疗情况是否都做了编码？）。量化研究对编码一致性的要求要高得多，研究者必须保证所有的数字都是一样的，且不能有遗漏。但在诠释性编码当中，所谓的不同主要就是指研究者的认知和目标不同（Richards，2009，pp.108-109）。

在量化研究团队中，你能看到争执（比如，这是2，还是3），但编码的前后不一致被遮蔽掉了，因为量化研究不要求记录编码过程，比如说不要求把量表上3是怎么来的记录在案。有经验的量化研究者会很重视这个问题，在诠释过程中，他们会努力保持编码的一致性，并把存在的不确定性记录下来。一位好的质性研究者处理这个问题的办法不一样，但也很类似。各人的诠释理解不同，这是无法避免的，你要做的是去监测、重访、讨论，并且把校正编码一致性作为整个分析工作的一部分。只有这样，你才不会被似是而非的意义误导，获得真正的洞察。

在以下两种情况中，你需要特别注意编码的可信度：

• 你需要在研究设计中讲清楚,在超出时间,也超出自身理解力的时候,如何保持编码一致性的方法。此时,你要记录和跟踪自己是如何保持编码一致性的。

• 你参与的是团队研究,你需要和团队成员一起建立一个编码一致性的监测体系。不同的人不可能编出相同的码,如果真的编出来了,那我们就要问我们的选题是不是太单调、太平常了。但是,我们需要关注团队的每一位成员分类编码、处理数据的偏好,以及你自己监测编码和讨论编码的工作风格。

6.6 用软件编码

在第4章中,我们就讨论过如何初步搜集资料定位研究主题和研究问题,如何通过电脑软件处理和管理数据记录。现在我们开始讨论软件编码。计算机可以代替你完成大量的案头工作,但是不能代替你完成诠释性的工作。

6.6.1 路径

所有的软件都有编码功能,但在细节上各有侧重,其中大多数软件都会提供不同的编码选择。在第5章中,我们讨论了如何通过"描述性编码"来管理数据记录。这种编码方式一般就是给相关的文件和案例等标明属性、价值。软件编码,可以就从描述性编码开始练手,然后再学习如何进行专题编码和分析性编码。

软件可以在以下几方面帮助你,尽快练习起来:

• 通过创建和定义分类进行专题编码,管理以及发展专题编码;

• 通过分区或文本搜索进行自动化的专题编码;

• 进行分析性编码,包括发现和发展分类,建立分类与备忘录之间的链接,为发现和探索主题提供支持;

• 为复查各种分类编码提供在线和远程处理的技术支持,包括复查各种文本数据和视觉数据(例如相片、视频片段等)。绝大多数软件都支持研究者反复探索数据,记录思考结果,发展出能够被呈现和代表的概念。

如果你想利用软件编码,可以参看附录1,里面我们提供了不少网络教程的资源。

6.6.2　优势

软件编码不是必需的。就像我们之前提到过的，没有电脑之前，人们用笔、索引卡、文件袋都能编好码。还有些老师觉得学生们应该要先学会手动编码，学会如何一边编码一边思考，而不要被软件分散了注意力。有些研究者喜欢用些常见的办公软件（Chenail & Duffy，2011；Morse，1991），这些软件可以利用不同的字体、颜色或者高亮来画出不同专题的文本，也可以利用不同的窗口来整理分类。另外，文本搜索、备忘录数据化（比如，可以用不同的字体或颜色来区别备忘录和一般的数据）等功能，在这些软件当中也能实现。

那为什么我们还一定要用质性分析软件呢？因为质性分析软件有独特优势：

• 电脑编码方便快捷，比纸上编码速度快、效率高。你的诠释也能更简便快捷地保存起来。

• 电脑能储存海量的资料。好的质性分析软件对编码数量是不设上限的。

• 电脑做编码，就是给不同的文件打上不同的分类记号，不需要你找出纸质文件又是复印又是归档的。电脑编码还很灵活，方便修改和提取，相比纸质文件有很大的优势。

• 电脑软件能带着你很快捷地在文件片段和整体语境间转换，用不着你在橱柜里头搬文件。很多软件都能给你"现场"展示一个专题或者概念下的全部材料，能支持你反复思考，反复修改，为后续编码（Richards，2009，第5章）寻找更具深度和新意的概念维度。

• 通过一些特别的软件工具，你可以尝试从编码中探寻模式，这在纸质文件时代是没法做到的。质性研究的编码不可能一次就完成。你不可能在一个地方把一个问题的全部内容都讨论完毕。你得搞清楚，比如说"有此类问题的人"是什么时候被编上码的，针对这项建议的信任感，他们都说了些什么，在访谈资料的哪个地方能够找到。

6.6.3　友情提醒

质性研究最容易出错的地方就隐藏于电脑的便捷、大空间和细致耐心里！编码很重要，但你如果对以下方面不加防备的话，就会掉进坑里。

第一，永远不要让质性编码变成单纯的文秘活，编码要有目标。你为什么创建这个分类？你打算如何处理这个分类？编码不是诠释的附庸,而是对诠释的表达。

第二,编码要适度。编码不能占用其他研究板块的时间和空间。你得在确定无疑的情况下做编码,让编码从数据中自然而然地生长出来,否则,你的编码就不会适度。

第三,不要过度编码。不要变成“编码崇拜”(Richards,2009,pp.109-110),它会让你觉得不编码就没办法面对数据。编码强迫症会让你失去对数据的反思和探索能力。

第四,不要让编码牵制了你做其他诠释性工作的脚步。不管什么时候,你都要一边编码一边把变化中的观点记录下来,用其他工具去撰写备忘录。你需要回访已经被编过码的数据,看看你的编码究竟揭示出了什么样的问题。

本章小结

所谓编码,就是将分散的、乱糟糟的文本变成对“这里正在发生什么”的条理清晰的说明。根据目标的不同,编码可以分为以下几种类型:描述性编码主要是依据不同的专题给数据分门别类,分析性编码主要用于促成诠释或创建主题。研究者可以同时使用几种不同的编码。

通过编码,你可以提取文本,开始分析工作。同时,分析性编码本身也能帮助你在数据中发现问题。编码是一个理性思考的过程,不是一个自动化的操作——一定要一边编码一边思考。不要过度编码,记住编码是分析工作的开始,但不是分析工作的全部。在第7章中,我们会讨论一个对编码有要求,但也是从编码中来的研究过程——类别化、概念化和抽象化的过程。

参考资料

Bazeley, P. (1999). The bricoleur with a computer: Piecing together qualitative and quantitative data. *Qualitative Health Research*, 9, 279-287.

Bernard, H. R., & Ryan, G. W. (2010). *Analyzing qualitative data: Systematic approaches.* Thousand Oaks, CA: Sage.

Boyatzis, R. E. (1998). *Transforming qualitative information: Thematic analysis and code development.* Thousand Oaks, CA: Sage.

Coffey, A., & Atkinson, P.(1996).*Making sense of qualitative data.*Thousand Oaks, CA: Sage.

Coffey, A., Holbrook, B., & Atkinson, P.(1996).Qualitative data analysis: Tech nologies and representations.*Sociological Research Online*, *1*(1).Retrieved January 24, 2012, from http://www.socresonline.org.uk/1/1/4.html

Dey, I.(1995).*Qualitative data analysis :A userfriendly guide for social scientists.*London: Routledge.

Glaser, B.G.(1978).*Theoretical sensitivity :Advances in the methodology of grounded theory.*Mill Valley, CA: Sociology Press.

Glaser, B.G.(1992).*Basics of grounded theory analysis : Emergence vs. forcing.* Mill Valley, CA: Sociology Press.

Richards, L.(2009).*Handling qualitative data :A practical guide.*London: Sage.[第五章给出了关于编码和使用及检查计算机编码的详细建议。]

Richards, T.J., & Richards, L.(1994).Using computers in qualitative research.InN. K.Denzin & Y.S.Lincoln (Eds.), *The SAGE handbook of qualitative research* (pp.445-462). Thousand Oaks, CA: Sage.

Saldaña, J.(2009). *The coding manual for qualitative researchers.* Thousand Oaks, CA: Sage.[本书中文版《质性研究编码手册》已经出版。]

Strauss, A.L.(1987). *Qualitative analysis for social scientists.* Cambridge, UK: Cambridge University Press.

Strauss, A.L., & Corbin, J.(1990).*Basics of qualitative research :Grounded theory procedures and techniques.*Newbury Park, CA: Sage.

抽象化 7

质性研究方法各不相同,但它们有一个共同点:越早开始分析工作越好。为什么越早越好,其理由很多。在前面几章,我们就强调过质性方法的目标都是从数据中生产出创见,所有的研究设计都围绕着生产创见而来。这就意味着项目一开始,分析工作也就开始了。等着数据搜集好了再去开展分析工作,其实是很成问题的,因为这会导致整个数据搜集工作脱离"数据驱动"的模式。尤其是当你根本搞不清自己在做什么的时候,随便做一个访谈可不就是比在数据中发掘意义容易得多嘛。所以,一旦你开始搜集数据,你的脑子里就应该非常清楚自己的想法,清楚自己应该怎样去分析它们。

但凡是个研究,都要求研究者具备抽象化思维。所谓抽象化思维指的是从个别到一般的思维过程,研究者要从个案中创建、发掘出一般性的类型,并对类型加以利用。抽象化是质性研究最主要的目标,也是质性研究之所以能够被称为质性研究的必备条件。我们在第 3 章中讨论了好几种质性研究方法,这些方法都追求对现象的"理解",重视从个别到一般的思维过程。正是这一过程,将分析和描述区别开来。

对数据进行抽象化,会带着你从数据去往新的境界,去往概念和理论。你可以想想打动你的那些质性研究,是不是都在抽象化方面做得非常出色。格拉泽和斯特劳斯(Glaser & Strauss, 1971)对癌症病患的研究,就超越了描述性的总结,抽象出了"通关状态"(status passage)这样的概念。芬奇(Finch, 1989)了解到人们在不同亲密状态下的感受,但其写作却超越了经验陈述,转而上升至对家庭职责的分析。另外,从数据中诞生的概念也有助于抽象化。莫尔斯等人(Morse, Mitcham, & van der Steen, 1998)曾对创伤护理护士进行过访谈,她发现护士对病人感受的理解似乎不能用"同情""怜悯"来概括,于是她创造出了"共情"这个抽象化概念,并用它去解释人们对他人痛苦经验的情感状态。还有些时候，研究者会借助已有理论去开展新的抽象化工作。理查兹（Richards，1990）在分析邻里网络时，就以女性主义和家庭意识形态理论为基础，对"公私交界"处的分工矛盾进行了解释分析。

抽象化工作听上去非常玄妙。很多人都说理论是从数据中"浮现"出来的，但是好像谁都没有看到过这样的鬼影。不管怎么说，数据驱动也好，理论驱动也好，研究者总归要对数据进行积极的探索，才能做好质性研究中的抽象化工作。真正的所谓"理解"一定基于研究者的洞察和耕耘。之前我们就谈到过，研究工作不是一种消极被动的工作。研究者才是真正的驱动力，是研究者自己在做选择、做思考、做联接、做抽象化。就算理论的确是"浮现"出来的，那也是研究者让它"浮现"出来的。

理解研究者的主观能动性，是整个工作的第一步。抽象化不需要有特异功能，也不需要有导师的指点。它需要的是你精心做的研究设计，精心搜集的数据，精心培养出来的技能，以及富有创造性的思维方式和高度集中的注意力。只有包括东风在内的万事都"俱备"了，我们才能够在数据中找到研究问题的答案。不管是哪种方法，研究者都要把数据摆在正确的位置上，仔细倾听自己不断产生的想法，理解和采取合适的分析策略。

对数据进行抽象化的技术千变万化，相关的步骤包括聚类、编码、提纯、主题化等。抽象化当中有很多专门的技术，相关书籍非常多，我们在这里主要讨论的是一般性的通用技术：类型化和概念化。这也是抽象化最开始的几个步骤。所有的质性研究者都希望能够创建出更具概括性的分类，将具有复杂含义的数据划分成抽象的专题或者群组，然后继续进行理论化的工作。

7.1　第一步：类型化

类型化是抽象化的第一步，也可能是最后一步。对于旨在创建理论的研究来说，它是第一步。而对于那些目标就是探索类型、做出分类的研究来说，它就是最后一步。在这些研究当中，抽象化的工作就只停留在精准描述"这里正在发生什么"。而像深描、刻画特定模式这样的研究方式，则旨在将复杂的数据变成饱满的故事——这同样基于类型化。

大家都知道研究目标是由研究问题决定的，但理论探讨跟现实操作存在很大差距。大多数教材对那些聚焦于类型化而没有继续向前理论化的研究,或明或暗地采取的都是忽视或者低估的态度。这造成了很多初学者的困惑,有些研究他们能在讨论中听到,却不能在教材里找到。我们在第3章中就提到过,这样的研究的目的就是探求模式而不是建设理论,探求模式何过之有?探求模式不是理论化的分析路数,但是大家总会很执着地想要它带上点理论化的色彩才好。如果说你做的就是开放式问卷调查,或者实验性的焦点小组,你的目标就是看看能不能找出点新的东西,那就完全没必要硬拉上扎根理论或者现象学为自己壮胆,不过抽象化还是要做的。

(1)类型化与编码

类型化是所有质性研究都要做的工作(思考、反思本身就包含类型化),但编码不是。我们在第6章中介绍了编码的过程。不是所有的质性研究都需要通过编码来为特定的分类搜集资料。编码可以创建分类,但创建分类不必定需要编码。

我们在第6章中已经谈到过了,不管用的是哪种编码方式,研究者都会说一句,"我得针对这个专题或者想法搜集一些资料"。经常是,编码编着编着就创建出了类型。在编码的过程中,随着研究者琢磨出概念、主题、模式以及新鲜含义,数据就能一点点地搭建起类型。如果某个编码显得不那么适合数据,或者有新数据展示出了新维度,一些新的类型就会跳出来。质性研究当中的编码工作,一般都会被看成是创建类型的过程,或至少被看成从数据中进行抽象化的过程(Richards,2009,第6章)。

编码同样有助于类型的发展。如果是对纸质文件编码,纸质文件就可以归堆存放,方便我们重读、复检。如果是电脑编码,我们还能看到资料的"现场展示",继而重搭分类,修改编码,并通过进一步分析资料来创建新的相关分类。

当然,研究者不做编码也能对数据进行深入思考。在第6章中,我们就谈到过,有多少种方法,就有多少种编码方式;有多少种编码方式,就有多少种编码目标和编码技术。编码一定是以方法论为指导的。

(2)作为日常策略的类型化

不管是为了理解、学习、发现和描述新事物,还是为了预测和解释现象,我们都会去做类型化。对绝大多数人和一部分研究者来说,类型化是一种天天都会做的事,跟编码没有什么太大的关系。只有在少数情况下,我们才会为了某个类型去搜集资料。

质性研究的思维方式跟我们的日常思维方式其实并没有什么不同。研究者不时地就会去想想类型化的问题，也会看着数据项目不断冒出新的想法。如果你觉得做类型化挺难的，那不妨花上一天的时间观察一下自己在日常生活当中是如何管理那些复杂的数据的。类型化几乎渗透在我们日常生活的每个小细节当中。在街上你遇到一个人，你可能会走上去打招呼，也可能会去帮个忙，也可能赶紧转过脸去不跟他照面。你做的这件事，就是类型化——这是什么样的人？什么样的碰面？我要做出什么样的反应？有些问题实在是太容易回答了，就造成了我们对这些类型化视而不见，觉得天生如此。比如说，这是个男人（一个成年的非女性人类）。我们不需要做出什么精细的解释（除非这人整容了、戴面具了或者变性了），对也好，错也好，总归就是直接把这人给类型化了。性别为男，这一分类让我们能够直接针对男性群体提出问题，比如男性行为、男性经验，等等。但是一个男人究竟是"无家可归的男人"还是"做生意的男人"，这就需要更加精细的解释了：我们凭什么认为他是一个无家可归的男人呢？因为他的各种物理特征看上去就是无家可归的样子吗？"无家可归"这个分类，其实是一个刻板成见，缺少经验和事实的支撑。

日常生活是一个复杂的数据结构体，我们需要通过**类型化**去理解它，去跟它达成妥协。类型化，是我们日常的意义建构活动，也是非常高效的意义建构活动。如果说某件事属于某种类型，那我们马上就会把它跟相应的经验、模式和行为联系起来。类型化带来的问题也很明显，那就是它会排斥个性、先入为主，让我们一叶障目。（糟糕，那个无家可归的男人，其实是个百万富翁，就是行为有点古怪罢了。）

在日常生活中，类型化是很常见的。但是，在研究中，类型化可能反过来会成为一种障碍。对于新手而言，类型化可能成为最早遭遇的难关，而且很难攻克。对于新手来说，类型化是理论化的第一步，而理论又是伟大思想的产物，所以，看到那些看上去很琐碎的数据，他们都会犹豫不决，不知道要不要记录下来。我们的建议是，当然要记下来！

7.2　下一步：概念化

在质性研究中，类型化是一种对数据的提升，将数据从芜杂无序的层面提升至条理分明的层面。而概念化，就是类型化基础上的进一步提升，是一种概括性更强的抽象化工作。概念是一种存在于意识中的形象。研究者一般都会想办法从类型化继续前进到概念化,努力尝试搭建起一个概念框架去描画出研究的主题。正如米尔斯和赫伯曼(Miles & Huberman,1994)所说的那样:"理论的建构只需要几个抽象概念去一语道破万千。"(p.18)

在从描述向分析迈进的过程中,你的研究可能只会停留在类型化这一步,也可能会继续向前走到概念化。你要如何理解和超越芜杂的数据,你要在抽象化的道路上走多远,这些都是由你的研究方法决定的。类型化做得再简单,也是一种分析性的工作。每划定一个类型,都意味着你发现了一个新想法,对它做了命名,保存了相关思考,对它和其他类型之间的关系进行了管理,始终惦记着它,将它和你不断深入的理解同步——所有的这些都是分析。正是依靠这些最开始的试探性的脚步,研究者才能一步步向那个隐约可见的理论目标迈进。在卡尼(Carney,1990)所形容的那个"抽象化阶梯"上,类型化就是第一阶。

7.3 进行抽象化

所有的质性研究方法都强调类型一定要从数据中浮现出来。对很多研究者来说,这条几乎就是质性研究的基础定义,是不同的质性方法所共有的相同点。(如果你对数据不尊重,你就不是做质性研究的。)当然绝大多数方法事先都会有对类型的大致想法,但是所有的方法都会想方设法地去创建出新的类型,这就要求研究者深入理解数据的丰富性,让类型从数据中自然而然地浮现出来。

在质性研究当中,类型的标准多种多样,你应该什么时候以及怎么样去做类型化并无一定之规,类型能派上什么用场更是自由度很大。在下面的内容当中,我们概述了在创建和运用类型去描述和分析数据方面,研究者们之间存在哪些差异。可以想见,类型之间的差异跟编码之间的差异关系密切。

不同的研究问题需要不同的研究方法,继而生产出不同的抽象化方式。在项目定位和研究者的准备工作方面,研究方法之间的差异是非常明显的,并主要体现在四个维度上。对以下四个问题,研究方法的回答各个不同:抽象化何时发生?抽象化从何处而来?抽象化如何创建?分析结果如何寻求?跟本书里的其他表格一样,表7.1也是一个导览图。有了它,你就可以按图索骥,根据自己所选的方法去更好地理解语境,去阅读更多的文献。你可以结合第3章中的方法论表格来阅读表7.1。

表7.1　五种方法，五种抽象化方式

方法	抽象化何时发生	抽象化从何处来	抽象化如何完成	抽象化的目标
民族志	对田野点、场景有预先了解的时候；在开展田野工作和数据分析，产生理解的时候	从社会的、经济的背景知识中来；从田野点的观察和学习中来	高丰富度的描写；质性量化相结合的模式总结；编码；对比分析；检讨田野笔记	提炼主题和模式；对一种社会文化给出解释说明
扎根理论	抽象化从数据中生发而来，但也可以从先前理论中得到启发	从通过数据观察，逐行的文本分析确定下来的分类中来；从与其他场景、情况的比对而来	理论敏感性；探求概念及其维度；开放式编码；维度化；写作备忘录；制作图表	扎根于数据，提出一个核心范畴和理论
现象学	悬置前期的想法和知识；借助现象学的概念来反思数据的时候	从文本、条目中的主题和意义中来	深度浸润，聚焦，精读	描述一个现象的本质
话语分析	利用批判的路径寻求抽象化分类以进行分析的时候	通过对文本或访谈做深入分析，从而创建和编写出分类	通过细节化的编码进行精细的文本分析	揭示出潜藏不见的意识形态或价值观
个案研究	对空间、场景有预先了解的时候；进行田野调查，发展出相关知识的时候	依分析时采用的方法不同而不同；分类一般从先前的理论中来，也会从数据中来	个案的概括和检讨，对比分析	对个案进行权威的记录描述，并在此基础上进行抽象概括

(1)何时开始?

　　至少有那么一些研究抽象化工作开始得非常早。当前有一种神话，说好的研究者在进入数据的时候应当持有开放的心态,也就是对研究主题处于一无所知的状态。如果研究者接受这种神话,会严重妨碍研究工作,因为这是不真实的。如果你否认你对你所研究的情况有很多了解(就像许多研究人员一样的),你反而有可能因不承认这些成见的存在而把它们带入你的研究中。

　　不同的质性方法,不同的老师会采取不同的方式去处理前期思考。你很可能在研究一开始就被催着赶着到文献当中去找想法和理论,并以此来规范数据制作和设计。如果你的方法和语境的确有这样的要求,那你的研究设计就要包含对前期知识的检讨和运用。要做到这一点,你可以采用质性分析软件来给相关文献做分类,把文献当成数据即可。而有些方法是完全不鼓励研究者在探究数据之前就做类型化的,其背后的合理性也很充分。这些方法强调,意义在数据中产生,而意义决定了整个抽象化的过程,因此必须要对前期知识进行所谓的"悬置"(bracketing)。

从对前期知识处理的方式上,我们可以看到做研究不能脱离方法的要求。在看待社会现象时,每个人都会想要去把它们归类,并且会从先前的文献和类型中寻找概念以求帮助。你选择了什么样的方法,就要遵从这个方法开展分析工作的路径和时间表。各个不同的方法对前期类型化的接受程度有深有浅,但都不会深到完全依赖前期类型化的程度。比如说,没有哪一种方法会设计一种所谓的"预编码"问卷去开展研究(预编码这个词,其实也不准确,这里的预编码指的不是研究者先入为主地去给访谈做编码,而是指研究者事先给访谈者的回答做预类型化)。

(2)如何完成?

在这个问题上,各个方法达成了高度一致。正如表7.1所示,这五种方法都强调,抽象化更多的应该是对数据的提升,而不是对以往理论的下挖。你可能会对这种一致性感到有点迷糊。那就想一想,这些方法或多或少地都会倚重文本,虽然在处理视频或者相片资料的时候有不同的做法,但文本是一定都会用到的。在实际操作当中,研究者的做法肯定也是各不相同的——比如说,这个访谈要不要做转录,如果要做要怎么做,那些停顿、语调、肢体语言等要不要记录下来——但是极少有研究者说我就是一点转录都不做。所以说,这些方法都要求数据是丰富的,能够支撑起诠释和抽象化工作。

采用的方法不同,研究者对如何质性地发掘出类型,其说法自然也都不同。你要特别注意到研究者自己的主观能动性。所谓"倾听"主题、"感受"意义、"看见"模式,这些词的背后全是研究者的实践技巧——他们对付数据的技巧。

选好了方法,知道这个方法跟自己的研究很匹配,你接下来就要去看看其他的研究者在实际操作中是如何踏踏实实处理数据的。这些内容在已经出版的书籍中不太容易找到,可以参考第3章末给出的参考资料列表。

抽象化是需要你好好经营的。你要搞清楚特纳(Turner,1981)所说的,"理论浮现"论和"理论建构"论究竟有什么差别。"理论浮现"论强调发现,而"理论建构"论强调精心制作。从一些记录和研究者讲述的经验来看,研究总是一点点往前走的,一点点地把线索、主题、灵感、重现、联接等小心地拼接在一起。然后,建造起一个"由概念、证据、概念间的关系、协同的数据构成的巨大网络,这个网络层层叠叠，每一层都能看见理论、数据和解释交织形成清晰的纹理，这些纹理继续生长，为下一层纹理的形成提供经纬"（Richards & Richards，1994，pp.448-449；以及 Loftland & Loftland，1995）。（有关研究成果和分析目标的细节讨论，可见 Richards，2009，第7章。）

7.4　管理你的抽象化工作

可以说，你一边做抽象化的工作一边也在生产另一个层面的数据。现在，不仅仅是你的原始数据在越长越大，你围绕它们做出的类型、概念和思考也在越长越大。绝大多数质性研究都会迅速面临管理各种要素的任务，以便去观察、认识、探索以及联接起它们。有一些文献专门讲到了这个问题（关于手动管理，见 Miles & Huberman，1994；关于软件管理，见 Richards，2009）。不管你用的是什么方法，你都要尽早做好对思考想法的管理，而不仅仅是数据的管理。事实上，你的思考想法才是你最重要的数据。

(1)把想法变成文档：定义、备忘和日记

对于新手而言，从数据中做思维提升最大的障碍就是把类型建构看成一种宏伟又神秘的大工程。要越过这道障碍，最好的办法就是积极应对你的数据，同时积极进入你的数据。不要怕备忘录写多了，以后可以再删。在研究的过程中，即便是最简单的类型都会不断膨胀和变化，你得把这整个过程都记录下来，这样你才能在日后讲清楚你自己的分析是怎么做出来的。

不管是灵感、话题、主题、概念或者其他什么抽象化的成果，你都要做出一个定义，记录清楚应该怎样看待和运用它们。如果这些灵感、话题、主题、概念等有了变化，你的定义也要跟着变。如果这个变化实在是太大，那你就要跟踪记录变化是如何发生的。如果有关某个类型的想法一直在生长，那就要给这个类型记好备忘录。你的信心在这个过程中不断增强，你的备忘录也会在这个过程中不断扩展，并且还可能会跟其他的备忘录匹配起来，链接起来。

(2)不断生长的想法

这本教材有个基本观点，那就是所谓的在研究中浮现出来的想法是跟数据同

步生长的。不管你选择的是哪种方法,你的想法总是会发生变化的。你要追求这种变化,更要记录这种变化。这就意味着你对想法的管理必须灵活而又善于自省。在跟数据持续打交道的过程中,你需要有办法去回到类型、反思类型,继而进一步发展类型,提炼出每个类别的维度。(有关扎根理论如何进行维度化,可见Strauss,1987,p.180)。你同样需要有办法去反思和考察自己在数据中所见到的主题。

> 在处理文本和不那么规范的材料的过程中,你总是能看到模式、主题或者所谓的"格式塔"不断地跳出来,有了它们,那些零碎的数据就成了一个整体。它们赫然出现,让你茅塞顿开……人类的头脑发现起模式来非常方便快捷,不需要什么特别的操作指导。模式们跳出来跳得太快……[所以]它们需要得到各种批评意见——你的意见、其他人的意见——还需要得到各种概念性的以及实证性的验证。(Miles & Huberman,1994,p.246)

除非你的同事和导师不同意,否则你的备忘录最好采用第一人称,要很坚定地记录下"我"对数据做了什么,"我"在数据中看到了什么。只有这样做了,你才能让"主题"浮现出来,类型"呈现"出来,不至于生拉硬扯。不管你喜欢哪种方法,你都要跟那些有经验的同仁们多请教,看看他们如何记录、追踪和解释自己的思考,如何向挑剔的读者讲清楚一个类型的形成、变化和运用。在本章的最后,我们会讨论如何通过软件来管理你不断生长出来的想法。

(3)管理类型:索引体系

不管哪种研究方法都得有配套的措施去搜集和管理想法和类型(以及有关它们的定义和备忘录)。但是对于到底要怎么做,就很少有学者写攻略了。我们就曾经看到过学生为了把类型管理系统做得安全灵活,愣是辛辛苦苦地花了几个月的时间。你在研究当中出现的想法、灵感跟那些乱糟糟的越变越多的物件(像邮件、衣服、图书、食谱、地址、工具、照片什么的)其实没什么两样,都是很难找又很容易丢,一旦管不好就会有问题。我们的建议是研究一开始,你就把管理做起来,不要等着想法越堆越多,想找什么的时候就找不到了。(详见,Richards,2009,第6章)

你得投入精力去把存储系统做好,不时地做做整修,不要为你的投入担心,你一定会有所回报的。你可以手动操作(采用索引卡或者建资料档),也可以利用软件来管理。绝大多数质性分析软件,都能支持你把类型、次类型保存成"树状"结构。这样,你就可以很直观地看到文件夹、文件的排列分布,管理起来很方便。好的存储系统,可以把那些前期的知识都管理起来,还可以让你的工作井井有条,让你想找什么就能找到，想保存什么就能保存好，想发表什么就能及时发表。（手动索引的建立，可见 Miles & Huberman，1994；Loftland & Loftland，1995；软件索引管理，可见 Richards & Richards，1995。）

(4)模型和图表

某些研究者在运用某些方法的时候，喜欢利用模型和图表来推动抽象化的工作进程。1984年，米尔斯和赫伯曼在《质性资料的分析》第一版当中讲到了这些技术，一下子引起了大家的重视。随着电脑制图技术的发展，质性研究对模型和图表的运用也越来越多。不过，我们这里提到的图表、模型、网络分析等名词，其含义是非常丰富的。质性研究的确会用到图表，但用法是很特殊的，相对比较写意。（有关如何"看见一个整体"，见 Richards，2005，第9章；有关扎根理论如何制图的案例，见 Strauss，1987；有关研究演示的方式、概念网络的建立以及建模等，见 Miles & Huberman，1994。）

7.5　使用软件进行思考管理

跟商用数据库软件相比，质性分析软件的最大特点在于能够帮助研究者进行分析，进行抽象化。利用质性分析软件，研究者不仅可以保存资料，更可以保存想法、概念、争议、问题和理论。

跟手动管理相比，质性分析软件的最大好处则在于能够提供一种全新的接入方式。你的想法增加得再快，软件也能跟得上，可以帮助你保存它们、定义它们、提取它们以及扩写它们。

在抽象化刚开始的时候，软件能发挥很大的作用。最开始的时候，研究者的想法都是多变的，如果就是在纸标签上乱写涂鸦，你的想法一会儿就找不着了。而使用电脑软件的话，你想去保存、定义、扩写、回访、修改、评估都会很简单。

7.5.1　路径

在研究一开始的时候，电脑软件可以帮助你开展类型化工作，之后还能继续帮助你建设、管理和发展类型。现在这些软件还能帮助你做反思、提问题以及找到各个类型之间的关联。

质性分析软件,还有其他一些软件都能建模、制图,你可以多加留心。掌握了电脑制图,你就可以把自己的想法表达出来。像做分层、标记链接、实时提取数据这样的工作,手动管理是没办法做到的。

你需要掌握以下的软件管理技术:

- 如何通过管理和移动类型来进行对数据的抽象化;
- 如何保存和描述定义,如何针对定义写备忘录,如何记录定义的变化;
- 如何利用搜索和问询工具来探索类型之间的关联;
- 如何给自己最开始的想法以及一边探索数据一边产生的灵感建模。

7.5.2 优势

软件的出现为质性数据处理打通了全新的道路。随着研究的深入,你会用到很多工具来帮助自己探索数据、核查灵感、发展理论、报告模式和主题。

有软件的帮助,类型管理会更容易操作,具体如下:

- 可以很灵活地去拷贝、移动以及组合编码类型,并且不会把它们弄丢;
- 可以把对研究进展的记录一个个链接在一起;
- 在文档中搜索特定文本;
- 将搜索结果扩大到合适的语境范围;
- 对搜索结果进行自动编码,为下一个问题打基础;
- 制作模式矩阵,方便研究者靠近每一个元素,去细细观察"那些"人对"这个"问题有什么说法;
- 搜索和问询数据(比如说,软件可以支持创建以及保存有关编码模式的问题)。

一直以来,质性研究者都在使用模型和图表,但是通过软件来建立模型有其特别的优势:

- 能够清晰地展示出编码之间的关联;
- 可以进入模型,点开每一个数据包,进行更深入的分析。

7.5.3 友情提醒

正是因为这些新工具用起来很有意思,所以你更要留神,好好地用,小心地用,灵活地用。

①建立类型、整理类型是会上瘾的！所以，类型已经够好的时候，你就要收手。不管是管理、检讨和更改类型，还是思考整理类型之间的关系，你都得根据自己的研究目标和研究设计来。否则，你就会被数据牵着鼻子走，你的类型随时可以更改，你的记录随时需要添加、组合、删除，你就会一直分类分下去。软件的灵活性高，你既要用好这种灵活性，又要避免被这种灵活性带进重复索引的无效劳动中去（Richards，2009，第6章）。

②软件的搜索功能是很强大，但你要会用，用好，尤其对搜索结果，你得想清楚应该如何诠释。使用搜索工具的时候，你一定要使用平实的搜索语言，对搜索结果要做出非常精确的诠释。（有关软件搜索工具的使用建议和提示，请见Richards，2009，第8章。）

③质性分析软件可以帮助你建立模型，展示整个研究的框架，但这不是一种不可缺少的工作。建模工具可以帮助你归类数据，但其输出功能比较差，可视化程度不高。相对来说，专业的制图软件会更好用。

④模型其实也是一种诠释工具，不管你利用模型分析到哪一步了，都得非常小心。你在模型里"发现"了主题和模式，结果回到数据却发现不对，这就比较糟糕了。所以，你不能脱离数据去建立模型。

本章小结

现在，你应该可以理解我们为什么需要去编码，质性分析的诠释过程其实总是伴随着大量的编码文书工作。编码本身不是目的，我们的目的是通过编码去完成类型化和诠释。当然，要完成类型化和诠释，仅仅做编码是不够的。在这一章当中，我们谈到了要如何在分析中发现和使用类别，还讨论了提出概念的目标是什么。我们分析了要完成抽象化工作有哪几种办法；所谓的抽象概念指的又是什么，它从何处而来。我们谈到了管理想法和类型的重要性以及相关软件的用法。通过类型化和概念化，我们可以挖掘模式、探索灵感，利用前期文献来启发自己的诠释和解释工作，并最终阐述和论证自己的论点。只有认真严谨地去做好这一系列工作，你的研究质量和研究热情才会高。

参考资料

Glaser, B.G., & Strauss, A.L.(1971). *Status passage.* Chicago: Aldine.

Hsieh, H.-F., & Shannon, S.E.(2005). Three approaches to qualitative content analysis. *Qualitative Health Research*, *15*, 1277-1288.

Kohlbacher, F.(2005). The use of qualitative content analysis in case study research. *Forum Qualitative Sozialforschung/Forum : Qualitative Social Research*, *7*(1), Art.21. Retrieved from http://www.qualitative-research.net/index.php/fqs/article/view/75/153

Mayring, P.(2000). Qualitative content analysis. *Forum Qualitative Sozialforschung/ Forum : Qualitative Social Research*, *1*(2), Art.20. Retrieved from http://nbn-resolving.de/ urn:nbn:de:0114-fqs0002204

Miles, M. B., & Huberman, A. M.(1994). *Qualitative data analysis: An expanded sourcebook* (2nd ed.). Thousand Oaks, CA: Sage.

Mithaug, D.E.(2000). *Learning to theorize.* Thousand Oaks, CA: Sage.

Morse, J.M.(1994). "Emerging from the data": The cognitive processes of analysis in qualitative inquiry. In J. M. Morse (Ed.), *Critical issues in qualitative research methods* (pp.23-42). Thousand Oaks, CA: Sage.

Richards, L.(1990). *Nobody's home: Dreams and realities in a new suburb.* Melbourne: Oxford University Press.

Richards, L.(2009). *Handling qualitative data: A practical guide* (2nd ed.). London: Sage.

Richards, T.J., & Richards, L.(1995). Using hierarchical categories in qualitative data analysis. In U. Kelle (Ed.), *Computeraided qualitative data analysis: Theory, methods, and practice* (pp.62-68). London: Sage.

Strauss, A.L.(1995). Notes on the nature and development of general theories. *Qualitative Inquiry*, *1*, 7-18.

Turner, B.A.(1981). Some practical aspects of qualitative data analysis. *Quality and Quantity*, *15*, 225-247.

van den Hoonard, W.C.(1999). *Working with sensitizing concepts.* Thousand Oaks, CA: Sage.

从方法到分析 8

在第3章中，我们主要介绍了五种不同的质性研究方法，强调过每一种方法都有其特殊的研究目标，并追求问题、数据和成果之间的适恰性。研究者不管采用哪种方法，都要了解其在处理数据方面的独特性。

不管采用的是哪种方法，我们总归会同时采用好几个研究策略，对数据的处理方式也会有所不同，但整个分析过程则必须协调一致。质性研究里的数据一般都是非结构化和高度语境化的（第5章的内容），针对这些数据，所有的质性研究方法都会找个合适的编码策略和程序去进行类型化和主题化（第6章的内容）。但是不同的方法当中，研究者创建数据以及开展分析的方式是不同的，即便是同一种方法内部，在这两方面也可能存在很大的差别。方法以及方法采纳的分析策略，会决定编码、类型化以及理论化的形式风格。每一种质性方法内部，又包含有不同的取向，每种取向无论是在一般性的研究原则还是在具体的分析规则上也是各不相同的。

我们在第3章中讲到了，方法之间的差别实际上源于理论前提的差别，源于研究问题以及数据类型、数据形式的差别。不同的方法中，研究者的思维方式、提问方式以及所需的数据类型都是不同的。虽然质性研究方法会共享某些特性，但每一种方法都有各自的一套研究问题、研究数据和研究成果。

在这一章，我们会回到这五种方法，看看这五种方法是如何开展分析的。我们会介绍每一种方法当中最常用的数据处理方式和分析策略，还会介绍在分析工作上，这一种方法内部存在哪些不同的取向。

随后，我们会介绍具体的分析技术，让你去感受用起这些技术来究竟是怎么回事，这样你自己在做研究的时候就能心中有底，知道自己有得选，也知道自己该怎么选。我们在这一章的最后附上了所有引用文献以及其他文献资源的列表，供你在实际操作中参考，方便你找到更多有用的信息和案例。

8.1 民族志

我们在第3章里介绍过民族志的理论前提,即文化信仰、价值观以及行为方式都是后天习得的,是模式化的,也是处于变动中的;它们可能是显示于外的(比如民族认同的形成),也可能是内隐于潜意识当中,不为人所察觉的。那么民族志研究者的研究设计和研究策略就必须能够挖掘出文化当中蕴含的信仰和价值观,能够确证文化特征的存在,并进一步对它们开展对比分析。

在最开始的时候,民族志研究者的目标一般是去适应周围的环境,搞清楚"这里正在发生什么"。等做好了所谓的"首层描述"(first-level description)之后,随着理解的深入,研究者就要开始着手准备"深描"。下文我们介绍了一些研究策略,它们的运用范围很广,有助于达成各种不同的分析目标,绝不是仅仅适于我们所提到的分析类别。

8.1.1 数据处理

(1)首层描述

首层描述主要针对的是场景、研究对象的疆界和范围,以及族群成员的外在特征。描述的内容会涉及人口学资料、历史性资料、相关地区的地图,等等。首层描述会将读者带进研究的语境当中去,为后续的分析搭建好背景舞台。数据一般来源于公开的档案文件以及其他一些公开信息,同时还包括地图、照片等有关居住地和族群的基础资料。首层描述一般都采用叙事文体,也会辅以表格、地图以及一些必要的照片。

关于研究者应该如何适应田野点的环境,我们在文献当中找到大量的策略。刚开始进入田野的时候,研究者总归是有些尴尬的,你需要"忙点什么事情",以便缓解尴尬,增进了解。研究初期的策略有以下这些。

• 当地的地图、平面图,或者就是简单勾勒的几笔涂鸦,都能在以后成为你的"记忆小帮手"。用拍照的方式来记录场景则又快捷又有效。

• 组织结构图可以帮助研究者了解所在场景的各种关系,正式的、非正式的;

以及所在场景中存在的指挥管理系统。

• 想要了解所在场景的历史，可以从各种历史档案中寻找线索。在最开始的时候，研究者要搞清楚能利用起来的档案有哪些，做出一个总表。

• 想要理解所在场景的运行规律，研究者就要做好日程记录。对于民族志来说，要做到整体把握整个场景，研究者就必须把自己卷入到所有的运行日程里去。举个例子，你研究的是医院，你就要把医院里周末和夜间的运行日程都记录下来。如果你研究的是社区，你就不仅要关注平时的情况，也要关注那些特殊日子以及假期里人们的日常安排。如果你研究的是某个机构，那么你的观察就既要包括忙碌时段，也要包括空闲时段。

研究者在进入田野时可以采取的其他策略还可以有以下这些。

• 社区快速调查，这至少可以帮助整个研究团队抓到更具紧迫性的问题。

• 针对社区关键成员的访谈，或者焦点小组访谈。这可以帮助研究者熟悉研究领域、准备问卷调查的问题以及快速地形成一种评价体系。

• 查阅相关记录和新闻报道，这可以作为参与式观察的补充，也可以作为参与式观察的前期准备。

以往文献中提得较多的策略还包括人际关系分析。研究者可以通过绘制社会测量图、社会网络关系图，还有绘画、素描等，来梳理日常生活中的人际关系。社会关系网络分析中的相关技术很多，只要利用得当，研究者完全可以做到和当地人一样了解情况。而那些更正式的、更系统的关系，研究者则可以通过族谱或者组织结构图来了解。

(2)深描

深描（Geertz，1973）指的是研究者用访谈记录下非正式的对话，用田野笔记记录下观察所得，其后再在这些资料的基础上形成理论洞察的过程。研究者对资料要进行概括、统合、提炼，找出最本质的特征或者个性。既要做到概括统合，又不能遗漏掉关键的细节和变量，这绝对是个技术活。要使研究做到概括、有效和抽象，你必须在观察工作、访谈工作以及文献分析工作中保持高度的一致性。打个比方，要研究那些邻近居住的年轻妈妈们，研究者就要观察她们彼此之间是如何小心相处的。如果你只对一个社区的一个案例进行描述，那就是高度语境化的个别描述。但是你如果把整个观察以及参与者的案例放在社会支持理论的大背景中去考察，那么你研究的视角就打开了，研究的层次也能从描述提升到分析。

民族志研究一般通过观察、访谈以及研究日记等数据制作方式来达成深描。你可以回到第5章重新思考一下为什么民族志的核心就在于此。

对量化调查,民族志研究者要么会在研究一开始的时候用,其目的是获得基础数据;要么会在田野调查进行到一定阶段的时候用,在这个阶段中,研究者已经梳理、总结出了某些特殊现象,通过量化调查就可以了解到这一现象在研究对象群体当中是如何分布的。莫尔斯(Morse,1989a)曾研究过人们对疼痛的文化反应,她采用的方法就是调查法和瑟斯顿(Thurstone's)配对比较法(Nunnally,1978)。通过这两种方法,她发现:人们所患疾病相同,但痛苦感受不同;痛苦感受有其文化性,不同文化环境下,人们的痛苦感受是不一样的。理查兹(Richards,1990)曾针对邻里行为的集群化开展过研究,她就采用了量化调查法来验证质性方法的类型学结论。量化方法对质性方法来说,是一种很好的补充。玛格丽特·米德(Margaret Mead)就喜欢在传统民族志方法当中穿插使用心理测量技术。

(3)比较法

文化价值观的研究难度其实挺大的,你总不能指望参与者自己总结好了跟你汇报他那里的文化价值观是什么吧。所以研究者需要通过一些间接方式来达到目的,其中文化比较法就挺有用。还有所谓的"影子比较法"(shadow comparison),它指的是拿要研究的文化群体去跟既有文献中的描述或者是研究者自己的文化经验进行比较分析。

• 要想获得最多维度的信息,可以针对两种差异明显的文化进行比较研究。

• 质性研究的比较不能是前后比较。质性研究做不了"双盲"实验,诸如基线数据搜集、实验干扰排除、变化证据分析等工作都无法在质性研究中开展。

• 要做好民族志分析,就要能够问出具有比较性的问题。脑子里随时都能冒出问题来:"……的特征有哪些?""……的类型有哪些?""……和……是如何产生联系的?"

• 通过民族志的科学方法,研究者可以去分析概念和现象当中存在着的那些精妙的结构化特征(见Spradley,1979;Werner & Schoepfle,1987a,1987b)。

• 通过卡片归类这种小技巧,研究者可以找到不同类型的文化当中存在哪些共性。首先,研究者把每种文化所具有的特征都预先写在卡片上,不过要注意,每张卡片上只能写一个特征。然后,研究者把这些卡片打散交给参与者们,让参与者们去给这些卡片重新分堆、命名,并阐述清楚为什么要这样分堆。参与者的这种分堆,其实就是在帮助研究者分出文化共性中的类型以及次类型。以此为基础,研究者再进一步开展类型学工作，更深一步地去分析这些类型的排他性，以及其涵盖的特征是否为其所单独具有。（举例见Morse，1989b。）

8.1.2　分析策略

民族志的研究分析工作遵循的是一种所谓的"渐进式聚焦"（progressing focusing）法则（Hammersley & Atkinson，2007，p.160）。研究者会把自己当成一个漏斗，让数据缓缓地通过自己的双眼。你需要一遍遍地阅读、再阅读那些田野笔记和转录资料，一遍遍地筛选、阐释、对比，最后才能对自己的观点做提纯。Silverman（2010，p.235）认为民族志遵循的这种法则和扎根理论的做法非常相似。研究者就像是在针对研究问题做拼图游戏，努力地把那些分散的数据集合在一起，拼出一个深入、全面、丰富的完整文化图景。这些工作必须一步步地渐进式地完成，绝非轻轻松松的一日之功。研究者对已有的发现，对所用的方式，对自己的角色，对问题焦点是否有改，对问题范畴是否有变，都要时时加以反思。民族志研究具有一种天生的灵活性。"这儿不对""那儿感觉没说明白"，没关系，重新理解，继续分析，研究的焦点会在这个过程中不断地得到锐化。不过，民族志的这种灵活性、延展性不是没有限度的。如果要搞出什么新的分析策略，你可别忘了首先去查查它是否符合伦理的要求。

民族志研究对一个群体、一个现象的刻画，总是追求详尽、连贯、逻辑清晰（像是个局内人）。研究的范围很广，但刻画要深，因此光有几篇文章是很难把民族志研究的成果完全展现出来的，一般都是厚厚一本专著。在写作的过程中，研究者面对的挑战可想而知。你的数据越丰富，刻画面对的变数就越大，参与者被认出来的可能性也越大。你得非常小心地去处理诸如参与者的名字这样的细节，在做研究设计的时候，务必考虑周全。

跟我们讨论的其他方法相比，民族志在近年来发生的变革应该是最大的。究竟应该如何做描述，如何进行理论化，大家的争议非常大。民族志的成果非常多样化，有理论著作，有纪录片，有描述日常生活（比如说，饮食、舞蹈、健康理念等）以及特殊场景（比如说，出生、葬礼等）的系列文章，甚至还有艺术作品（比如绘画、戏剧、舞蹈等）。

传统的民族志成果就是理论专著，在专著当中，研究者会对研究对象的生活状态进行深入细致的描述和刻画。以卡尔（Carr，2011）所著的《瘾君子》（*Scripting Addiction*）为例。她的主要研究问题是为什么戒毒辅导员要通过矫正语言的方式来矫正吸毒者的吸毒行为。她对所谓"谈话疗法"的语境和相关条件进行了深入探究,发现了"谈话仪式化"的治疗理念。她的刻画,能让你看到辅导员是如何把谈话本身塑造为一种进步标志的。专著的数据来源非常丰富:有亲属关系图,其中包含了情感调性的编码;有经济地图,其能呈现出社会关系网络;有生态系统模型;有档案;有各种图表;当然还有花三年半时间做出来的访谈资料、田野笔记;等等。在这本专著当中,卡尔对吸毒、语言、自我认知等概念都做出了细致的刻画,最终呈现出吸毒者如何和辅导员不断互动、如何逐渐清醒的整个过程。

格利滕伯格(Glittenberg, 2008)的专著《美墨边境小镇里的暴力与希望》(*Violence and Hope in a U.S.-Mexico Border Town*)则揭示出了一个边境小镇中各种暴力行为之下的真正社会基础,在这个小镇里,"凶杀发案率高企,帮派枪战不绝,晚间新闻里总会看到街头骚乱导致的命案"(p.1)。格利滕伯格和她的助手就住在这个小镇上开展研究工作,做参与式观察、焦点小组、个人访谈、搜集生活史资料,还进行过家庭抽样调查。她们的研究问题看上去非常"本地化"——"为什么有些社区的暴力指数就是比别处高",以及"Esperanza地区正在开展哪些消除暴力的工作"。从地理范围上看,她的研究个案局限在得克萨斯的一个边陲小镇。但从代表性上,她自己就认为这一研究具有高度的抽象意义,"揭示了种种迷思和误解,为如何消除暴力提供了行动方向,为整个国家甚至国际社会指出了希望之所在"(p.2)。

8.2　扎根理论

想起来没有,扎根理论的目标是从数据当中提炼出理论来。它的研究问题是围绕着社会过程来的,它产出的往往是针对某一独特过程或某一独特场景的中层理论。扎根理论的基础观念在于世事变动不居,总是在人们相互间的讨价还价中向前演进,所以扎根理论的研究者们总是想要去梳理出世事沿着时间发展的线索。扎根理论强调知识的细节性,要求进行持续不断的对比分析,并紧密追踪世事演进的轨迹。对扎根理论来说,一以贯之的问题包括两个:其一,"这里正在发生什么";其二,"它有何不同寻常之处"。扎根理论不屑于只给出一些浮于表面的研究报告,它追求的是一种永不停歇的方法论,督促研究者理出特征、条件、原因、前件、后果,然后再把它们有机融合,形成具有整体性的理论。扎根理论早期的理论前提是符号互动论(Blumer, 1986),但是正如卡麦兹(Charmaz, 2006)所言,对于现在的扎根理论来说，符号互动论已经变得可有可无，不再关键。

我们在第3章中就提到过，近些年来扎根理论内部的分歧极大，争辩激烈。1987年，斯特劳斯指出"扎根理论的推进方向就是从数据到理论，所谓的数据类型、研究路线、理论兴趣等都不在考虑之列"(p.5)。而格拉泽在看到斯特劳斯和科尔宾(Corbin & Strauss，2008)在合著中对扎根理论的定义之后，就觉得他们是在"强迫"(forcing)数据。近年来，相关的争议变得缓和了一些。科尔宾(Corbin，2009)就提出，扎根理论的研究"聚焦于过程与结构"(p.247)，它包括"理论抽样、持续比较以及提出一定类型的研究问题"(p.244)这几个部分。而格拉泽派扎根理论，则由菲利斯·斯特恩(Phyllis Stern)等学者继承并发展(Stern，2009；Stern & Porr，2011)。

这里我们就重点讲一下斯特劳斯和格拉泽都共同认可的核心概念。理论敏感性，这是扎根理论的关键所在。研究者始终要做的就是扎根数据探求理论，他们把玩概念和种种关联属性(linkage)，提炼出灵感和思考，向理论洞察一点点地迈进。同时，研究者还会从概念再回到数据，让它们不断互动，从而保证研究的整体性和融合性。

8.2.1 数据处理

扎根理论的目标是剖析社会过程，是从数据中建构出概念。它对数据的要求非常高，必须细节丰满。研究者必须通过这些细节丰满的数据，才能做到对每个单词，每步过程都心中有数。扎根理论的数据一般来源于访谈、田野观察以及回忆录。有时候也会用到日记和视频记录。

(1)备忘录及其重要性

扎根理论除了要去制作以上这些基础数据之外，还会创造出另外一个层次的数据。那就是研究者一边分析，一边在备忘录和其他手写文件中记录下来的洞察和灵感。在建构理论的过程当中，"你常常能感觉到备忘从编码和观点当中跑出来，跑到你身边盘旋起舞"(Strauss，1987，p.109)。数据不断积累，越来越多，你就要特别注意自己跟数据、观点、观点发展轨迹之间的对话。有了备忘录，就有了一个最好的封存之地，"你的洞察、直觉、假设、对编码含义的理解以及那些不时冒出来的想法，都会被追踪保存"(p.110)。在扎根理论这里，备忘录就是数据。

（2）数据准备

在扎根理论当中，分析工作从话题准备和文献回顾的时候就开始了，并且贯穿于整个研究的始终。因此，研究者不能等数据堆积如山了再去做分析。一般来说，扎根理论的研究要从备忘录起步，有了一点田野笔记，就要围绕访谈或者观察所得进行思考，把灵感记录下来。随着研究的深入，类似的小事情、大事件、个人经历等不断出现，研究者就可以回到最初的备忘录当中去，看看能否发展出理论概念来。

访谈记录和田野笔记常常是需要做转录的，这样能保证数据的精确度。有了这样的转录资料，一些描述性的编码工作（比如参与者的人口学特征）就可以开展起来了。不过，对于要不要对所有的资料做转录，学界的争议还是比较大的。格拉泽（Glaser，1998）就认为将精力花在记录、转录上，会影响一个人的理论嗅觉。我们的观点则恰恰相反，试想一个研究者一点转录工作都不做，完全凭记忆，那么他和那些文本中的细节就完全打不了照面。要做好所谓"原语编码"，参与者的一言一语就都不能错过。转录下来的资料生动鲜明，可以保证数据的丰富性、精确性，也方便研究者随时核查。像田野笔记、研究者日记这样的资料，其实也都是可以录入电脑，当成数据来用的。

8.2.2　分析策略

扎根理论用到的主要分析策略都是比较性的：创始人们把这种策略命名为持续比较法（constant comparative method）。扎根理论的版本多，各种名词也多，但有些名词代表着一些核心的策略，在各个版本中都一样，这包括：开放式编码、备忘录、类型化以及数据的图表规整。

（1）过程辨析策略

辨析过程的实用策略有以下三种。

• 给每位参与者个人刻划时间线——顺序标定主要事件、情感反馈以及相应的应对行为——然后将这些不同个人的不同时间线一条一条地码起来。记得不要按常规的日历、月历来规整这些时间线，而是按某个主要事件的发生时间来把它们对齐，因为这样可以方便研究者进行比较分析。

• 追踪参与者个人故事的演进轨迹，然后对比分析其中发生的主要事件。当然了，没有哪两个人的故事是一模一样的，而且对于相同的经历，每个人的标签也都不尽相同。但是这种对比分析，还是能够帮助研究者去识别出一些具有共性的模式出来。根据那些参与者有共同经验的事件，研究者可以深入分析相关数据，看是否存在类似的情感反馈或者行为应对模式。如此这般，所谓的深描就能达成，一个事件发生的前因、后果也就呼之欲出了。

• 使用矩阵和图表。图表的好处是简洁明了，非常方便研究者去探索类别结构（Glaser，1978）。最简单的方式是，研究者把可能导致现象变化的两个变量或者两个概念拎出来，做一个二乘二的矩阵分析，看看这两个变量当中任意拿掉一个会出现什么结果。

(2)编码策略

事件一发生，针对田野笔记的转录工作和分析工作也就开始了。数据搜集和数据分析之间是持续互动的。数据可以为编码指明方向，反之亦然。扎根理论的编码策略有两种，一种是"原语编码"（in vivo codes），一种是斯特劳斯所命名的"学语编码"（sociological codes）。"学语编码"指的是利用已有的社会学概念来编码，比如说利用社会支持、社会应对这样的已有概念来编码。相对而言，"原语编码"用得更多，它是指用参与者自己原有的话语来进行编码。新类型总是在增加，它们对名称的需求也在增加。格拉泽（Glaser，1978）的建议是要提高编码名称的库存量（避免取不出名字来，也避免过多地使用那些流俗名称），最好的办法是采用成套的理论编码体系。

在第3章中，我们就讲过扎根理论的两位创始人分歧比较大，其编码取向也是大相径庭。对这两位创始人的著作，我们都需要进行批判的阅读，目标是帮助自己更深入地理解何为编码。不过，这两位创始人有一个共同的观点，那就是编码不是给数据贴标签，而是把自己投入进文本中去探寻它们背后的含义。有关编码的教科书很多，但是一般都会给你以下几种编码策略上的建议。

• 处理数据的过程中，要学会设置一系列的问题，来保证自己始终聚焦于研究目标。（具体问题举例，"这些数据归属于哪个研究"。）

• 对每一个转录数据都不能放过，做到细致入微，逐行扫描。同时不要忘记理出重点，创建自己的理论备忘录（记录见解、比较、总结和问题）。

• 要善于发现新概念，学会探索、辨析，探索参与者某句话语中隐含的意义，辨析数据中隐藏的某个类别。每命名一个新概念，就要及时将其放进备忘录，始终让其处于"开放"状态，不断对其进行推敲：这个事件究竟可以归属哪个类型？这些数据究竟能说明什么问题？这个类型可能包括哪些维度？此事件发生的条件是什么,后果又是什么?

• 创建了一个编码,就要把相关的数据和备忘录跟这个编码绑定。对案例要持续做比较。所谓的"持续比较法"能够让你在要素之间、概念之间不断做权衡。在辨析模式的过程中,要能够给各个事件归类,并搞清楚每个类型的主要特征是什么。你对研究的所思所想,都要及时放进备忘录。

• 跟随数据的指引,向理论编码的方向进发。继续搜索其他类型的案例和类似案例,提高分析的抽象程度。

• 编码到了最后几步,你就要针对各个类型展开比较工作,分析它们之间是如何相互关联起来的,促成这些关联的原因是什么,而相互关联可能带来的结果又有哪些?

(3)备忘录的撰写策略

发展理论的过程中,撰写理论备忘录是非常关键的一步。备忘录本身就是数据,要持续地写,不断地回顾。理论在不断成型,那么其中包含有哪些关系呢? 对此,你就要一边编码,一边把相关的想法、洞察、思考、感觉等一股脑地都记录下来。你不仅要学会写备忘录,还要学会写备忘录的备忘录,给备忘录做分类,做比较。只有这样,理论的轮廓才会越来越清晰。但凡你觉得自己的个人偏见可能在影响研究的客观性了,就得赶紧开展一些非正式的访谈,不要只是自己一个人在那里观察。如此这般,你的认识才会更明确,更扎根于数据。

(4)理论建构策略

随着编码和备忘录的不断增加,你接下来就可以给编码归类,给各个类型命名了。你需要厘清各类型之间的异同,区分出哪些是主要类型哪些不是,相关的备忘录也必须实时进行调整。数据当中隐藏着的转折点或者说拐点,往往标明了事物的发展阶段。要善于总结性质特征——哪些行为具有哪些性质特征,不具备哪些性质特征。通过这样的总结,研究者才能够看清楚参与者行为背后的理性逻辑,并最终完成理论建构。分析过程中要确保数据的饱和度,数据不仅要充分还要恰当。真正具有饱和度的数据,是一种可以让你感觉到耳熟能详的数据。

分析过程中,还要注意各项工作之间的互动性。不管是抽样、数据搜集、渐进分析还是理论建构,都不是割裂的。整个分析过程,就是一个高度互动的过程。你就当自己在概念、数据、理论之间做往返跑,循环往复。有新概念冒出来了,那就得按这个概念的要求,再去搜集数据,勘探出新的信息。接下来,就像我们在第5章里面就谈到的，你还要查漏补缺，把丢掉的数据填回来，把进一步需要的信息补充好，把没有回答的问题解决掉，把缺了链环的逻辑修复整齐。理论就是这样一步步发展完善的。

研究者还需要做的一件事，是去找反例（或者说异类）、特例，让数据的饱和度更高，让理论更具说服力。这其实已经是在做某个理论或者说某个假设的验证工作了。在这个过程中，如果研究者发现搜集到的数据完全出乎意料和预期，那就要调整理论方向，重新开展访谈工作。

接下来，研究者不仅仅是要继续编码，更要做好融会贯通的工作。融会贯通意味着你对情况有了全面了解，对数据有了深入认识，具备了进行综合概括的能力，即撰写研究报告，讲述一个"概括性故事"（"这里的人们一般会做这个和那个"）的能力。理论提炼正式开始。此时，你已经清楚了事物发展过程中的所谓"节骨眼"在哪里，你的研究焦点越发清晰，研究工作的重点也变成了查找问题所在以及薄弱环节所在，不再看见什么就做一个编码，而是有选择性地进行编码。

格拉泽和斯特劳斯都同意做扎根理论研究到了最后阶段，应该辨析出一个所谓的"核心类型"来，并以此为基础创建出一个局部理论。当然，这两位创始人的表述方式不尽相同，但这不影响你对这部分核心工作的理解。要使自己的研究继续往深里走，研究者就要有能力去概括出一个核心主题，也就是核心类型或者是最基础的社会过程。这可能就是最后的理论主题或者说"生成的适恰"（emergent fit）所在（Glaser, 1978, p.107）。核心类型藏身之处很多，某个理论编码里，某个过程里，某个条件里，三两个维度里，某个后果里，等等。在你的分析过程中，它们会反复出现，会因为条件变化而变化，也会因为自身的变化带来结果的变化。它们的这种反复出现，分散在各个类别当中，所以要使它们达到饱和，时间上就比分析一般数据长，在理论性上显得非常抢眼（Glaser, 1978, pp.94-107）。

斯特劳斯（Strauss, 1987）在引述原始书籍和格拉泽的著作之后，将核心类型界定为"处于理论融合中心的类型"（p.21）。注意了，核心类型不是你想界定就界定得了的，它必须具有吸附力，能把整个研究融会贯通在一起。它处于分析过程的中心位置，在数据当中反复出现，和"其他类型之间很容易建立起相关性"。它具有很强的"抽象理论指向性"。通过开放式编码确定核心类型的过程，就是"理论逐渐浮出水面"的过程。斯特劳斯认为，对于质性分析来说，辨析出核心类型是"最大限度的变异分析……这也是扎根理论进行变异分析的主要特点之一"（p.36）。

核心类型确定下来之后，所有的抽样和编码工作就可以非常聚焦了——这就进入了所谓的"选择性编码"过程。研究者会在分析中大量使用图表。这样一来，事物的不同发展阶段和情势所具有的不同维度,以及每个阶段、维度所具有的特点都能得到清晰的呈现。图表分析还有助于提高理论的抽象层次,能把理论发展的进程清楚明白地展现出来。

(5)扎根理论的变化与发展

所有的研究方法都在不断发展变化,扎根理论也不例外。当然,扎根理论的核心是不会变的,那就是理论必须扎根于数据的理念。不管扎根理论出现了多少门派,这个核心都是他们共同信奉的圭臬。随着运用范围的扩大,有关扎根理论的各种新技术会不断出现,各种充满火药味的争辩也会不绝于耳。布赖恩特和卡麦兹(Bryant & Charmaz, 2007)与莫尔斯等人(Morse, 2009)对当时的扎根理论发展状况进行过概括分析。而在 2012 年左右,"建构主义扎根理论"的出现,似乎标志着扎根理论对互动主义的回流。"不管是研究者还是参与者,这两个概念本身所隐含的意义,以及所谓的经验主义视角——还有研究者最终完成的扎根理论研究——都是一种建构出来的事实,具有社会性。"(Charmaz, 2006, p.10)建构主义的扎根理论强调走近"参与者的经验世界",因为"我们所在的世界本身就是由我们和参与者共同推动和诠释的,并直接受到环境和其他人的影响"(Charmaz, 2009, p.137)。

8.3 现象学

我们在第 3 章中就已经讲到过,现象学要求研究者对现象的意义做出理解。这种路数下,是很难有什么处理数据、分析数据的技术指导的。现象学家很少去谈方法本身,他们谈的是传统、阅读、反思和写作,谈研究者应该怎样通过这些过程把日常经验的本质用文字表达清楚。范梅南(van Manen, 1990)认为"现象学家想要洞察和描述的是人们对这个世界的前反身性(pre-reflexively)经验,不做区隔,不做分类,也不做抽象。这点非常独特,与诸科学皆不同"(p.9)。我们在第 3 章也提到了,现象学的反思是存在主义的,主要包括四个维度:时间性(此刻 temporality)、空间性(此地 spatiality)、身体性(此身 corporeality)、关系性(relationality)或者说社群性(此群 communality)。现象学追求的目标不是用一个强有力的理论去解释世界,而是"通过可能的洞察,让我们更贴近地与周围的世界相触碰"(p.9)。

人的存在是一种独特的存在,人的经验和行为都是自我诠释之后的产物。这是现象学的一个理论前提。"现象学在线"网站（Phenomenology online website）的"教学材料"一栏里，提供了很多现象学写作的案例。刚开始接触现象学的时候，新手们都觉得很难理解这个方法的路数，它的具体研究路径常常变来变去，一些新的路径也会不时地冒出来。

现象学的运用范围广，各个领域都能见到它的身影。可能正因为如此，现象学的发展呈现出多头并进的特点。像范梅南（van Manen，1990）的诠释现象学和乔治（Giorgi，1997，2009）的人文科学现象学，两者在研究目标和研究取向上就大相径庭。范梅南是教师，他的研究主要是针对儿童教育展开的。而乔治（2009，p.94）是心理学家，他就很讲究"在科学的层面上开展研究"，务必使结果能够阐明一种"心理状态"。乔治的路数更加具有综合性，同时体现了胡塞尔现象学、人文科学和心理学的特点。

8.3.1 数据处理

现象学要处理的数据是非结构化的，主要是思考笔记，当然也有访谈以及观察记录。在第3章中，我们讲到过一个概念"悬置"，它的意思就是把研究者先前的知识打个包，以供再思考。"悬置"，其实就类似于我们在前面几章提到的那些研究设计、数据制作、编码以及抽象化等工作。"悬置"——把理论、先前所有的知识、对现象曾有过的经验，都悬置起来——它的目的是要让研究者与现象来一场"人生若只如初见"，"把猛一打照面时的意识详详细细、原原本本地都记录下来"（Giorgi，1997，p.237）。要做好悬置，研究者就要梳理清楚这些已经存在的意识，把它们记录在日记或者备忘录当中。接下来，研究者要对打包好的经验、意识再进行反思，以求找出现象之所以如此的本质所在。要想抓住本质，研究者的反思就要针对具体的经验展开，其分析视角也要多元全面。

用于现象学反思的数据来源还另有洞天。文学、诗歌中的描述，电影、艺术中的个例，对于现象学家来说都可以通过现象学的镜头加以审视。假如说，现象学家要开展访谈或者观察，那他事先就不能设定研究问题，而是只能跟着参与者给出的线索走，说话之前得想好，一步步小心谨慎、深思熟虑。

这样的数据到底要怎么样才能处理好？这个问题很难在现有的教材里找到答案。不过范梅南和乔治倒是给出了他们自己的建议，当然其中很多地方观点不同。

范梅南的做法是一边写、一边读，然后反思，然后再写。具体的策略包括：书写本人的相关经验，记录他人对自己经验的描述，追溯语源，用好艺术作品、日记和电影,重视他人的经验,开展学术对话,阅读能代表新发展方向的现象学著作,以及推动进一步的诠释工作。接下来,就是对转录好的谈话资料进行反思,提炼出主题。所谓主题,不能仅仅停留在描述的层面上,它必须要能廓清整个访谈的内容轮廓,以便研究者进一步探求本质之所在。这样一步步反思下去,我们就能接近所谓的"本质性主题"了——它是整个现象的核心,而不是语境的核心。

乔治则很强调科学性,他的做法比较简单直接,包括以下五个步骤:

(1)搜集语言数据;(2)阅读这些数据;(3)给数据分类;(4)从学科视角重新组织以及呈现数据;(5)概括整合数据,以开展学术对话。(Giorgi, 1997,p.237)

8.3.2 分析策略

质性研究当中,分析工作是贯穿始终的。对这一特点,现象学展现得最为清晰。现象学的分析工作就是阅读、反思、书写,然后再书写的一整个过程。唯其如此,研究者才能把鲜活的日常经验变成对现象本质的书写(van Manen, 1990,p.10)。用来获取洞察的策略比较多:追溯语源,搜集俚语俗语,记录参与者对经验的描述,对现象学的资料进行观察反思,然后书写,然后再书写(Ray, 1994; van Manen, 1990)。有哪些词汇、语汇能够框画出实际经验的特殊面向,现象学家们就将其筛选出来,并对其进行深入的反思。他们会把意思相近的说法分好组,做好标签,同时把一些不相干的说法剔除出去。接下来,他们再去分析这一组组的说法,把具有强关系的几组说法捆绑在一起。这样,所谓共同要素的核心部分就浮出了水面。再下一步,他们会从原始的访谈资料中挑选出一些描述性话语,将它们与所谓的核心部分进行对比分析。对于现象学家们而言,书写再书写的这一整个过程,其意义之重要,怎么说都不为过。

范梅南(van Manen, 1990)提出现象学家们可以从自己的经验出发开展研究,回溯所关心的现象在语源学意义上的源头,探寻那些惯常用语之所在。他们也可以通过和他人交流搜集更多的经验描述,通过访谈了解人们的生活史故事,通过观察去采集趣闻轶事。而文学作品、现象学著作等都是现象学家们可以找到丰富材料的地方。通过反思、书写、再书写以及主题分析这样的过程,人们实际经验的本质才能被找出来,被诠释清楚。所谓"本质",就是不可或缺——"它一旦缺失,事物就不再成其为事物"(p.10)。它包含着的是实际经验的内在意义。现象学家们主要通过四个维度去探究人们生活的本质:时间性(此刻,temporality)、空间性(此地,

spatiality)、身体性(此身，corporeality)和关系性(relationality)或者说社群性(此群communality)。人们意识(conciousness)的本质特点就是意向性(intentionality)：世界先于我们存在，我们也是世界的一部分。我们不可能一边经验一件事情，同时一边反思这件事情。比如说，我们不能同时在生气，又同时在分析我们的生气(van Manen，1990，p.182)。所以说，我们只能在经验过某个现象之后，才会产生意向性。

乔治(Giorgi，1997)的现象学分析过程包括三个连锁步骤：现象学减法、描述以及本质探究。本质探究，可以通过所谓的"变异的自由想象"(free imaginative variation)方法来实现，亦即"分析具体实际的经验，把经验结构中绝对不能改变的意义找出来"(p.100)。乔治要找的本质，不是普遍意义上或者哲学意义上的本质，而是"心理机制，或者某个现象在心理学层面上的特征"。有些存在着的现象，它不是"真"的，但它对理解实际经验却又至关重要。比如说，梦以及错觉。

有些学者把现象学研究拆解成了一步步的工作。这对于刚入门的新手来说，还是很有帮助的。斯皮格尔伯格(Spiegelberg，转引自Boyd，1993)就曾经提出过七步法。**第一步，直觉**。就是通过看和听来确立一个初步的意识。**第二步，分析**。主要是通过辩证的方法(比如和参与者进行对话，和访谈对象一起描述需要研究的现象等)来厘清所研究现象的大致结构。**第三步，现象描述**。不过，描述不能太早，否则会很危险。要有好的洞察，才能有好的描述。**接下来的两个步骤**是追踪逐渐成形的模式和探究意识中存在的现象。在这两个步骤当中，研究者的主要工作是去反思现象的结构关系。**第六步，观念剥离**(suspending belief)。**第七步，揭示内隐意义**(concealed meanings)。

对于质性研究来说，这种分步理解有好处，但也有问题。你的头脑中要始终警醒的一点是：**这些步骤之间不是一个线性关系，而是一个互动穿梭的关系**。

8.4 话语分析

话语分析的理论前提是社会事实是被建构出来的，这跟民族志、扎根理论和现象学别无二致。不过，就算是有共同的理论前提，话语分析和其他方法的旨趣也还是大相径庭的。正如珍妮弗·梅森(Jennifer Mason)所言："它关注的既不是人文主义者强调的人本身及其内在动力，也不是解释主义者强调的外在驱动机制和意义。"(2002，p.57)话语分析的焦点是纯粹的语言和文本。

在话语分析方法的内部,其实也存在巨大的差异。在第 3 章中我们就谈到过,批判话语分析(critical discourse analysis)和会话分析(conversation analysis)之间的差别就很大。有学者就将会话分析单列为另一种不同的方法。批判话语分析,和其他带着批判基因的方法一样,其重点在于对表面的社会"现实"进行解构,从而揭示出潜在的意识形态话语和意识形态动因,刻画出不为人所察觉的权力关系。

批判话语分析方法当中存在哪些取向,每种取向的研究目的和成果有何不同?批判话语分析和批判理论、后结构主义以及近期的性别与话语分析(Crawford,1995; Wodak, 1997)之间存在何种关系? 对这些问题,都有学者进行过详细的分析。

8.4.1 数据处理

话语分析的数据就是话语,包括口头的言谈,也包括书面的文本。书面文本,可以是转录下来的言谈资料,也可以是印刷品、广告、公开出版物等。话语分析关注的语言是处于言说状态的语言。"讲话"这件事在话语分析家们看来也有讲究,它被看成一种互动式的行为,需要放在一个更大的解释框架里面去加以考察(Coulthard,1985,p.viii)。研究者扮演的角色既是语境中的倾听者,也是语境中的相关者。

对于一般的话语分析方法来说,它要处理的数据基本都是日常生活中的话语文本。研究的目标是去驾驭这些文本,端详揣摩之,不放过任何一个小细节。话语分析的转录工作规模庞大,内容繁复。话无巨细都要记下来也就罢了,包括"嗯"、结巴、咳嗽、停顿等都统统不能放过。话语学家绝对不能偷懒只是把人们所说的话转录下来就收工,他要给所有的表达形式都编上码,包括笑、哭喊、爆粗口……每一行文字都要标好数字。会话分析的编码工作已经形成了一整套成熟的规则及标记符号体系。像转折、重复、中断、感叹以及暂停时间等,都有固定的标记符号可用。(绝大多数话语分析的教材都有相关内容,也都提供了线上查阅的网址。)

如此费劲,其目的当然不仅仅是给文本标个记号,而是要帮助研究者去解释话语中存在的结构,去探究隐藏在话语之下的深意。话语学家们会把文本放在总体语境当中去分析,什么需要纳入进来,什么不需要,都是根据问题和辩题来的。

而对于批判话语分析来说,其研究目标就在于框画出一种话语中潜藏的关系结构,对话语做出深层次的阐释。比如说,去探究话语中的权力关系,解读其间存在的主导力量和复杂结构。从这点上讲,批判话语分析要处理的数据就显得更异质化、更多元了,包括公共讨论、新闻报道、广告牌以及史料记录等。沃达克(Wodak, 1997)就曾提出:

这样一来，所谓话语"自足性"（self-contained）的问题就很复杂，很难解决了。什么样的话语才能被称为自足性的话语，标准如何界定？原则上讲，所有的话语都具有"互文性"（intertextuality）——话语之间都是相互联系的。没有哪个话语能够凭空产生，又凭空得到他人的理解。

处理这样的数据，必须具备跨越文本的能力，不能只是拘泥于某个文本当中。

8.4.2　分析策略

话语分析的重点在于揭示文本的内容、结构，更在于解释文本和语境之间的关系。你以为你用的都是"自己的话"，其实不然，那些话语都不属于你自己——这就是话语学家们的观点所在（Cameron，2001，p.13）。话语学家们的目标远非搞清楚人们的观念那么简单。他们真正感兴趣的是去挖掘出那些形塑、改造人们观念表达方式的幕后力量。在福柯一脉的话语学家们看来，话语是一种"实践，一种系统地形塑言说对象的实践"（转引自 Cameron，2001，p.13）。话语分析的主要策略是"互文性分析"，指的是对类似的或者相关的文本进行系统的对比分析，以期揭示出隐藏其中的权力、地位和意识形态议程。

要做好批判话语分析，你的注意力就不能仅仅放在文本的结构上，而是要更多地放在那些可能重复出现的主题上，放在那些政治和意识形态留下的蛛丝马迹上。你真正关心的是不平等、不公正和那些深受不平等、不公正之苦的人们。不过，批判话语分析的逻辑强韧度是个问题。伍菲特（Wooffitt，2005）在一篇随谈当中就曾写道：

> 整个分析焦点是有所偏移的。揭露不平等，是为了反抗那些权力的、地位的、机会的不平等。但批判话语分析只是在揭露统治过程是如何自上而下发生的。而语言本身要怎样才能够被动员起来去反抗权力不平等呢？这一点是被回避了的。（p.139）

8.5　个案研究

在第 3 章中我们已经了解到，个案研究就是通过对一个或几个案例的细致描绘来完成调查和解释说明的过程。个案可以是空间意义上的，比如说一个村庄、一个机构、一间教室、一位老师或者一个家庭;可以是事件意义上的,比如说一场比赛或者一次空难;可以是活动意义上的,比如说感恩节针对无家可归者的免费晚餐活动或者儿童游泳教学活动;还可以是某些特殊条件意义上的,比如说一个罕见疾病的患者,一个天才儿童;等等。那么所谓特殊,可以指工作很成功,事件的发生概率很小,情势非常独特,活动办得异常成功或者异常失败。

8.5.1 数据处理

正如我们在第3章中所说的,个案研究对数据的要求是细节化。搜集细节化的数据,当然可以用权威认证的质性方法,但其实也可以用量化方法。**个案研究,与其说是一种搜集和处理数据的方法,不如说是一种研究设计的模式。**如果个案研究的设计指向民族志,那你就要去开展田野调查,你要处理的数据就是那些具有高度描述性的数据。不过,如果采用民族志做个案研究,其出发点往往都会是理论性的,期望能够去发现事物运转的机制,去探索人们的活动以及这些活动的功能和效果。一般来说,用于个案研究的民族志不太关心文化层面的问题。个案研究一般不做数据分类,而是去寻找数据单元之间的联系。个案研究也不甚关心概括提炼,它更偏重分析带有时间脉络的发展进程。整个研究的重点,一般在于物理场景和社会语境,以及处于物理场景和社会语境中的角色和关系。

个案研究的数据处理方式,往往是跟着你个案选择的原因来的。换句话说,你为什么要把这个个案当成研究的个案,其原因就决定了你处理数据的方式。比如说,你的研究问题需要你去做一个纵向研究,你就要去追踪测量那些能反映事物随时间而变化的数据。如果你的研究目标是去做评估,你的数据一方面应该是质性的描述,另一方面就应该是量化的测量数字,以方便与案例之外的其他对象做对比。如果你的问题本身就是描述性的,那你的数据毫无疑问就是丰富的描述性数据了。你对个案的了解必须是全面的、整体的,要从各个角度和立足点去开展分析。更重要的一点是,你必须把个案放在整体语境当中去加以考察。按斯泰克(Stake,2006)的话就是:"个案既有内在的一面,也有外在的一面……它的重要活动总是有规律有模式的,那么它是如何活动的,其连贯性(coherence)和顺序性(sequence)如何,这都是需要搞清楚的问题。作为研究者来说,就要努力去抓住那一活动所带来的体会和经验。"(p.3)

个案研究的抽样方法是目的抽样法,整个抽样必须考虑到数据需要,还要兼顾可行性。个案能否入选，需要看它是否具备研究者需要的特点，还要看它是否能够开放给研究者做研究。所以，个案研究的抽样不是随机抽样，而是妥协式的抽样。个案选好以后，接下来的研究也会采取目的抽样。对于质性数据来说，一定要保证其数量足够充分。如果数据量达不到饱和的标准，那你就要纳入其他类型的数据进行核对比较，保证数据的确定性。在这种情况下，质性数据就是一个各类数据的集合体，其视角非常多元，但是都"聚光"于同一个主题。"聚光"的意思不是说相互验证，而是说相互补充证据、增援证据。

个案研究也会使用量化数据。除非参与者的数量足够多，一般情况下，个案研究的量化抽样也会采用目的性抽样而不是随机抽样。研究者一般会采用量表的外部规范来分析数据结果。

这种民族志的个案研究要处理的数据类型非常多元，很难把握，需要研究者做好管理，以便做整合、做对比。质性的调研，量化的问卷，还有很重要的观察法都会被个案研究用来搜集数据。在最开始的阶段，个案研究采用的研究技术必须有助于理解整个大环境，有助于对数据进行整合分析。像档案记录、机构文件、地图、用于挖掘更深层次理解的非结构访谈资料、用于开拓更大视角的半结构访谈资料、用于获取信息和观点的焦点小组资料、调查性资料、参与式观察资料、非参与式观察资料等，所有这些都必须整合到一起，以期共同呈现出"这里正在发生什么"的图景。一般来讲，研究者都不会想着操控个案或者设计实验什么的，对个案的影响越小越好。

8.5.2 分析策略

你决定采用个案研究了？那你可得有心理准备：个案研究内部的分歧很多，有些学术传统之间甚至是水火不容的。

个案研究跟本章中的其他方法一样，其分析策略之间差别很大。不仅如此，它还不像其他方法那样，会告诉你应该如何运用理论、提炼理论。因为到底要不要理论，在个案研究那里也是看情况来的。一种情况，理论根本不重要，大家关心的就是描述是否细节化，是否精确。第二种情况，要理论，要像扎根理论那样让理论从数据中浮现出来。第三种情况，也是更普遍一点的情况，个案研究是对现成理论的再说明、再探索、再验证（Swanborn，2010，第4章）。正如麦克纳布（McNabb，2010）在公共管理研究领域所做的总结那样：

个案研究之所以受欢迎,就是因为它的灵活性。告诉公共管理者应该怎么做,个案研究可以派上用场;告诉公共管理者不应该怎么做,个案研究还是可以派上用场。个案就是让公共管理者看到其他的公共管理者是怎么做事的。研究者设计不同,你的个案研究取向就不同,可以是说明性的,也可以是解释性的,或者批判性的。(p.39)

有些教材把个案研究看成是实验法、调查法、档案分析法以及历史研究法的代称,几乎是质性研究的总称;有些教材则把个案研究单列出来,认为个案研究有自己的设计法则,区别于其他任何一种质性研究方法(见 Swanborn,2010;Thomas,2011;以及 Gomm,Hammersley,& Foster,2000)。

不管是哪种个案研究,其目标都是通过理解说明、模式辨析以及深入的诠释来精准描画出个案的样貌。它们的不同,主要在于对现成理论以及理论验证的重视程度不同。殷(Yin,2009)在自己的教材当中对此讲得很详细,他的教材已经出到第6版了(出版于2017年)。按照殷的划分,个案研究的分析策略取向有以下五种:模式匹配(对共同点进行编码,并进行内容分析);梳理说明;时间轴分析(按照预定的时间点搜集资料);建立逻辑模型;多个案综合分析(首先进行单个案研究,再进行多个案比较分析)。

除了殷之外,还有其他的个案研究流派。这些流派对其他质性方法的借鉴和运用更多一些。他们最为青睐的是扎根理论,会用扎根理论的路数去分析个案。不过,他们的重点还是放在个案上面:从各方面搜集该个案的数据,是为了最后形成对这个个案详尽的、整体性的理解。

本章小结

本章我们强调的是质性研究的思维方式,提出每一种质性研究的方法都有其独特的思维方式,包括其独特的研究视角和分析策略。每一种方法的研究成果,都是其独特视角的产物。每一种方法处理数据和分析数据的策略都不同。即便是在同一种方法内部,其相关策略也存在较大的差别。

你选了一种方法,就意味着会拿到这个方法独有的研究成果。但不管用的是哪种方法,你都需要让研究问题、数据和分析策略成为一个相互匹配的风格整体。现在,出发吧,决定你自己要的到底是什么风格。

参考资料

关于本章讨论的五种方法，以下是其如何操作的参考资料。

民族志

Agar, M. H. (1996). *The professional stranger: An informal introduction to ethnography* (2nd ed.). San Diego, CA: Academic Press.

Alasuutari, P. (1995). *Researching culture: Qualitative method and cultural studies.* London: Sage.

Atkinson, P., Coffey, A. S., Delamont, S., Lofland, J., & Lofland, L. (2001). *Handbook of ethnography.* London: Sage.

Carr, E. S. (2011). *Scripting addiction.* Princeton, NJ: Princeton University.

Denzin, N. K. (1997). *Interpretive ethnography: Ethnographic practices for the 21st century.* Thousand Oaks, CA: Sage.

Fetterman, D. (2010). *Ethnography: Step-by-step* (3rd ed.). Thousand Oaks, CA: Sage.

Geertz, C. (1973). *The interpretation of cultures: Selected essays.* New York: Basic Books.

Glittenberg, J. (2008). *Violence and hope in a U.S.-Mexico border town.* Long Grove, IL: Waveland.

Hammersley, M., & Atkinson, P. (2007). *Ethnography: Principles in practice* (3rd ed.). London: Tavistock.

Muecke, M. A. (1994). On the evaluation of ethnographies. In J. M. Morse (Ed.), *Critical issues in qualitative research methods* (pp. 187-209). Thousand Oaks, CA: Sage.

Olson, K., Krawchuk, A., & Guddusi, T. (2007). Fatigue in individuals with advanced cancer in active treatment and palliative settings. *Cancer Nursing, 30*(4), E1-E10.

Schensul, J. J., & LeCompte, M. D. (Series Eds.). (1999). *Ethnographer's toolkit* (7 vols.). Walnut Creek, CA: AltaMira.

van Maanen, J. (1988). *Tales of the field: On writing ethnography.* Chicago: University of Chicago Press.

Werner, O., & Schoepfle, G. M. (1987). *Systematic fieldwork: Vol. 1; Foundations of ethnography and interviewing.* Newbury Park, CA: Sage.

Werner, O., & Schoepfle, G. M. (1987). *Systematic fieldwork: Vol. 2; Ethnographic analysis and data management.* Newbury Park, CA: Sage.

Whyte, W. F. (Ed.). (1991). *Participatory action research.* London: Sage.

Wolcott, H.F.(1995).*The art of fieldwork*.Thousand Oaks, CA: Sage.

Wolcott, H.F.(1999).*Ethnography: A way of seeing*.Walnut Creek, CA: AltaMira.

扎根理论

Bryant, A., & Charmaz, C.(Eds.).(2007).*The SAGE handbook of grounded theory*. London: Sage.

Charmaz, C.(2006).*Constructing grounded theory: A practical guide through qualitative analysis*.Thousand Oaks, CA: Sage.

Charmaz, K. (2009). Shifting the grounds: Constructivist grounded theory. In J. M. Morse, P. N. Stern, J. Corbin, B. Bowers, K. Charmaz, & A. E. Clarke (Eds.), *Developing grounded theory: The second generation* (pp.127-154).Walnut Creek, CA: Left Coast Press.

Chenitz, C., & Swanson, J.M.(1986).*From practice to grounded theory*.Reading, MA: Addison-Wesley.

Corbin, J., & Strauss, A.(2008).*Basics of qualitative research: Techniques and procedures for developing grounded theory* (3rd ed.).Thousand Oaks, CA: Sage.

Corbin, J.(2009).Taking an analytic journey.In J.M.Morse, P.N.Stern, J.Corbin, B. Bowers, K.Charmaz, & A.E.Clarke (Eds.), *Developing grounded theory: The second generation*(pp.35-53).Walnut Creek, CA: Left Coast Press.

Glaser, B.G.(1978).*Theoretical sensitivity: Advances in the methodology of grounded theory*.Mill Valley, CA: Sociology Press.

Glaser, B.G.(Ed.).(1996).*Gerund grounded theory: The basic social process dissertation*.Mill Valley, CA: Sociology Press.

Glaser, B.G.(1998).*Doing grounded theory: Issues and discussions*.Mill Valley, CA: Sociology Press.

Glaser, B.G., & Strauss, A.L.(1967).*The discovery of grounded theory: Strategies for qualitative research*.New York: Aldine.

Morse, J.M., Stern, P.N., Corbin, J., Bowers, B., Charmaz, K., & Clarke, A.(2009). *Grounded theory: The second generation*.Walnut Creek, CA: Left Coast Press.

Stern, P.N.(2009).Glaserian grounded theory.In J.M.Morse, P.N.Stern, J.Corbin, B. Bowers, K.Charmaz, & A.E.Clarke (Eds.), *Developing grounded theory: The second generation*(pp.55-84).Walnut Creek, CA: Left Coast Press.

Stern, P. N., & Porr, C. (2011). *Essentials of accessible grounded theory*. Walnut Creek, CA: Left Coast Press.

Strauss, A.L.(1987).*Qualitative analysis for social scientists*. New York: Cambridge

University Press.

Strauss, A. L., & Corbin, J. (Eds.). (1997). *Grounded theory in practice*. Thousand Oaks, CA: Sage.

Strauss, A.L., & Corbin, J.(1998).*Basics of qualitative research: Techniques and procedures for developing grounded theory* (2nd ed.).Thousand Oaks, CA: Sage.

Wilson, H.S., & Hutchinson, S.A.(1996).Methodologic mistakes in grounded theory. *Nursing Research*, *45*(2), 122-124.

现象学

Giorgi, A.(Ed.).(1985).*Phenomenology and psychological research*. Pittsburgh, PA: Duquesne University Press.

Giorgi, A.(2009).*The descriptive phenomenological method in psychology: A modified Husserlian approach*.Pittsburgh, PA: Duquesne University.

Moustakas, C.(1994).*Phenomenological research methods*.Thousand Oaks, CA: Sage.

Munhall, P.L.(1994).*Revisioning phenomenology* (Pub.No.41-2545).New York: National League for Nursing Press.

Spiegelberg, H.(1975).*Doing phenomenology: Essays on and in phenomenology*.The Hague, Netherlands: Martinus Nijhoff.

van Manen, M.(1990).*Researching lived experience: Human science for an action sensitive pedagogy*.London, Ontario: Althouse Press.

van Manen, M.(1997). From meaning to method. *Qualitative Health Research*, *7*, 345-369.

van Manen, M.(2002).*Writing in the dark: Phenomenological studies in interpretive inquiry*.London, Ontario: Althouse Press.

van Manen, M.(Ed.).(2011).*Phenomenology online: A resource for phenomenological inquiry*.Retrieved from http://www.phenomenologyonline.com/

话语分析

Cameron, D.(2001).*Working with spoken discourse*.London: Sage.

Coulthard, M.(1986).*An introduction to discourse analysis*.New York: Longman.

Crawford, M.(1995).*Talking difference: On gender and language*.London: Sage.

Fairclough, N.(2003).*Analysing discourse: Textual analysis for social research*. New York: Routledge.

Gee, P.J.(2011).*How to do discourse analysis: A toolkit*.New York: Routledge.

Peråkylä, A.(2004).Conversational analysis.In C.Seale, G.Gobo, J.F.Gubrium, & D. Silverman (Eds.), *Qualitative research practice* (pp.165-179).London：Sage.

Ten Have, P.(1999).*Doing conversation analysis：A practical guide.*London：Sage.

Titscher, S., Meyer, M., Wodak, R., &Vetter, E.(2000).*Methods of text and discourse analysis.*London：Sage.

Silverman, D.(2010).*Doing qualitative research* (3rd ed.).London：Sage.

Wodak, R.(Ed.).(1997).*Gender and discourse.*London：Sage

Wodak, R., & Meyer, M.(2009).*Methods for critical discourse analysis.*London：Sage.

Wooffitt, R.(2005).*Conversation analysis and discourse analysis：A comparative and critical introduction.*London：Sage.

个案研究

Aldinger, C., & Whitman, C.V.(2009).*Case studies in global school health promotion：From research to practice.*New York：Springer.

Flyvbjerg, B.(2004).Five misunderstandings about case-study research.In C.Seale, G.Gobo, J.Gubrium, & D.Silverman (Eds.), *Qualitative research practice*(pp. 390-404). Thousand Oaks, CA：Sage.

Gomm, R., Hammersley, M., & Foster, P.(Eds.).(2000).*Case study method.*London：Sage.

Hentz, P.(2012).Case study：The method.In P.L.Munhall (Ed.), *Nursing research：A qualitative perspective* (5th ed., pp.359-371).Sudbury, MA：Jones & Bartlett.

Kinuthia, W., & Marshall, S.(2010).*Educational technology in practice research and practical case studies from the field.*Charlotte, NC：Information Age.

McNabb, D.(2010).*Case research in public management.*New York：M.E.Sharpe.

Platt, J.(1992).Cases of cases ...of cases.In C.C.Ragin & H.S.Becker (Eds.), *What is a case? Exploring the foundations of social inquiry* (pp.21-52).New York：Cambridge University Press.

Ragin, C.C., & Becker, H.S.(1992).*What is a case? Exploring the foundations of social inquiry.*New York：Cambridge University Press.

Stake, R.E.(1995).*The art of case study research.*Thousand Oaks, CA：Sage.

Stake, R.E.(2005).Qualitative case studies.In N.K.Denzin & Y.S.Lincoln (Eds.), *The SAGE handbook of qualitative research* (3rd ed., pp.443-466).Thousand Oaks, CA：Sage.

Stake, R.E.(2006).*Multiple case study analysis.*New York：Guilford Press.

Swanborn, P.(2010).*Case study research：What, why and how?* London：Sage.

Thomas, G.(2011).*How to do your case study : A guide for students and researchers.* London : Sage.

Yin, R.K.(1984).*Case study research : Design and methods* (Applied social research methods series, Vol.5).Newbury Park, CA : Sage.

Yin, R.K.(2003).*Applications of case study research.*Thousand Oaks, CA : Sage.

Yin, R.K.(2009).*Case study research : Design and methods* (4th ed.).Thousand Oaks, CA : Sage.

第三部分
正确地做事

做好，做对 9

　　什么样的研究才能称得上是扎实的研究？你的分析怎么样才能让读者信服？在这一章当中，我们主要讨论如何在质性研究当中建立以及确保信度和效度，如何衡量一个质性研究是否扎实。除此之外，我们还会讲到在研究的计划阶段、推进阶段和完成阶段，各需要什么样的策略。同时，我们还会强调，即便是第一个分析已经完成了，你仍然需要遵循一系列的步骤和程序来确保整个研究的合法性。

　　看看我们选的这两个词：信度和效度。我们在第5章中就提过，在一些学者眼里，信度和效度对质性研究来说根本不合适（Lincoln & Guba，1985）。他们认为质性研究是一种主观的、诠释的、无法脱离时空语境的研究。所谓"真相"和"事实"都是相对的，建立在个人的主观理解之上。他们认为效度和信度是属于实证研究的词，质性研究就别抢了，不如换点别的词。还有一些学者认为，在质性研究当中信度和效度的标准不能和量化研究等同。1985年，林肯（Lincoln）和古巴（Guba）提出来在质性研究当中可以用以下的学术词汇来代替信度和效度：**可信赖性**。这里的可信赖性包括以下几方面：**真实性价值**，指的是研究要讲诚信；**适用性**，指的是研究结论能否推广；**一致性**，指的是论证的结果是否靠得住。

　　我们也认为量化研究和质性研究在处理效度和信度的时候做法是不太一样的。但是，质性研究工作者始终不能放弃对效度和信度的追求（见 Kvale，1989，1995；Maxwell，1992；Sparkes，2001）。简而言之，信度指的是研究的可重复性，采用同一种方法去做研究，得出的结论应该是一样的；而效度指的是研究结论反映出的必须是研究对象本身，而不是别的什么东西。

　　但凡对质性研究稍许有些了解的人都能明白，效度和信度这两个词对质性研究来说的确是个问题。重复一个质性研究往往非常困难，有时候根本就是不可能完成的任务，因为质性研究的数据全都来自非常独特的语境（Sandelowski，1993）。

而效度所涉及的代表性问题，对质性研究来说也很难处理，因为质性研究者认为社会事实是建构出来的（Altheide & Johnson，1994）。但是，如果就此认为质性研究不需要讲究信度和效度了，那就会让质性研究的整个范式都变得面目可疑起来。顺着这个逻辑很容易就得出一个结论，质性研究根本没办法给出实用又好用的分析工具，它这一套说辞都是在回避问题。事实上，质性研究者完全可以说明而且已经说明了自己的研究就是扎实、可靠、准确的。质性研究是有合法性的，更有权利去申请经费支持，去贡献新知识，去进入教学大纲，还有更为重要的——去为实践活动和政策制定提供参考。

对于新手而言，搞清楚"这个研究到底够不够好"的确是个问题（Richards，2009，p.147）。那么，在这一章，我们就来看质性研究者应该如何确保信度和效度，如何实现信度和效度，如何说明信度和效度。

9.1 研究设计务必严谨

9.1.1 充分的准备

文如其人，任何一个研究（质性的也好，量化的也好），其质量都取决于研究者本人。质性研究尤其如此，因为研究者本人就是研究工具。研究者的素养，决定了整个研究的数据质量、数据疆界、数据诠释以及理论创建。所以说，在整个研究项目还没开始之前，你就要做好十二万分的准备。这也是我们写作这本书的原因。研究方法是研究者的利器，对任何一个拦路虎，我们都能找到最合适（以及最方便）的打击方案。方法本身是不断进化、不断改良的，学习研究方法也就是一个永不止步的过程。研究项目可以结束，但是对方法的学习不能结束。你不仅要掌握如何创建和处理数据的方法，更要掌握运用这个方法的具体技术。我们在前几章已经反复提到，任何一种方法内部都有不同的取向，新的技术层出不穷。学习新方法，掌握新技能，了解新策略，提升自己作为观察者、访问者和分析者的素养，这是你一辈子都要做的功课。

即便是最简单的软件学习，也不能掉以轻心。如果把研究者看成手艺人，软件就是他的工具箱，也是他的工作场地。随便哪个手艺人都会告诉你，开始工作之前得把工具箱和工作场地准备好。相对于理解一个社会场景或者设计一个研究项目，学习一个软件看起来就是件小事情。很多人会说，做项目的时候捎带着学学软件就可以了，但是你真的应该先学软件，否则你的数据管理就很可能一团乱，不该丢的丢，不该混的混，整个项目被掐头去尾，方向不明。

9.1.2 充分的文献回顾

文献回顾能够帮助你了解当前知识体系当中哪些问题得到了解决，同时还存在哪些薄弱环节和漏洞。把旧理论换个名称就说成是新理论，这绝对行不通。你必须知道哪些知识早就已经被人们掌握了，看到这些知识，你就要能分辨吸收，把它记录在案。不管是哪个领域，你都要搞清楚既有的概念、模式有哪些，能用的解释、理论在何处，在已知和新发现之间可能存在哪些变量。

在前几章，我们已经介绍过不同的方法是如何把既有知识和来自数据的新发现融合到一起，并进行验证的。你选了哪种方法，就要按哪种方法的路数去做。但是不管哪种方法都会要求你去平衡已有知识和数据新发现之间的关系。在创造和发展概念的进程中，让已有知识和新发现之间产生互动极其重要。"从它们开始（演绎）或者向它们出发（归纳）都是需要的。概念化是一个双向的生长过程。"（Miles & Huberman，1994，p.17）（不过扎根理论则认为既有知识无关紧要，其对演绎和归纳的论述，可见Strauss，1987，pp.11-14。）

掌握了学术背景和既有知识以后，你就得注意了，不能被它们左右了方向。很多时候，研究做不好、效度低，就是因为你觉得按照以前的文献来说结论就必须得是这个样子。所以，不管你用的是哪种方法，都要学会把文献中既有的发现和知识悬置起来，打包放好，轻装上阵，向数据学习。一旦从数据观察中有所得有所发展，你就可以把文献中的模型再拿出来，进行两相对比。

在第3章中，我们提到过悬置是现象学名词。其实，在任何一种方法当中，悬置都是非常重要的。悬置意味着你要把个人看法以及文献中的已有理论都打包好放一边，或者把它们都记下来以备后用。这样你才能够用新鲜的视角去重新打量研究课题、研究场景和研究数据，推进概括归纳的工作，创建出全新的理解。要做到悬置，有几种策略。有一种就是写日记，在研究开始之前就写。这里正在发生些什么，这里可能存在一种什么样的关系，在这里可能会有些什么新发现，你把你对这些问题的个人想法全都记下来。如果用软件的话，那就可以首先建立一个"项目历史"的文档。（有关如何利用"登录轨迹"来建立效度的问题，可见Richards，2009。）把心里想的变成纸上写的，能够帮助你理顺思维，捕捉灵感。

还有一种策略就是写文献综述，把你从文献中拿到的信息一一写清楚，总结一下你对这些文献的不同意见，拿出自己的论点，为后续研究打基础。弄好之后，再打包放一边——注意，不是扔掉不要，而是把它暂时存在脑子里不动。当你看到些什么了，就时不时地把它拿出来对照一下。如果你觉得"就是它了"或"完全正确"，那就直接从它出发开始研究。如果你觉得它哪里有点不对劲，你就再回到文献，反复回到文献，把自己的新发现跟以往的知识进行对比、再对比。在整个研究过程中，文献综述要定时更新、定时回顾。就是到了研究的最后，你也还得再回去看几眼，因为你得把已有的知识嵌入到你的语境和分析中去。知识是一个逐步积累的过程，一个逐步更新换代的过程。

9.1.3 质性的思维方式，归纳的工作方式

做出一个严谨的质性研究，最关键的就是一直保持一种质性的思维方式。质性思维方式是一种殚精竭虑的思维方式，你的头脑得时刻保持敏锐的状态，面对数据要能时刻提出分析性的问题，然后再去解决你提出的这些问题。质性研究总是挑战惯常观念，质疑表面现象，探求冰山下的事实，揭示隐藏的意义，打破习以为常，对所有这些进行透辟的分析。思维如果不积极不活跃，你的研究就会浮于表面，无关痛痒。除非你不想发表，把自己的研究搞得夸夸其谈、弱不禁风，否则你的研究就必须针对真问题而来。没错，回避现象的本质问题，对研究效度来说是致命的。

质性研究不会也不能照搬已有的概念框架，僵化的教条会捆绑住你对变量以及变量之间关系的理解。有些研究的确会采用已有的理论，但它们的目的绝不会只是去验证已有的理论。照搬教条，会让你只沿着教条制定的路线走，发现这也是别人看到过的，那也是别人看到过的，所有的材料怎么都这么干干净净、整整齐齐。这样一来，你的研究的效度就消失殆尽了。不过，你也别把照搬教条和回溯哲学基础搞混淆了。女性主义、后现代主义、批判主义等哲学范式，都不会管你的具体变量要怎么设计，它们就是给你指条路，让你能够为了特定的目标，用特定的方法，往特定的方向上走。以这样的理论为前提，只要理论本身足够清晰，就绝不会影响到你的研究效度；相反，这样的理论会像透镜一样，去帮助你聚焦研究问题。

这个让人挠头的话题还没完，有另外一个情况必须要讲。有时候，你唯一的数据来源可能就是非参与式观察，没办法做访谈，也没办法找到其他佐证资料去搞清楚到底这里正在发生什么。像新生儿研究，或者阿茨海默症患者研究，等等。在这

种情况下，你就得借助一些理论解释框架，去把数据转化为有意义的分析单位。强调一下，除非你真的没办法取得其他资料了，再去冒这个险。我们回到第2章中虚拟的那个"迎来送往"研究，去给机场旅客及其接送亲友的行为做微观分析。如果我们不借助任何一个分析框架，那就只能是把他们的行为记录在案，是触碰了，还是没有触碰。仅此而已，完全搞不清其中蕴含的意义到底是什么。整个研究可不就是既无趣，又毫无价值。但是，如果我们把"角色关系"框架拉进来，那研究就会变得很有趣，又很有价值了。底线在于，你得知道借助框架是不得已才为之的，这么做有风险，很可能会出错。

9.1.4 选择适切的方法和设计

你还记得"扶手椅穿越"法吧，借助它，我们可以为自己的问题确定最适切的方法。那这是不是意味着如果方法不适切，我们的研究效度就会降低呢？可能哦。

你要钉钉子，当然可以用锤子，不过也可以用石头，还可以用鞋底。反正你只要把钉子钉进去就行了，管它哪种工具呢，最多也就是钉相不好看。不过，你可能没考虑过，用鞋底或石头，其实是比较容易出状况的。石头敲着敲着就把钉子敲歪了，鞋底敲着敲着就把鞋底敲坏了。同样的道理，假如说研究方法不够理想，你的研究效度也会受到影响。保证效度最大化的金科玉律就是方法论上的"内在一致性"：你的研究问题、研究假设、研究策略、数据类型和分析技术都得要相互协调，彼此适切。你要记得，每一种方法的着眼点、思考数据的方式以及催生出的成果都是不一样的。如果一边做研究一边在方法里面捣糨糊，那你的分析、数据和研究问题之间就很可能出现牛头不对马嘴的局面。

效度要求的是精确的代表性(Maxwell, 1992)。你所准备的研究设计要确保整个研究直奔目标而去，不能偏离航向。比如说，你得计划好采用理论抽样，计划好怎么去保证数据的饱和度。考虑清楚如何把不具备代表性的案例剔除出去，如何补充新的案例进来。虽然说计划只是计划(就是说，它们不一定用到最后)，但是至少它能提醒你在一开始的时候就要保持警觉，考虑清楚如何让研究覆盖住问题的整个疆界，如何去加强研究效度。

要准备好做研究，你一定要学会写研究计划书，这点至关重要。写计划书的时候，可以用"扶手椅穿越"法助你一臂之力。计划书不仅能帮你申请到经费，更能帮你厘清究竟要到哪个机构、哪个场所去搜集资料，以及你所面对的伦理问题有哪些。对此，第11章有更详细的建议和介绍。

9.2 开展研究务必严谨

你要正式开展研究了,最关键的策略其实都集中在你扎扎实实做研究的过程当中(见 Meadows & Morse,2001)。不管你用的是哪种方法,记得你的大方向必须是归纳的,这一点对保证研究效度来说至关重要。不是说质性研究不要演绎,你在提出假设、核实数据的时候,是会用到演绎的。但是,整个质性研究的大方向一定是归纳的,而不是演绎的。

要想使你的研究扎实而有价值,你就得学会针对数据提出"解析型"的问题(analytic questions)。这是一种能迫使你思考、求证、反驳、搜集更多资料以及追踪各条线索的问题。只有提出这样的问题,你的研究才会充满活力。

9.2.1 选择适切的抽样技术

抽样,能直接决定质性研究的质量,也能直接体现质性研究要想确保效度有多难。你去钓鱼,总是觉得哪里可能有鱼就把鱼竿挥向哪里,不会说提前做个随机抽样,然后根据结果决定在哪里放杆。质性研究也是一样,你选出的参与者是你深思熟虑的结果,而不是随机抽样的结果。质性研究者的眼光会放在那些偏差之物上,要么选最坏的,要么选最好的,对所谓的平均值反而没有太大的兴趣。因为一个现象,它的突出特点在哪里,一般都会通过最坏的或者最好的案例体现出来。而如果一个现象混在所谓的平均值当中,它的特点反而被稀释了,无法突显出来。

所以质性研究不大采用随机抽样方法,而是通过以下几种抽样技术来保证研究的效度。

• 目的抽样。它指的是研究者根据个人特质来选择参与者(好的线人、好的参与者,是那种最了解情况,对情况有所反思的人,还得有时间,愿意参加研究;Spradley,1979)。

• 提名抽样,或滚雪球抽样。指的是由已经加入研究的参与者来推荐和邀请其他参与者。

• 便利抽样。指的是研究者有条件挑选什么样的参与者,就挑选什么样的参与者。

• 理论抽样。指的是研究者根据不断成型的理论方案去挑选参与者。

也有质性研究是采取随机抽样的。比如说，研究者面对的参与者数量庞大，很难进行非结构式的访谈，那么采取随机抽样也是可以的。不管采用哪种抽样技术，你都要想清楚它的优势、劣势各是什么，它对你的研究效度会产生什么样的影响。

9.2.2　及时调整无效策略

有时候，你会发现自己搜集的数据不是原来想的那么有质量。要么是细节不足，要么是内涵不丰富，要么是信息量不够大，总而言之，你的分析一下子失去了方向。在这种情况下，新手的反应一般都是赶快搜集更多的数据。但是如果你搜集到的还是一堆无效的数据，问题反而会更严重。经费一下子就消耗殆尽不说，整个人的信心也备受打击，数据分析工作就更加难以为继了。正确的做法应该是赶紧回头，反思这些数据在哪里出了问题。需要调整数据制作策略的时候，就要及时调整，比如更换参与者，更换不同的时间进行观察和访谈，等等。无效策略之所以无效，很大可能是因为它搜集到的是同质化的数据。那么，你要做的可能就是把访谈换成观察，或者开辟另外的访谈路径。当然，最重要的就是赶紧叫停现在的策略。（补充一点：如果你要调整策略，一定要告知项目的相关人士——合作伙伴、团队成员、导师以及导师组其他老师，同时还要及时做好伦理上的准备工作。）

9.2.3　保持适切的研究节奏

研究节奏，指的是数据制作和数据分析在这一阶段要同步，继而整个研究就从信息搜集阶段转向验证阶段，最后依次进入概念化、体系化和理论化阶段。所谓心急吃不了热豆腐，你想让研究的节奏快一点，上一个阶段的分析工作没完成就进入下一个阶段的分析工作，这只会让各阶段工作都成为烂尾工程，相互之间裹成一团乱麻，没法进行彻底的分析。这样的研究即便成果勉强出炉，也是没有效度的，既不可信也不严谨。

还有一个是饱和度的问题。数据搜集工作要持续进行，确保每个类别都是有深度有厚度的，确保其中的数据都已经复现过了。数据饱和了，研究者才能建立起安全感和信心。他的分析才可能充分，结论才可能准确。饱和的数据有助于研究者甄别出无效的案例——也就是不支持当前模型的案例。你可以通过理论抽样来淘汰无效案例,确保整体数据类别的饱和度。

那么问题又来了,什么样的数据才叫具有饱和度的数据呢? 首先,回到文献中去,仔细精读那些和你用了同样方法的论文,看看那些饱满的解释是如何出炉的。你的数据已经不能再指出什么新的方向、新的问题了,你真的不需要再做抽样了——这就达到所谓的饱和了。一般来讲,饱和的第一个标志就是研究者觉得收上来的数据很眼熟。这个事件不是孤零零的个案,在几个地方都出现过类似的情况。这种"复现"就是数据具备了饱和度的标准所在。当你真正进入写作阶段之后,那些具备饱和度的数据不仅仅能帮助你描绘出现象本身,更能让你对这个现象的前因后果及其"七十二般变化"都侃侃而谈。

9.2.4 编码务必要有信度

在第6章中,我们已经介绍过要如何保证质性编码在跨时间、跨团队作业中的信度(Richards,2009,pp.108-109)。方法本身对质性编码信度的影响是非常关键的。在半结构访谈当中,我们对每个参与者提问的内容都一样,提问的顺序也一样。所以,我们在编码的时候,就要把这种一致性贯彻到底,研究者要给每个编码命名,做记录。如果编码的不止一个人,那研究者就必须进行对照检查(也就是说,要确保不同编码人员之间的一致性)。如果使用软件编码的话,这项工作就能完成得更为严谨一些,研究者可以查看每个文件中的每个细节,对比分析它们的编码模式是否协调一致。

而假如说,你用的是非结构式的、互动式的访谈,那以上这种一以贯之的编码方式就行不通了。它反而会降低整个研究的效度。在这种情况下,你是随着研究的深入才逐渐建立起对现象的理解的,因此,你的访谈内容会随着理解的变化而发生变化,你的话题疆界也会随之扩大或者缩小。如果你做的就是诠释度极高的研究,要用到非结构访谈和互动式访谈,那你要遵循的原则就绝对不是一致性,而是延展性。你要持续追踪自己的编码过程,写备忘录,搞清楚自己是怎么一步步做好类型化工作的。只要有情况,你就得回头重新编码,重新命名。在数据类型逐渐浮现出来的过程中,你得不断去确证数据和类型之间的关系。访谈在往前走,确证工作也要往前走。新的访谈对象不断加入,你的确证工作也要不断更新。采用软件来完成这项任务相对来说会比较容易。不管是存储各阶段的编码记录,还是记录编码意义,软件用起来都很方便。

9.3　什么时候才算完

新手入门最焦虑的大概都是收尾工作：我怎么知道什么时候才算完？我怎么知道我的分析工作好不好？我怎么知道我的分析可以收工了？你会知道的，你的研究目标会告诉你。对有些研究者来说，给出的解释能够自圆其说，理论建构出来了，论文写出来发表了，那整个研究就结束了。但对有些研究者来说，除非是研究结论得到了运用、评估，真正投入了实践，整个工作才算完。

9.3.1　项目历史

质性研究的目标是提炼出新见解新理论。那么这些新见解新理论是如何从数据中分析得来的，整个过程是否合理得当，这都需要你讲清楚。有些研究者对自己的要求不是那么高（我只是想知道这个地方的人们是如何生活的），而有些研究者就对自己比较苛刻，希望自己提出的模式能够经得起拷问，相关的数据佐证呈现得很严谨。（为什么说这个问题是年轻一代女性的问题？我可知道原因在哪里。）但是，即便你的要求不是那么高，你也要把故事讲清楚：你的新见解是怎么来的，怎么验证的？为什么对于这些研究对象而言，你的见解比别人的见解更好更有说服力？

研究设计中有一项不可或缺的工作——研究历史的追踪和记录工作。不要小看这项工作，你的研究效度，在很大程度上就表现为你能够把自己的分析过程一五一十地讲清楚。要把这项工作做好，仅仅凭印象，三天打鱼两天晒网地装装样子可不行。你得坚持，记录、更新、保存，样样都要严谨、及时。当然这样做非常耗时间，但是当你突然抓住了一个绝妙的灵感，就能体会到什么是磨刀不误砍柴工，一切付出皆有回报了。

那么，什么样的研究历史记录才叫好的充分的记录呢？你要记录什么，取决于你会倚重什么。如果你实在搞不清楚自己究竟要倚重什么，那就按以下的几个逻辑板块来记录。

• 数据采集过程。样本是怎么抽出来的？为什么这样抽？项目疆界是如何确定下来的？数据是如何通过理论抽样采集上来的？为什么这样采集？相关的记录都要保存下来，因为这里面包含了大量你做研究的故事。（比如说，你对一个访谈的理解为什么会改变了呢？原来是参与者后来又专门打电话给你，详详细细地交代了一番。）

• 数据分类和论点的产生过程。你对数据的分类，你的论点，是研究进行到哪个阶段的时候形成的？在哪个地方形成的？它们有没有改变你后来的研究路径，如果有，是如何改变的？不管你是用笔，还是用软件，总而言之，在你灵光一闪的时候，一定要把它抓住，记录在案。

• 如何进一步搜集资料，进一步完善论点的过程（要坚持记备忘录，并标注好日期）。

• 如何从论点中提炼模式，如何将数据和论点关联起来的过程。（比如说，你发现这些年长女性的经验其实是不一样的，那么你是什么时候发现这个问题的？如何发现的？又是如何核实的？你为什么放弃了原来的论点，转到这个论点上来？）你要把你是如何修剪旁枝的过程仔细记录下来。一些论点为什么是错的，一些案例为什么是不合适的，你是如何发展完善理论的。这些都要一一写清楚（对自己的洞察，一定要多写备忘录）。

9.3.2 追踪核查

追踪核查（也可以称为登录轨迹核查，见 Richards，2009）指的是研究者对研究历史的追踪、对研究决定的记录，要能经得起外人的核查，就好像公司财报要经得起外界审计一样（Guba & Lincoln，1989）。各学科领域对这项工作的重视程度不一样，有的非常重视，有的不当回事。我们在本书中讨论的很多事项都是如此，需要你回到自己的学科领域和研究规范去进行核实。

哪些可以被核查，哪些不可以呢？对这个问题的讨论才刚刚开始，研究者一般都是根据常识和研究准则来做相关设计的。最好是有那么一个人自始至终不介入研究，只是从旁观察，负责给你提供建议和批评。但是不管怎么说，正式的也好，不正式的也好，只要坚持把核查做下来（不管是研究者、其他观察者还是研究所服务的客户），都对整个研究的评估工作有好处。

从另外一个角度来说，让一个旁观者来追踪核查整个编码过程，也是不切实际的。我们在第 6 章中就已经谈到过，编码是一个非常复杂的过程，你要去创建类型，甄选材料，做出诠释。要把这个复杂的过程一步步都清清楚楚地记录下来，几乎就是不可能完成的任务。如果让一个旁观者插手，那编码这活就完成不了。你看，如果研究者和旁观者的编码高度一致，那就只能说明，他们的编码完全是描述性的。而如果他们的编码不一致，我们能看到的也只是这两个人之间学科背景等方面的差别，对整个研究的状况还是一无所知。

9.3.3　老文献与新发现

确保研究效度的最后一步：我的发现跟现有文献之间有什么关系？能否对比，能否对接？一般来说，我们都会在论文的"讨论"部分对此加以分析。你的新发现，你的新发现和既有文献之间的对接关系，应该是有逻辑且简单明了的，不能是"为赋新词强说愁"。

你的新发现对于既有文献来说，在哪些方面是有突破有挑战的，你尤其要说清楚，要给出一个适恰的、合理的、前后一致的解释框架。对于新手来说，这个工作其实特别让人兴奋，又特别具有挑战性。不要害怕，勇敢地去把既有文献中存在的漏洞指出来，告诉大家目前的框架应该在哪些方面进行拓展。千万不要把自己的新发现硬塞进过去的老文献里，白费了心血。

9.4　项目结束阶段务必保持严谨

运用（研究发现起作用了）、回应（其他研究者也有类似研究发现），或者整合荟萃分析（研究发现与整体的概念主题契合了），类似这样的研究收尾动作，都是在进一步夯实研究。你的研究发现可以作为一个新的概念，运用到一个新的量化研究或者另外一个不同路径的质性研究当中去。不过，我们得强调一下，你这么做只可能启发新问题，但不可能起到确证研究发现的作用。关键在于，你的研究过程和实施步骤都必须具备信度和效度。这样，你提炼出来的质性研究理论就不需要通过量化研究来验证了（其实一般来说也很难验证）。

9.4.1　设计三角关系研究

在第4章中，我们就介绍过三角关系研究设计，一个研究完成之后，你可以把它和相关研究关联到一起，形成一个三角关系研究设计。做成了，你的第一个研究就等于拿到了支持分。因为如果你的第一个研究结论不准确，那第二个研究就没办法基于它继续开展了。前期的研究结论没有得到验证的话，接下来的研究就得去修正它。通过这种接续的三角关系研究设计，第一个研究得以着陆，并为第二个研究提供基础。

9.4.2　通过运用来确证

在实际生活中运用你的研究发现，就好像一种品质检测，可以起到验证研究的作用。比如说你的研究提出：×××问题可以用×××办法解决。结果问题还真的解决了，那就等于给你的研究可信度加分了。

但是如果你给出的办法没发挥预期的作用，那又该怎么说呢？这样当然不能百分之百地证明你搞错了，但也是个提醒，你的确有可能是搞错了。接下来你要做的，就是开展后续的调查工作。

本章小结

我们来盘点一下保证研究质量的各类神器：

第一，问对问题。针对一个论题做过文献梳理和述评之后，你有没有把它们悬置起来，打包放好？已经开始收集数据、观察访谈了，你还能不能心平气和地不断回头审视研究问题，一有必要就进行修改完善？

第二，做对设计。就算你用的方法无可挑剔，那你的研究设计足够扎实，足够通透吗？一旦开始做研究了，你对要搜集什么样的数据，要怎么样处理这些数据，是否做到了胸有成竹？这些数据是不是足够支撑你去回答你的研究问题？

第三，制作可靠的数据。你有没有积极地去解决问题？你和参与者之间是否建立了相互信任的关系，有没有跟他们核对过数据？你的数据可靠吗？编码是否有信度？分类和主题提炼是否得当？分析不断深入，你的理论抽样是否也在不断深入？分类的饱和度合格吗？对每一重关系都仔细查验、确证过了吗？

第四，创建扎实的理论。在发展和完善理论框架的过程中，你有没有不断回头审视和确证数据当中出现的各类关系？有没有重新回到文献？你的研究发现是如何确证已有知识，拓展已有知识的？你的研究发现是否适切，是不是在逻辑上延展了既有文献？

第五，做好验证收尾工作。研究发现出来了，研究验证工作就开始了。投稿投中了，预答辩通过了，这都是一种验证。研究发现得到了实际运用或者在实践中得到了修改完善，这也是一种验证。

参考资料

Altheide, D.L., & Johnson, J.M.(1994).Criteria for assessing interpretive validity in qualitative research.In N.K.Denzin & Y.S.Lincoln (Eds.), *The SAGE handbook of qualitative research* (pp.485-499).Thousand Oaks, CA: Sage.

Bernard, H.R., & Ryan, G.W.(2010).*Analyzing qualitative data.* Thousand Oaks, CA: Sage.

Cho, J., & Trent, A.(2006).*Qualitative Research*, *6*(3), 319-340.

Cohen, D.J., & Crabtree, B.F.(2008).Evaluative criteria for qualitative research in health care: Controversies and recommendation.*Annals of Family Medicine*, *6*, 331-339.

Guba, E.G., & Lincoln, Y.S.(1989).*Fourth generation evaluation.* Newbury Park, CA: Sage.

Hart, C.(1998).*Doing a literature review: Releasing the social science research imagination.* London: Sage.

Kvale, S.(1989).*Issues of validity in qualitative research.* Lund, Sweden: Cartwell Bratt.

Lincoln, Y.S.(1995).Emerging criteria for quality in qualitative and interpretive research.*Qualitative Inquiry*, *1*, 275-289.

Lincoln, Y.S., & Guba, E.G.(1985).*Naturalistic inquiry.* Beverly Hills, CA: Sage.

Maxwell, J.A.(1992).Understanding validity in qualitative research.*Harvard Educational Review*, *62*, 279-300.

Maxwell, J.A.(1998).Designing a qualitative study.In L.Bickman & D.J.Rog (Eds.), *Handbook of applied social research methods* (pp.69-100).Thousand Oaks, CA: Sage.

Meadows, L., & Morse, J.M.(2001).Constructing evidence within the qualitative project.In J.M.Morse, J.M.Swanson, & A.J.Kuzel (Eds.), *The nature of evidence in qualitative inquiry* (pp.187-200).Newbury Park, CA: Sage.

Morse, J.M., Barrett, M., Mayan, M., Olson, K., & Spiers, J.(2002).Verification strategies for establishing reliability and validity in qualitative research.*IJQM: International Journal of Qualitative Methods*, *1*(2), 13-22.

Richards, L.(2009).*Handling qualitative data: A practical guide* (2nd ed.).London: Sage.

Seale, C.(1999).*Quality of qualitative research.* London: Sage.

Sparkes, A.C.(2001).Qualitative health researchers will agree about validity.*Qualitative Health Research*, *11*, 538-552.

Thorne, S.(1997).The art (and science)of critiquing qualitative research. In J.M.Morse (Ed.), *Completing a qualitative project: Details and dialogue* (pp.117-132).Thousand Oaks, CA: Sage.

Whittemore, R., Chase, S.K., & Mandle, C.L.(2001).Validity in qualitative research.*Qualitative Health Research*, *11*, 522-537.

10 写出来

"一定要等到所有问题都回答清楚了,这研究才算完"——一般来说,这种完美的情况是不会出现的。赶紧结项的驱动力一般如下:经费用完了,时间不够了,要毕业了,你家人逼着你快点找工作了,等等。但是不管怎么样,你总得找个时间点给研究结项,把东西写出来。当然了,在整个项目的进行过程中,你已经写了很多东西了,记田野笔记、记备忘录、写研究日记、写研究历史追踪,等等。如果你是做现象学的,那你还得通过写作来开展所谓的反思工作,基本上会达到"草稿等身"的程度。但是,现在我们要的是成熟的文稿。结项胜利在望,你得着手写论文 1.0,论文 2.0……论文 $n.0$……最终稿。这一章的主要内容就是质性研究的写作,告诉新手们要如何搞定他们面临的两大任务:论文写作和论文发表。

10.1 准备好了吗?

质性研究是一种没有尽头的研究,知道的越多,写下来的越多,你的问题就越多。所以,你不可能等到所有的问题都出现、都解决了才去结项。一般来说,当你觉得自己对数据和研究发现已经很有把握了,你的分析能够讲得通,能够自成一体、自圆其说了,你就可以结项了(Richards,2009,第9章)。简而言之,要结项,你必须已经完成了理论化(Morse,1994b),达成了研究目标。你最原始的问题是什么,你对它得有回答。如果没有回答,你得讲清楚为什么没有回答。有可能你所解决的问题,是在研究进行的过程中发现的新问题。

在项目进行过程中,你一直不停地在写,在记,在总结,在概括,到处都堆满了你的田野笔记、备忘录,计算机里面也全是各种文档、转录资料、图片表格,等等。

你的第一个任务，就是重新回到它们中间去，研读整理，以方便自己随时调用。（相关建议可见 Richards，2009，第 10 章。）你的这些宝贝手稿，有些可能已经达到了发表级别，但绝大部分可能还是乱糟糟的，暂时见不得人。不过你知道自己完全可以做到自圆其说、言之成理了，你可以跟同事说清楚你的思路，可以在电子邮件里条分缕析，终点线就在你的眼前了。那你就准备好了，写出来吧。

10.1.1　写给谁看，在哪儿发表

　　分析工作完成以后，你的第一个任务就是整合材料，然后问自己：我想说什么，我想对谁说？打个比方，你的任务是毕业拿学位，那么你就按照毕业论文的要求来写作，你的读者就是专业导师。毕业答辩完成之后，你就又要开始想，我怎么出版我的论文？应该在哪里出版？

　　首先，读者是谁呢？你得假设他们人很多（见 Richardson，1990）。在这个阶段，你需要回头看看自己当初做了哪些承诺。要写专业通讯文章，还是要写会议论文，还是说要做学术交流。承诺的事情，就一定要做到（在第 11 章中，我们会很详细地谈到要怎么承诺研究成果）。你的读者和新闻记者的读者是完全不同的。质性研究往往都是写给专业学者看的，很少写给业界和学生看，更加不会写给一般意义上的公众看。

10.1.2　质性写作

　　质性研究跟新闻、小说、传记、自传……之间的差别究竟在哪里？好的民族志，读起来的确就像小说一样流畅动人；而好的现象学研究和扎根理论也会用故事"抓人"（Glaser，1978），使读者手不释卷。

　　好的新闻和好的文学作品，一般都会提供某种对社会、对人与人之间互动的新理解。而好的质性研究则远远不止于此。我们想向你强调质性研究和新闻之间的差别究竟在哪里。质性研究是目标导向的，强调问题、数据、理论和成果之间的圆融和适恰。你的目标应该标定在研究的融（coherence）、强（strong）和雅（elegant）上。你的研究质量取决于你所刻画的类型和内在特征，取决于你所搜集的资料的深度和聚焦度，取决于你所做诠释的厚度和你的理论化所能达到的高度。

　　只要这些都做好了，你就一定能让你的读者心悦诚服。深描这种方式可以帮助你的读者了解研究的整个语境。通过深描，研究者能够把各个分析片段紧紧地焊接到一起，使整个阐述逻辑严谨、简洁明了。你对文本、现象、行动、变革、程序、

过程等的实际记述都可以通过深描这一媒介得到解释、刻画、探索、揭示、对比、对照，并和其他分析片段有机地结合在一起。

开始写作之前，你得确保自己的分析工作已经完成了。对于要写些什么，你要做到胸有成竹。准备不充分，写作就会卡壳。要学会拟提纲，把需要的分析片段、引证数据都一一梳理清楚。把可能用到的图、表、照片准备好，在提纲中把它们在论文中的位置标记明白。你所养成的综合概括能力在写作阶段终于能派上大用场了。开始写作了，你得记着去"建设案例"（相关例证，可见 Turner，1994），也就是说你得把场景嵌入到整个语境当中去进行初步的描述。接下来，你就可以提出自己的论点了，务必要做到逻辑严密、体系完整。你最好是先列出自己的论点，然后依据论点来写作。写作和研究一样，都要保持明确的目的性原则。

10.1.3 使用数据

你的数据是否充分，直接决定了你的解释、诠释和理论能否站得住脚。你很难用统计数据去做反向证明，说这个结论绝不可能是随便得出来的。你得非常仔细地去论证你是如何得出观点的，以及你为什么坚持这个观点。

(1)什么时候采取引证

我们要怎么引用以及何时引用访谈和田野笔记中的原话呢？使用引证的目的是为论点提供论据，同时让你的分析更为生动丰富——千万不要长篇大论地引用没有说到点子的话。

引证一定要做到恰到好处，有两个办法。第一，先讲道理后摆事实，也就是先把你的发现、诠释讲出来，再采取引证来举例说明。这样一来，读者在评判你的诠释是否合理的时候，就能够有更多的信息作为参考。第二，倒过来，先摆事实后讲道理。这样做可以显示出你分析细节的能力，但是在整体刻画上力道就可能会差一些。对于读者来说，他是很想知道你的这些引证是从哪里来的，代表的是什么，能在多大程度上进行代表，还有哪些变数藏在你没有引证的原话里面的。这些你都要在采取引证的时候多加注意。在前面我们也一再讲过，对其他研究做批评性的阅读，是非常有助于你自己的研究和写作的。

(2)编辑引证材料

编辑的目的，其实是维护和传达原意。我们对转录的要求当然是维持原状，但是访谈录音中难免会有很多听不清的地方，转录人员就可能会忽略一些感叹词，遗漏一些重点，不自觉地去纠正一下语法，在句子中间打打标点，等等。这些都可能会改变访谈内容原来的意思。所以，研究者在做引证的时候就要重新做修整，恢复引证的原意，并把不相关的材料剔除出去。一边在写作，我们就一边在筛选和修整引证材料。你的论文不可能通篇都是转录下来的引语，所以问题不在于要不要编辑，而在于如何编辑。

编辑的基本原则还是很容易理解的：避免扭曲和误述原意。你得写清楚这些引语是从哪里来的（用省略号），你加了哪些话（用方括号）。用斜体、粗体或者大写来强调重点，表明停顿、感叹以及情感表达（比如大笑或者哭泣）的存在。采用引证的时候一定要把语境带出来（这话她是在哪说的？还有其他什么人在场？她回答了哪些问题？之前她是怎么说的？）。还有一个最最重要的编辑原则，那就是精简，把那些多余的材料坚决地删减出去。有时候你看着那些引语，真是很好很丰富，真是舍不得下手，但是你会发现，一旦精简了它们会显得更好更丰富。你得时时检查你引用的材料是否真的不可或缺。引证越是简洁，就越生动，说服力越强，跟你论点的契合程度也越高。假如你觉得参与者其实是话里有话，那你就在后面的评论和注释里讲清楚。

（3）把自己的经验用起来

在第5章中，我们就讨论过研究者的个人经验能否用到研究当中去的问题。这会儿它又出现了。你要不要把你的个人经验放到最终的论文里面去？其实这个问题和其他问题一样，需要你去做平衡取舍。过度放大自我经验肯定是不合适的，你得不断去问自己：我这个经验到底有没有用？能成为论据吗？算不算滥竽充数？自怨自艾也是不行的，别老是长篇大论地诉苦，我这个田野调查做得有多难多艰苦。你自己的研究，当然是你自己负责去做好。你最需要做的是自我反思，在论文中要少用被动语态，要把自己怎么做研究的整个过程讲清楚，不要躲闪。像"数据被分析之后""分类建成以来"这样的表述，都不利于你去阐述清楚自己的研究逻辑。

10.1.4 简练与平衡

数据越来越多，你也越陷越深，看什么都觉得非常重要，一样都舍不得丢。那到底什么才是真正重要的东西呢？你得学会抽离，也就是把自己从数据中抽出来与之保持一定的距离。只有这样，你才能把那些无关紧要的材料剔除出去。要是你想把一篇细节满满的博士论文拆成几篇小论文发出去,"抽离"就显得格外重要。每一个文献引用都舍不得丢,那你的综述部分就全是作者姓名,每个句子的意思都被断得七零八碎。每一个参与者都需要细细交代一番,那你的论文就堆满了啰唆的介绍文字,谁都看不下去。方法的部分写得特别长,那你的分析和结论要往哪里摆呢?这些问题都是所谓"不平衡"的问题。要做到平衡,你所选取的材料就必须是最具说服力的,你所描述的参与者就必须是特点最突出的,你所阐明的方法就必须是提纲挈领的。

论文越短,对精简数据的要求就越高。你想想,你的分类都是通过精心地概括、综合、归纳而来的。要是你总是突出参与者的原话,就算串联得特别好,你自己的研究心血又要放在哪里呢?引证部分过多,对读者来说也不是好事。因为研究者隐身不见了,读者就只能自己去理解那些长篇引证到底有什么隐藏的含义了。论文也不成其为论文,变成录音整理了。新手其实比较容易走进这个误区,常常一引就引一串,自己的分析文字反而很少,就算有,也是对照引语说些差不多的话。这样一来,整个论文就容易流于表面,又啰唆又乏味,缺少最重要的分析性。

10.2 再次回顾研究方法的整体性

在第3章和第8章中,我们都指出了方法与策略必须相互配合才能最终达成研究目标。尽管有些策略在各种方法里面都能用,但是每一种方法在概念化方面都自成体系。所以,不同的方法对同一种策略的具体运用其实是不一样的,其最终的研究成果也是完全不同的。

一旦开始写作了,你就必须再次检查自己的方法运用是否做到了前后一致,对为什么使用这种方法是否阐明了理由。比如说,你用的是扎根理论,那么你的刻画是否扎实,有没有围绕一个核心类别发展出扎实的理论,各步骤、各阶段的分析是否做到了竭心尽力?如果你做的是民族志,那么你有没有把文化信仰和文化事件剖析透辟?你的现象学研究挖掘出这个现实经验的本质了吗?有说服力吗?你的话语分析揭示出你想要揭示的权力关系了吗?你的个案研究能不能回答你的研究问题?用什么方法说什么话。如果是第一次写论文,那你不妨找一篇和你运用同一种方法的经典范文对照着写作。你也可以找身边最挑剔的朋友来做试验,看他们能否被你的论文打动说服。

10.3 保护参与者

写作之前，你要重新评估自己的研究在伦理上有没有问题。你的写作，必须要参与者同意（要签署知情同意书），更要保护参与者的隐私。在第11章中，我们还会回到伦理问题上去，实际上，伦理问题是在研究开始阶段就要特别加以注意的。

给参与者匿名，不是仅仅把他们的真实名字隐去那么简单。质性研究者对人口特征的描述都得很小心，一般只用在群体描述上；对于单个参与者的个人资料，则是要尽可能多地加以保护。很多情况下，对参与者的保护不会影响研究分析。诸如年龄、性别及其他一些关键要素的特征，都可以在对整个群体的描述中用中位数、平均值或者数值范围来报告。要是把参与者的人口学特征用表格一行行展示清楚的话，就很容易让他们暴露。还有，如果你要反复引用某一个参与者的话，就最好不要给他取同一个假名。因为，对这个参与者比较熟悉的人（比如说配偶）就可能发现苗头，循迹追踪，了解到这个参与者做了些什么。这样一来，所谓的保密、匿名就没有意义了。

保护参与者对论文写作提出了很高的要求。毕竟你对参与者的描述总得具备一些代表性，以便读者了解整个群体的情况。你既要分析参与者，又要保护参与者，你的做法就得巧妙，还得具有创造性。（理查兹曾经做过一个很敏感的研究，她就把其中一位参与者分成了两个角色来写！）

对于城镇名称、机构名称，质性研究也要做化名处理。有些机构同意或者要求把自己的名称放进论文里去，或者公开出来。碰到这种情况，你一定要在表述当中附上相关的协议和说明。你到底要不要公开一个机构或者一位参与者的信息？为什么公开？公开会带来哪些后果？这都是你要考虑清楚的。鲁莽行事的后果会很尴尬。机构是要求你公开信息，但是万一你发现了什么对这个机构不太有利的数据要怎么处理呢？把这些数据雪藏起来吧，你的研究就没意义了；把这些数据公开出来吧，你肯定会招人骂，搞不好还要吃官司。这种两难处境，你必须得考虑到。从另一个角度来说，就像戴维斯（Davis, 1991）所指出的那样，过度匿名，把相关语境信息（包括重要的标志性信息）隐去太多也不是好事，所谓的案例分析因此就毫无用处和价值了。做好平衡非常重要。但是，不管怎么说，研究者对参与者最主要的义务还是去保护他们。

有些机构会要求你把草稿拿出来，给他们的负责人"审核"。在争取研究机会的时候,千万不能答应这样的要求。他们一审核,你的研究就不再是你的了,效度尽失。只要你的研究严谨可信,并能确保相关机构和个人不会暴露,那么你的写作就能够做到公正、有深度。

10.4 善做自我评审

草稿写出来了,不管是一章书稿、一篇论文稿还是一篇报告稿,先不要急着提交,自己先做评审(或者也可以让你的同僚来评审),看看自己的成果到底够不够扎实。可能你的学校会帮你做一些专业上的修改指导。我们在本书的参考资料部分,提供了很多有关质性研究评审标准的讨论资料(详细的自我评审标准,可见Richards,2009,第10章)。不同的质性研究方法,其遵循的评审标准当然是不同的,但是,有三个评审标准在各个方法当中是通用的。

第一点,也是最好理解的一点,你的整个研究过程必须完整、恰当。你是怎么做数据分析的,怎么得出结论的,都能一步步说清楚。第二点,你的研究要生产出新知识。这当然不是说你的成果里面一点老理论都不能有。你只字不提老理论,最后的结果可能就是给老理论贴上一个新标签。你要做的,是在分析的最后阶段,把自己的研究发现放进整个研究脉络里面去,讲清楚自己做出了哪些独特的贡献。当然了,你得确保自己的贡献确实是新贡献,表达也要非常清楚。

第三个标准包括分析的质量、理论的圆融度和表述的清晰雅达程度。如果说研究者的目标就是去提出理论,那就要从另外的标准去衡量这个理论究竟是否是一个好理论。它是否清晰、有逻辑、论证严谨?它是否简约——也就是,紧凑雅达?它能否自圆其说,具有内在一致性(见 Morse,1997)?同时,你还要对你的研究方法与研究成果之间的适恰性做出评估(Kuzel & Engel,2001;Thorne,1997)。

10.5 打磨抛光

总算把最后一稿写出来了,别急,先捂几天再拿出来读。你会发现恐怕还是有必要修改、重写。夯实薄弱部分,删减啰唆话语。如果你写的是论文,那就再比照你的目标期刊，看看论文是否符合它的标准。要是你确实觉得论文已经能让自己满意了，那就再把它丢给三位同僚，请他们对比目标期刊的标准来对你提出批评意见。根据他们的意见，你再把论文修改一遍。如果有条件，你最好去专业的写作辅导中心进行润色。如果英语是你的第二语言，而你又想要发表英文论文，这一点就非常重要。最后，根据期刊的提示投稿。

一个终极建议：我们曾经说过质性研究是一门手艺活，现在我们要说质性写作是一门艺术。很多发表出来的质性研究其实是欠缺说服力的，原因就在于写作上出了问题。质性写作，就像任何一门艺术一样，需要想象力、专注力以及努力——做到了这些，你就能创造出一个让艺术家和读者都惊叹的作品。

10.6　利用软件进行写作

让计算机来帮助你完成写作是可能的。现在的写作软件重新塑造了写作、编辑和修改的模式。

(1)路径

如果你本身就是通过质性分析软件创建管理数据和想法的，那么写作软件就能把它们都接收下来。不管写作进行到哪个阶段，你都要用自己的能力去分析报告你的数据、你的编码和你的发现。

(2)优势

我们在本书一直推荐的一个攻略，就是把自己的研究历史和过程一步步地记录下来，做一个专门的"登录轨迹"档案，其中应当包括编码一致性和抽样多元化的复查复检。整个"登录"过程既可以通过软件完整地保留下来，也可以通过软件和相关数据与分类链接到一起。(如何建立"登录轨迹"档案，具体建议可见Richards，2009，第1至3章。)

这个时候要学会善用软件的搜索功能(Richards，2009，第8章)：查找相关数据、相关引语，分辨检索你所提炼的模式，检查关键议题是否得到了充分讨论，识别出不符合理论概括的例外个案。千万不要小瞧文本搜索功能，通过文本搜索你确实可以搞清楚所谓的主导性议题是不是真的具有主导性！写作写到最后，你一定要用好软件的数据管理功能和搜索功能，对自己的备忘录、登录轨迹等做细致的检查,这样你在分析过程中对自己的洞察和关注点就能做到胸有成竹(Richards,2009,第10章)。

(3)友情提醒

①不要因为数据就在手边,就滥用引证。你要做的是分析,不是引语大串联。

②通过软件搜索拿到的研究结论,要重新用语言组织好,解释好。没错,软件搜索是比人工搜索功能强大,能贡献出人工搜索没法贡献出的果实。但是,它们只会呆话呆说——只会按照你给出的文本或者你制定的编码去做机械搜索。(所以,你自己才是那个薄弱环节!)

③别忘了利用软件去整理论据、检查论据,这可以大大加强分析的力度。读者和评审们都在等着看你是怎么用软件来论证你的观点的。千万不要躲避论证过程,不能仅仅把你的观点列出来,然后配上几句生动鲜活的引语就算完了。这样做的确很简单,但被打回来也很会简单。

④不要心急,不要想着快点结项,因为你可能会一而再、再而三地重做搜索或者报告。过程管理要清晰、明智,一步步地把评估、编辑、强化论据、检验模式以及解释说明做好——这才能搞定!

10.7 毕业暨学位论文写作

你的毕业论文或者说学位论文,应该可以看成你写作的第一本专著。论文写作本来就让人焦虑不堪,更何况你还得面对层层关卡——一堆导师要过目,要送外审,随便哪个环节不过关,未来的学术生涯就岌岌可危。

不过还好,你不是单兵作战——你和你的导师在并肩作战。读研究生是(或者应该是)一个挺好的受训机会。你的研究是有人在一旁指导的,所以有不懂的地方就要去问。还有,图书馆也好,院系也好,都可以查阅到大量以前的学位论文,方便你学习、揣摩。现在互联网资源也很丰富,你可以在各种论坛或者讨论群里面抓取经验。

何况你在做研究分析的过程中,已经写了不少东西了。开题报告里一般就有文献综述,当然最后的论文里面文献综述是要更新的,但是不管怎么样,你已经有基础了。同样地,开题报告里方法部分也是可以拿来在论文里用的。不过,你可不能把开题报告从将来时变成过去时就直接放进论文里去了。你的研究在往前走,你的内容就要随之不断更新。质性研究跟调查研究不同，它的每一章每一节都不能提前写好，因为它的整个设计都是灵活的、数据驱动型的。有些事情看上去很小，但也挺重要的。比如说，要是从一开始你就把参考注释做好，设置好格式和自动排版，那最后你写论文的时候也会轻松很多。

  这一小节，我们主要就是对毕业论文的整个写作过程做一个预演。不过有一点需要注意，不同地方、不同机构、不同领域对毕业论文写作的要求是有差别的。这一小节的最后，莫尔斯会分享她自己的学位论文写作经验。毕业论文一般都有固定的格式要求，包括排版、结构甚至整体风格等等，都不能随意。在写之前，你就要把这些问题都搞清楚。图10.1是一般的毕业论文结构样本，你可以按照这个框架来搭建自己的论文。

1. 标题页
2. 签名/评审页
3. 摘要
4. 目录
5. 前言
6. 第一章：绪论
 a. 研究问题
7. 第二章：文献综述
 a. 章节介绍
 b. 具体文献回顾
 c. 总结/研究框架/研究问题
8. 第三章：研究方法
 a. 本章概要
 b. 方法评介和运用理由
 c. 场景和抽样
 d. 数据采集
 e. 数据分析
9. 第四章：结论
结论部分的写作要成体系，按照前面我们讲到的质性写作要求组织好。要是内容太多，这部分可以拆成两章来写。如果拆开的话，第一部分主要放描述性的内容，第二部分放理论建构。然后把第二部分命名为"结论"。
10. 第五章：讨论
讨论部分主要是回到整个文献脉络里面去讲清楚自己的贡献。主要内容可以包括研究贡献、研究不足和方法运用。研究能否继续加强？下一个研究可能是什么？对整个论文做一个概括总结，简短一点(英文不超过四页纸)。
11. 附录
这部分主要放问卷、各种研究指南、术语表、研究许可函件等。

图10.1　学位论文结构模板

开始写作

　　坐下来就写,这是新手的做法。老手们一般都比较狡猾,要等到项目进行得差不多了,才着手开写第 1 章。对于质性研究来说,写作只是分析的一种方式,你一边在写一边就在开展研究。写作其实是个贯穿始终的活——从一开始写分析备忘录到写分章草稿,一直到最后的融会贯通(Richards,2009,第 10 章)。

　　结论还没写就要向别人介绍整个研究,这还是挺有难度的。很多时候你写不下去,就是因为你不知道自己应该写些什么。所以,你第一步要写的其实是"结论"。接下来是方法,方法是最好写的,因为结构逻辑很清楚,内容也很具体。然后是文献综述+"讨论",你把你的发现、讨论放到一个文献大脉络里面去写,这样你的贡献究竟在哪里就非常清楚了。写作的时候,参考文献要时时更新,确保无误。第 2 章到第 5 章都写完了,你再回过头去写第 1 章、绪论。最后进一步浓缩,写摘要。

　　完成了,太棒了! 别急,还没完。草稿出来了,自己先检查。慢慢地从头到尾仔细通读,有问题的地方就记下来。接下来修改——对结论部分尤其要多加注意。自己满意了以后,再把稿子拿出去见人,请朋友、同事多加批评指正。如果你那里有专门的写作指导,就拿去再润色。交给预答辩委员会提意见。然后,答辩。祝你好运!

　　质性方法国际研究所每年都会评选最佳国际论文奖,获奖论文会在左岸出版社(Left Coast Press)出版。这些都是很好的学位论文写作学习资源。

10.8 期刊论文写作

　　毕业论文写得很好,内容很丰富,那拆拆分分不就可以在期刊发表小论文了? 这是行不通的。因为期刊论文的要求是精练、紧凑,跟学位论文的写作是两码事。不知道毕业论文要怎么拆,没关系,在写毕业论文的过程中,我们看过了很多期刊论文和会议论文,先从它们那里取经(见锦囊 10.1)。

锦囊 10.1

如何向期刊论文学习

挑选出你觉得最有说服力,写作上最出众的几篇期刊论文。仔细研读,厘清它们的作者是怎么做的。

- 作者是如何在有限的篇幅当中呈现论据的？
- 论据在什么时间以及为什么会发挥作用，有说服力？
- 作者是如何抓住读者眼球的？
- 案例建设是否让人信服？
- 作者是如何进行诠释的？
- 作者是如何讲述文献脉络和研究发现之间的关系的？
- 论文有哪些不足，可以如何修改？

有了答案之后，就带着你的答案回到自己的研究当中去。你要怎么做才能让自己的研究让人信服？你能不能比这些作者做得更好？

要把毕业论文分成期刊论文，第一步要做的就是决定期刊论文的具体内容。你是要给整个毕业论文写个内容梗概呢，还是把某一部分单独拎出来。这其实还是挺难决定的。因为毕业论文是一个整体，你得把它拆开破碎（我们选的词相当暴力）成一个个的概念，让每一个碎片都能自成一格变为完整的文章，的确不容易。但是这也意味着你不仅能从整体视角来写作毕业论文，也能把理论重新破成一个个独立的小单元。还有一个办法，就是把毕业论文拿出来整体发表，但是期刊又有篇幅限制，最后只能是泛泛而谈。或者，你干脆把毕业论文做成一本专著也可以。也有一些人的做法是先发表一篇文献综述，再发表一篇研究发现。突出论文的实践意义其实也是一条路，比如可以把毕业论文中对实践部分的探讨摘出来，写成教学实践论文、医疗实践论文等。一般来讲，学术论文是不能重复发表的，所以，你的论文到底要怎么处理，必须尽早做好安排。

第二步，搞清楚自己想要对谁说，读者在哪里。一般来说，质性研究的读者基本都是同为社会科学研究者的同行，很少写给从业人员或者是学生看，写成科普文章就更少了。不同期刊，其针对的读者群不同，对体例的要求也不同，因此选对期刊非常重要。要仔细搞清楚你的目标期刊的投稿说明，熟悉它的体例要求（特别是参考文献部分的体例要求）和内容要求。如果是要写给业界人士看，那你就要把写作的重点放在研究结论的实践意义上，而不能放在方法论以及研究的理论意义上。要是你想写的是科普文章，那就要向编辑、导师还有可能的读者多请教，看看怎么把学术语言转化成非专业人士喜闻乐见的语言，减少专业概念的使用，也不要过多地谈论方法方面的内容。

开始写作

毕业论文写作有一定的规程。首先,拉出详细的写作提纲。然后把要用到的引证准备好,放到提纲里面去。接下来,把要用到的图形、图表准备好,放到提纲里面去。(如果是要出版专著的话,出版方一般会要求把图形、图表等打包一起提供,然后注明这些图形、图表的具体位置应该在文章的何处。)所以,你的草稿上面要标好"表1放在此处"。

写期刊文章与写毕业论文的规程大同小异:先写"结论"部分,然后是"方法""文献综述""讨论""绪论"和"摘要"。写作的时候,要注意各部分的比重。以一篇15页的论文为例,"结论"部分应该占一半(至少7页);"方法",1页到1页半;"文献综述"和"讨论"部分,各2页;"绪论",半页到1页。引注方面,要做到非引不可的才引,以精简为要。有些期刊对引注的数量是有限制的,像《护理科学前沿》(*Advances in Nursing Science*)引注数量的上限是64个,作者选择起来还是挺被动的。

写完以后,把文章晾几天,然后返回修改,这样能确保你带着全新的眼光去回看自己的文章。修改的时候,可以大声地朗读,以便订正、查漏补缺。

大部分期刊都会公开自己的"评审标准"。盲评的专家们一般都会用这个标准来审阅发给自己的文章。你可以对照这些标准来修改自己的文章。在锦囊10.2当中,我们列出了《质性健康研究》(*Qualitative Health Research*)的评审标准。需要注意的是,期刊标准是对以往质性研究要求的一种重塑。对着标准来,你就能写出结构完整,各部分都很扎实的文章。

自己改完了以后,别急,连审稿标准一起把文章交给三个你信得过的同仁,请他们帮你再看一遍,该修改的就修改。

修改,修改,再修改,没完没了。但是,磨刀不误砍柴工,发表才是硬道理。你改得越好,你的文章被耽误的可能性就越低。

投稿完毕! 然后呢? 要是过了好几天都没有任何反应,那你就要主动联系编辑了。不要过了很久才发现,编辑根本就没有收到稿子,稿子不知道投到哪里去了。

如坐针毡的几个星期下来,你会等到以下三种结果:(1)继续修改;(2)被拒(怎么办? 找下家);(3)给予发表。第三个结果当然值得祝贺了。你会拿到一个文章编号,跟编辑之间往来频繁。

一般来说，期刊都会对你提出版权要求，让你填表。没错，一般都是出版单位，而不是你本人拥有版权。然后等上数星期或者数月，稿件清样会突然出现在你的面前。稿子经过了责编的手，有些句子的意思可能会不一样，你可得仔细检查。有些期刊会给你发清样审阅说明，那就按照说明去做相应的修改。清样修改要快（一般不要超过72小时）。再接下来，继续等，印着你大作的期刊终于寄到你手上了。开心一刻终于到来，先自己得意一会儿。然后送一本给你的导师，送一本给你的家人。

锦囊10.2

期刊《质性健康研究》的评审标准

《质性健康研究》编辑评审表

评审人：

稿件编号：

请填写以下内容。如果这些类别不适用，请填写N/A。本表将被转发给作者。

稿件价值：稿件的优点和长处？有无价值？有无提供新的重要信息？

学理评估：稿件逻辑是否严谨？是否紧凑简洁？结构是否完整？结论是否有用？

方法评估：是否归纳式研究路径？方法和设计是否恰当？抽样是否恰当和充分？数据是否饱和？有无理论分析？与实践和理论脉络有无紧密关联？

是否恪守研究伦理准则：

稿件的规范和体例:是否APA体例(或其他体例)?

其他评阅意见:

以下部分由编辑保存处理
审稿建议:
发表(　　)
建议发表(　　)
建议拒稿(　　)
拒稿(　　)
给编辑的参考意见:

10.9　成功发表,然后呢?

　　一般来说,你的研究发表出来之后就不是你的了,它自有其生长之道。多好啊,你的研究能够被引用,被参考。不过,你的野心可能不止于此,你希望自己的研究能够产生实际影响,得到实际运用。但是,单纯一个研究怕是很难达到这个境界,就算能改变一些现实情况,其速度也会很缓慢。

　　质性研究发现的用途多种多样。而你的研究发现能够发挥何种作用,产生何种影响,取决于它们的类型和它们相互之间的关联。常见的用途包括两种:单独使用和综合使用。

10.9.1 单独使用

设计精良的质性研究，其结果总归是可用、可移、可推广的。当然，人家要怎么用，是人家的事。研究结果发表出来之后，跟你的关系就不大了。质性研究被单独拎出来用，一般有以下几种情况。

(1)理论启发实践

很多专业实践工作，像教学、咨询等等，可能都会采纳、运用理论来重新组织日常工作。理论可以用来解释实际工作带来的后果，以及实际工作本身的特点。像评估性研究，其结果就能直接指导某个组织要如何去改善工作环境。人们会怎么用你的发现，既取决于研究发现本身是不是好用，也取决于人们如何理解你的研究发现，如何传播你的研究发现。

(2)揭开幕布

社会语境中存在哪些不为人知、不为人所承认的问题；人们的行为当中存在哪些不被察觉、未曾意识到的特征。质性研究所做的，往往就是去揭开覆盖在事物表面的幕布。比如，揭示出人们习以为常、未曾意识到的权力关系，让人们可以面对问题、讨论问题，继而对原有的环境、社会过程产生新的理解。隐藏于幕后的行为被公开化了，人们的理解也就变化了。

(3)厘清问题及概念的边界

质性研究的特点之一就是关注人之所不关注，能够把那些看上去不适合研究，甚至不能研究的问题重新带进人们的视野。所以，质性研究可以被用来开辟新的研究领域。质性研究以描述刻画开路，先解构、厘清问题，梳理、界定概念。接下来，后来者就能跟进开展更深入的研究。

(4)描述问题以协助解决问题

质性研究对问题所做出的"深描"，非常有助于干预和解决方案的形成。以研究病患者"希望"这个概念为例，你所得出的结论，是患者对这个概念的理解，是他们的行为方式。而你则要针对他们的需求，继续开展实际工作。你的研究重点不是护理人员，因此对护理人员是如何给予、整饬和评估患者"希望"的整个过程并不清楚。但是有你对患者的研究打底，你就知道应该如何建立评估患者"希望"的指标体系。

比如在研究当中,你观察到,"希望"首先意味着"承认威胁的存在"。那你接下来就要把这一点放进你的指标体系当中——"这件事的影响有没有被理解得很清楚"。用这个小问题来指导观察需要应付新问题的患者。患者需要被观察的行为包括"言谈当中对事件的重复叙述情况,和他人一起探讨问题的情况,整体表现出的紧张感和无力感"(Penrod & Morse, 1997)。这就是一个利用质性研究结果来建立行为评估体系的案例。

(5)为不可测量的干预行为提供评估标准

在很多研究领域,传统的研究观念都会认为要想得到最准确的答案,最好的办法就是做随机控制实验。但事实上,质性研究对于模式改变、项目运作等的描绘刻画,往往能够发挥统计研究所不能发挥的作用,给出统计研究所不能给出的理解。

10.9.2　研究结果的累积效应

一般来讲,质性研究的研究发现,都能和既有的文献相匹配(提供论证/提供支持)。科学的发展就是这样一步步来的,后来者也会把你的文献放进整个研究体系当中去,作为他自己研究的背景资料。如果你的研究发现提出了与既有文献相反的结论,那就非常有意思了,值得你或者其他研究者开展进一步的探索工作。你做完了一个研究,发现不够,需要再做一个,做成一系列的,这多好。上了研究的"贼船",你就不好下来了!

本章小结

质性研究的写作工作是贯穿始终的——写田野笔记,写备忘录,写诠释性概念,写团队笔记,等等。从研究一开始,你就得一直写,等到要瓜熟蒂落了,再进行所谓的"正式写作"。写作的时候,要善用所有的材料。所谓瓜熟了,指的是你自信理解了全部的事情,能够进行理论升华了。首先,搞清楚你的读者对象是谁,写作的内容要包括些什么。然后,准备好提纲,把数据、各种记录、各种表格放到提纲当中去。在写作的过程中,要始终保持读者意识、目标意识、成果意识以及方法意识。

参考资料

理论

Morse, J. M. (1997). Considering theory derived from qualitative research. InJ. M. Morse (Ed.), *Completing a qualitative project: Details and dialogue*(pp. 163-188). Thousand Oaks, CA: Sage.

Strauss, A.L.(1995).Notes on the nature and development of general theories.*Qualitative Inquiry,1*,7-18.

评估质性研究

Altheide, D.L., & Johnson, J.M.(1994).Criteria for assessing interpretive validity in qualitative research.In N.K.Denzin & Y.S.Lincoln (Eds.), *The SAGE handbook of qualitative research* (pp.485-499).Thousand Oaks, CA: Sage.

Cohen, D. J., & Crabtree, B. (2008). Evaluative criteria for qualitative research in health care: Controversies and recommendations. *Annals of Family Medicine, 6*(4), 331-339.

Thorne, S. (1997). The art (and science)of critiquing qualitative research. InJ. M. Morse (Ed.), *Completing a qualitative project: Details and dialogue*(pp. 117-132). Thousand Oaks, CA: Sage.

信度和效度

Cho, J., & Trent, A.(2006).Validity in qualitative research revisited.*Qualitative Research,6*(3),319-340.

James, N., & Busher, H.(2006).Credibility, authenticity and voice: Dilemmas in online interviewing.*Qualitative Research,6*(3),403-420.

Kvale, S.(1995).The social construction of validity.*Qualitative Inquiry,1*,19-40.

Morse, J.M., Barett, M., Mayan, M., Olson, K., & Spiers, J.(2002).Verification strategies for establishing reliability and validity in qualitative research.*International Journal of Qualitative Methods,1*(2),13-22.

关于写作

Boyle, J.(1997).Writing it up: Dissecting the dissertation.In J.M.Morse (Ed.), *Completing a qualitative project: Details and dialogue* (pp.9-37).Thousand Oaks, CA: Sage.

Richards, L.(2009).*Handling qualitative data: A practical guide* (2nd ed.).London: Sage.(See, especially, Chapter 10.)

Richardson, L. (1994). Writing: A method of inquiry. In N. K. Denzin & Y. S. Lincoln (Eds.), *The SAGE handbook of qualitative research* (pp.516-529).Thousand Oaks, CA: Sage.

第四部分
开始做项目

打好项目基础 **11**

　　我们写本书的目的就是介绍应该如何开展质性研究。现在你对这个过程已经有了一定的认识,那我们就再回到开头重走一遍研究之路。项目开始的时候,你首先得确定一个感兴趣的话题,进图书馆了解一下所有与话题相关的内容,然后根据你已经掌握的信息,提炼出你的研究问题。"扶手椅穿越"法可以帮助你用不同的方法来思考你的问题。这样一来,在这个早期阶段,你就很确定自己在信息充分的基础上做出了选择,对方法和研究设计选择过程中可能出现的问题就会有心理准备。最重要的是,这样做还能让你对结果中可能出现什么样的信息有所预料。

　　你选好话题,定下研究问题并把它放进相关文献背景中,往往接下来就要制订出一个研究设计,并准备一份研究计划来描述你的研究。一般情况下,你的研究计划都得提交到正式的答辩委员会或者伦理委员会,希望获得通过。即使没有这样那样的委员会要求你提供研究计划,你最好也准备一份研究计划来阐明你的研究思路和研究目的。

11.1　写研究计划

　　研究计划是什么? 研究计划是一个文档,你需要尽你所能概述你要研究什么,为什么做这个研究,以及打算如何进行研究。研究计划是一个指南,可以帮助你的导师或者论文答辩委员会对你的研究有所了解;伦理评估委员会也可以通过评估研究计划来判断你是否有可能伤害到参与者;通过研究计划,你可以让你所想研究的机构、团体等各方了解你的研究;研究计划还可以作为你追踪核查开始的基线。

关于质性研究者如何准备研究计划,已有好几位研究者写作出书、提供指南(见 Boyd & Munhall,2001;Cheek,2000;Morse & Field,1995)。

量化的研究计划一般会详细描述研究过程需要遵循的有序步骤,并且保证得出特定的结果。相对而言,质性研究计划提供的则是一个灵活的研究设计,研究者使用相关方法来合理探讨某个研究问题。由于质性研究项目的目的是有所发现——弄明白"这里发生了什么",因此研究者无法预测研究结果,也不能保证得出某个特定的结果(Boyd & Munhall,2001)。研究计划要阐明研究目的,并说服读者你选择的话题很重要,而且值得研究。研究计划必须详细说明使用哪种研究方法;并证明做出这样的选择是合理的;还得确定研究地点及相关参与者;对研究者如何收集、处理数据进行说明;描述预期的数据分析策略。

11.1.1 使用文献综述

通常,研究计划中最先出现的是文献综述,整体介绍已有的知识和此前研究已明确的内容,并在当前知识体系中对即将着手的项目进行定位。文献综述应力求揭露(而不是隐藏)知识空白,将薄弱的、有欠缺的领域,以及那些基于有问题的假设得出的有问题的研究结果呈现出来。因此到最后,文献综述一定要让读者感觉到:你的研究问题就是当务之急,必须马上开展研究。假如你的文献综述没能达到这样的效果,你就得重新思考你的问题以及你这么提问的根本原因,唯有研究项目是有意义的,才能贡献新的知识。

尽管我们无法预测质性研究的结果,但是研究项目本身的重要性还是可以从文献中某个理论背景的角度体现出来(Morse & Field,1995)。理论语境比你项目涉及的范围更大,能够帮助你把研究置于某个话题框架下。举个例子,你想研究患者间相互的社会支持,那么你的阅读范围就要扩大,看看有没有文献在研究其他语境下同伴支持的重要性和功能,然后将自己的研究定位到患者间同伴支持的价值的问题上(或者"阻碍同伴支持的有哪些因素"这样的问题上)。根据文献,我们可以提出没有同伴支持,我们就不能证明很多做法的合理性,比方说互助小组。我们甚至可以提出:这项研究对于促进患者之间的交流很有意义,或者对于医院设计很有参考价值。从本质上说,理论语境就是一个很有说服力的论据,它超越了单个研究项目的单个问题,能向人们展示出研究可能出现的结果以及你的单个研究与一个更宏大的研究主题之间的关系。

11.1.2　方法写作板块

"扶手椅穿越"法会让你产生一个理性的想法：哪个方法最能解决你的问题？你想在什么地方开展研究？你需要什么样的参与者、通过怎样的流程来生成和处理数据？在你的研究计划中，你必须尽可能清晰、详细地描述这些内容，从而方便读者判断研究的可行性和充分性。你要证明自己选择的背景和方法是合理的，还要解释清楚你抽样的基础，是你对这个现象已经做了最大的了解，因此你的抽样是最具代表性的。你拿到这样一个"纯粹的"样本是符合科学性原则的。你的计划要能给人这样的预期：你是在对这个现象有了一定的认识之后做的理论抽样（Glaser，1978），这些特别的个体之所以能够被挑选出来，其背后都是有理论根据的。

由于质性研究对样本大小没有固定的要求，因此你没法从数字上明确究竟需要多大的样本。不过，需要说清楚的是：有多少参与者可被研究采纳，取决于参与者的经历是否具有相关性，参与者是否能够回想并报告自己的经历，以及是否有必要做进一步的理论抽样。另外，还要解释清楚：数据达到饱和之后，收集数据的工作该如何停止？数据饱和的指标都有哪些？

接下来，就要说明你怎样处理和分析数据。你必须将处理、分析数据的步骤特别详尽地列出来，让人们对你能够客观对待这些数据持有信心。你还要阐明自己对方法中所要求的编码和分析的理解。假如你打算使用某个电脑软件，你要对其进行具体说明，并证明你的选择是合理的。（不要只是来上一句"通过×××软件的×××程序来分析数据"——记住，软件并不会分析数据。）如果要求详细说明的话，在解释流程时，你可以插入一个文本样本来实际演示一下编码的操作。你还要说明你将如何做类型化、主题化，会如何利用备忘录和注释来进行分析。

11.1.3　估算时间（及相关资源）

任何质性研究项目都由很多阶段组成，我们强烈建议你从一开始就考虑到所有这些必要的阶段。也许刚入门的研究者最常犯的错误是对研究所需要的时间判断不准。假如研究者通过计算生成数据所花费的时间（比方说，一个预期访谈的平均耗时乘以预期开展的访谈数量）来规划可用时间或资金，这就会把自己带进坑里。比较现实的计算方法是要考虑访谈（或者其他数据制作方式）前后每个阶段通常要耗费大量时间，而且每种做法都会带来一些工作量。在图11.1中，我们列出了

一个项目所需时间的估算清单。借助这个方法,你可以更加清晰地看到研究需要
未来一年(或者几年)的时间,更加直观地看待并反复审视一个项目。等你意识到
自己最初的研究计划要耗时那么久,你可能立马就想花点时间来调整项目范围。

> 做研究设计的时间;评论、探讨这个设计,然后进行再设计的时间
>
> +
>
> 概念化、理解话题、文献综述及评论的时间
>
> +
>
> 做准备、初步探索,然后进入这一领域的时间 + 出错、找错人、误解早期征象及处理不
> 当所耽误的时间
>
> +
>
> 做选择、进行试验并建立数据管理系统的时间,包括熟悉这个系统以及在图书馆里或
> 者电脑上熟练掌握基本技能所需要的时间
>
> +
>
> 持续进行数据管理(备份文件、创建一个电脑里的项目或者给多个文件夹起名字、录音
> 录像归档、描述性编码)的时间
>
> +
>
> 数据创建和解读的时间:每个活动(比方说,一个访谈)所需要的时间 + 做准备、练习、
> 学习、排练以及不知所措所需要的时间 + 预约、发现对方不在家然后重新预约所需要的时
> 间 + 转录音录像文件所需要的时间(至少是活动本身所耗费时间的5倍) + 核查转录文本所
> 需要的时间,读取、解读数据并对其进行编码所需要的研究时间
>
> +
>
> 为了进行(数据驱动的)理论抽样,需要更多时间进行数据搜集和解读+每个这样的新
> 活动以及伴随这些活动的相关流程所需要的时间
>
> +
>
> 持续进行的编码、探索、做注释、分类所需要的时间,以及最重要的是,思考、试验、进行
> 解释的时间,和用来绝望、得意、谈论、咨询、修改及重新讨论所需要的时间
>
> +
>
> 从最开始的阶段计起,分析工作所需要的时间:写作、做注解、写备忘录、重写、编辑、恰
> 当处理、讨论和润色
>
> +
>
> 以与项目匹配的方式,在各种背景和渠道下,向参与者或者专业读者做报告所需要的时间
>
> +
>
> 与团队聚会狂欢的时间

图11.1 估测质性研究的时间

11.1.4 做预算

如果要申请研究经费,你就得围绕研究计划写出预算。就算不申请经费,明确

开销是多少也可能很重要。项目过程中你的薪水、津贴或者养活自己的能力取决于你对整个研究时间的估测，不过别的开销也得有个估算。特别要注意下面这些：

- 人员费用：研究助理的薪水=每小时工资×工作时长。记得要算上在图书馆找资料的时间，安排预约的时间，到处奔波花在路上的时间，听访谈并核实访谈记录的时间，参与分析并为之后的访谈或者下一个阶段做准备所需要的时间，以及资料复印、存档等相关文案工作的总耗时。

- 转录费用：如果要将录音音频转录成文字，这是一笔不小的开支。（估计的访谈数量×4小时×60分钟录音×时薪）

- 设备及培训费用：列出所有音视频录制设备、转录机、计算设备等产品的牌子、型号和价格。要算上培训访谈技巧、计算方法、编码等所需要的时间和费用。

- 付给参与者的费用：假如计划给参与者付费，那么你要加上小组讨论或者访谈的费用（通常按照总耗时计算），另外还要算上停车、交通、雇用婴儿看护及其他费用的报销。还要考虑到茶点的费用。

- 耗材及差旅费用：要提前估计一下软件、纸、笔、电脑外置驱动器、音视频录制设备、打印机墨盒及复印的费用。还要把你自己及所有研究助理人员的差旅费计入预算。

- 出版费用：在这个阶段，出版或许看起来是一个遥远的梦想，但最终还是要产生费用的。要计划一下编辑、制图、复制文本、邮寄及快递的费用，以及其他出版费用。

11.1.5　关于如何处理现有数据的说明

你需要的数据有可能是现成的。一个先发制人的研究设计或许在你还没参与之前就已经规划好了；又或者，现有的数据可用来进行二次分析。这种现成的数据一般都是一种挑战，甚至会给你带来风险。但你不能因为这样，就对现成的数据直接说不。现成的数据，在很多项目里都会出现。对于历史学家来说，数据都是现成的。他们对于过去的探索通常使用的就是早在他们项目之前就已经有的文档、日记、信件等数据。假如说，某个活跃团体给你提供了数据，那你也不要一口回绝。从现有数据出发，也成就了很多不错的质性研究。假如你面对的就有现成数据，那么我们就建议你：要格外认真地对待你的研究设计，要比能自己掌控数据制作流程的时候更认真。

现成数据不太可能就是你想要的数据或者百分百适用于你的问题的数据。你要处理好这些数据，必要的时候还得收集更多的数据，那么相关预算和时间都得体现在你的研究计划当中。假如你想使用二手数据资料,那么你得想一想,你进入这个项目和获得这些数据资料的方式,你要严格地评估如此获得的数据对你的研究是否够用,在承认这些数据的局限性之后,再下结论。

11.2 确保研究符合伦理

质性研究必然带来一些特殊问题:研究与发表是否获得参与者同意?该如何保证参与者匿名?在任何研究地点,正式的伦理评估委员会都会对研究者的研究计划进行评估,看看研究是否会给参与者带来潜在风险,明确研究需要在多大程度上获得参与者及团体领导的同意和许可,以及研究必须在多大程度上保证参与者匿名。在项目开始之前,研究者必须获得上级管理部门的许可(对于学生来说,则是要获得所在大学的许可)。为进行研究所选择的机构在准入等事项方面或许也有自己的规定(大部分学校、医院、监狱和政府部门都有自己的规定)。对于伦理评估委员会设置的种种限制,研究者往往颇有微词,但是我们还是建议你要全面考虑,认识到这些限制是很有必要的。没有这样的大背景,没有委员会的帮助,要想确保伦理实践,难度就很大,也就越发具有挑战性。

你的研究机构(和主办机构)都有自己的伦理审查程序和形式,你得采用它们,但也需要确保这些涵盖了你项目的所有要求。此外,你还得符合国家的相关规定。有关这方面的信息通常可以在网上查阅。图11.2给出了一个参与者同意书模板。

11.2.1 匿名带来的挑战

在第10章,我们就提醒过:如果在最终的报告里使用一大段一大段的引语,并且一字不差地将对话搬上去,就很容易违反匿名原则。图像和视频则会带来更多、更大的风险。在参与者同意书里必须明确录音录像的形式和计划用途。图像和视频容易让参与者被认出来,这就违背了需要得到承诺的匿名原则,因此,假如你想拍照或者录制视频的话,你需要获得(具有独立签名的)授权证明。图11.3给出了同意书附件模板,供参考。

如果你向参与者承诺会匿名,你得从一开始就核查所有的书面材料,确保这里面出现的人物和地点不会被认出来。这项工作其实并不容易做,只是单纯地换个名字是很难达到目的的。你必须确保没有参与者会因为他/她的个人背景特征，比如年龄、性别、婚姻状况、职业、所患疾病，甚至所用的假名而被辨认出来。

[你的项目名称]
[你的姓名、所属机构、联系电话]
[项目简介:说清楚需要参与者做什么，要花多长时间。如果预备给参与者报销费用的话，这里也要说清楚。]

同　意

我在此同意参加上述研究项目。我很清楚自己的参与属于自愿行为，我可能会随时改变想法，即使拒绝参与或者直接退出也不会受罚。对于任何问题，我都有权拒绝回答;我也可以随时中断访谈。我知道最终的报告文本以及随后的出版物有可能直接引用自己说过的一些话，但是我的名字不会跟这些文字有任何关联。
我在此同意参加上述研究:

参与者	工整书写姓名	日期
主要研究者	工整书写姓名	日期
证人	工整书写姓名	日期

图11.2　同意书模板

附　件
我在此同意接受拍照供本研究使用。我知道自己的名字不会跟这些图像有任何关联。这些图像有可能会在最终发表的报告以及/或者在专业期刊发表的文章中出现,也可能用于教学。

参与者	工整书写姓名	日期
主要研究者	工整书写姓名	日期
证人	工整书写姓名	日期

图11.3　同意书附件模板，供涉及图像或视频记录的研究使用

如果参与者不主动要求暴露他/她的身份,常规的做法是将研究中出现的人

物、城镇或村庄、机构换个合适的名字。即使参与者要求公开,你也得让他们签署授权证明,言明许可你直接使用他们的姓名,这样才可行。(即使碰到这样的情况,你仍然要清醒地看到研究发表后可能带来的影响。)

有关匿名的问题,还有一点很重要,那就是:对于在哪些机构或者地方开展研究,研究者有责任隐瞒相关信息。我们在第10章中也讨论了这些内容。

11.2.2 许可

自20世纪80年代以来,社会科学研究一直受到严格监控,以保护人类受试者免受某些风险(包括隐私被侵犯)。研究人员如果没有得到一系列的许可,没有经过大学委员会和相关机构及社区的审查,就不能开展一个项目。

首先,你必须获得雇用你的机构的许可,因为雇用你的机构会被认为是你一切行动的主要责任人。即使是学生(他们并不牵扯直接的雇佣关系),也必须通过大学的伦理评估程序来获得许可,然后才能商议在哪里开展研究。因此,研究计划做完之后,你要马上去查询自己所在机构的相关规定,以便遵守。大学通常每年都会审查、更新自己的许可,同时要求无论出现任何突发情况、接到任何投诉,都应该立即上报。

接下来,你需要获得相关支持和许可,允许你在所选定的地方进行研究活动。这时候,你通常需要在多个层面上得到许可。首先,你必须获得最高管理部门的批准,这往往需要再接受一次伦理评估。举个例子,医院会对你的研究计划进行审查,看看你向医院员工和病人都提些什么问题。管理人员关心的是你的研究项目要占用员工多少时间(对于医院这样的机构来说,员工的工作时间就是一种成本)、你会向病人提什么问题。他们还会结合其他正在进行的研究来综合考虑你的研究计划,因为他们也很关心能否负担的问题——这个机构目前正在开展的研究有多少?你的研究对病人以及病人护理会产生什么影响?

国际研究有些特殊。如果项目需要你出国收集数据,你就需要获得相应国家的特别许可和研究签证。这些都是要花时间的,因此你要在研究计划中给这个流程留出足够的时间。

最后一级批准来自实际的研究地点,比方说研究在某个单位或者教室里展开。请注意,获得这个层级的批准并不是说相关人员会主动支持你的研究。在划定的研究地点或场所,你必须征得其中的个人的同意和许可;你还得与他们相处融洽,赢得他们的信任、合作和支持。

11.2.3 参与者一致同意

伦理评估委员会基本上不会通过隐秘性研究（在参与者不知情的情况下开展的研究）。如果研究有必要在参与者不知情的情况下进行，你得确定一些流程来对基本情况做出说明；在收集完数据之后，你还要获得参与者的同意。假如有人不愿意参与这项研究，他们可以选择将涉及他们的数据销毁。

参与者享有以下权利：(1)有权充分地了解研究目的、参与程度及时间要求；(2)有权要求保密和匿名；(3)有权向研究者提任何问题；(4)在不带来任何负面影响的情况下有权拒绝参与；(5)有权拒绝回答任何问题；(6)有权随时退出该研究。此外，参与者还有权知道：整个研究过程会发生什么，研究者将从他们那里获取哪些信息，都有谁能看到这些信息，这些信息又有什么用途。

我们非常重视这些权利，也敦促你要一直思考这项研究对你的研究对象会有怎样的影响。签署知情同意书并不能将你身上的责任撇得一干二净。参与者在签字的时候可能并不清楚自己之后会告诉你什么，也不知道研究过程中会遇到怎样的情绪性问题。他们享有的权利是一直存在的，这是一项基本原则。不能仅仅因为你的项目需要这些数据，你就拥有至高无上的权利来随意使用数据。数据越丰富，由你引出的叙述暴露的信息越多，那么同意参与你的研究的人享有的权利就越有风险。

我们通常要求研究者在数据搜集流程开始之前就获得参与者正式的书面同意书。你得有个非常清醒的认识：参与者在知情同意书上签字，并不意味着你就可以使用在签字之后获得的任何信息——有可能在后来的某个阶段，参与者希望你不要采用某些内容了。为了确保匿名，同意书不得跟这些数据有任何关联。在研究结束后，研究者一般要将这些同意书保留7年。

如果参与者是未成年人，通常指年龄未满18周岁的公民，则使用特殊条款。假如孩子太小，对研究这一概念或者被要求签署的协议以及研究目的都无法理解，那么必须获得父母任何一方或者监护人的同意。假如是个青少年，即便完全能理解研究目的以及提问内容，那只有孩子同意也是不够的，父母任何一方或者监护人也得同意。不过，孩子的意愿比父母的想法更重要——假如这个孩子不想参与研究，那么不管父母怎么想，我们都得尊重孩子的意愿。

要求获得参与者的同意是不是就意味着没法在公共场所开展研究呢？通常的规定是：只要情况允许，研究者务必注意告知研究对象，做到让他们知情；如果是在公共场所做研究,未经允许,研究者不得收集能够识别出他们身份的数据。举个例子,假如你在沙滩上开展研究,你可能会通过当地报纸来宣布这项研究,然后在这个区域的路灯杆上放上指示牌。不管你直接找上谁,你首先都要征得对方的同意。有可能很多人都不愿意参与,那么,你就要小心别记录那些能识别出特定参与者的信息。

如果你觉得参与者可能会反对将自己的相貌(图像或者视频里)暴露在公众视线中,但又允许其用于研究,那么你可以将同意书分成两个部分来提供给参与者,这样一来,对视觉图像被公之于众的担忧就不会妨碍你征募参与者了。参与者可以签署其中一个同意书,也可以两个都签(图11.2和图11.3给出了两个模板供参考)。

本章小结

在研究真正开始之前,你得做大量的准备工作。你必须准备研究计划,将你打算做的内容、研究地点及原因列出来;你必须获得批准,包括获得负责伦理要求执行部门的批准,以及获得研究地点负责人的批准。

本章,我们提到研究计划要想获得伦理审查委员会的同意,需要满足一些要求,比方说,要明确需要参与者做什么,你打算如何使用你获得的信息。我们也列出了参与者享有的权利,包括有权免受伤害、有权了解研究目的。

参考资料

关于写研究计划

Boyd, C.O., & Munhall, P.L.(2001).Qualitative proposals and reports.InP.L.Munhall (Ed.), *Nursing research : A qualitative perspective* (3rd ed., pp.613-638).Boston : Jones & Bartlett.

Morse, J.M.(2003).A review committee's guide for evaluating qualitative proposals. *Qualitative Health Research*, *13*, 833-851.

Morse, J. M. (2004).Preparing and evaluating qualitative research proposals. In C. Seale, D.Silverman, D.Gobo, & J.Gubrium (Eds.), *Inside qualitative research : Craft, prac-*

tice, *context* (pp.493-503).London：Sage.

关于准备申请资助

Cheek，J.(2000).An untold story? Doing funded qualitative research.InN.K.Denzin & Y.S.Lincoln (Eds.), *The SAGE handbook of qualitative research* (2nd ed.，pp.401-420). Thousand Oaks，CA：Sage.

Morse，J.M.(1994).Designing funded qualitative research.In N.K.Denzin & Y.S.Lincoln (Eds.), *The SAGE handbook of qualitative research* (pp.220-235).Thousand Oaks，CA：Sage.

关于伦理要求与许可

Christians，C.G.(2000).Ethics and politics in qualitative research.In N.K.Denzin & Y.S.Lincoln (Eds.), *The SAGE handbook of qualitative research* (2nd ed.，pp.133-155). Thousand Oaks，CA：Sage.

Mauthner，M.，Birch，M.，Jessop，J.，& Mueller，T.(Eds.).(2002).*Ethics in qualitative research*.Thousand Oaks，CA：Sage.

12 准备开始

质性研究做得好不好,取决于研究者。这既是好事,也是坏事。所有的分析性决策都出自研究者,并非由数据、方法或者电脑决定。在特定的研究地点,研究者靠技能、毅力、耐心和智慧赢得参与者的信任,灵活改变策略,然后很好地平衡研究设计。研究者要创建一些必要的数据来生成一个内容丰富的研究,在确保方法论一致性的同时,还要一丝不苟地阅读文献资料。研究者要对这个话题了如指掌,能够敏锐查询数据,准确识别相关线索,并细致地进行阐释。这是一门门槛很高的手艺。

手艺做得怎么样是有标准的,我们要心里有数,这样学起来才不那么难。好的研究者定的标准就很高。他们熟悉相关理论和研究,因此知道哪些已知哪些还是未知,然后将那些新的、令人费解的重要内容分离出来。他们可以给自己找到一个合适的框架或者范例来展开研究,也有能力将其与数据分开处理,这样才有可能做归纳。模棱两可或者自相矛盾的内容,并不会成为他们研究道路上的绊脚石,相反可以激发他们的研究兴趣,让他们清楚地认识到实际情况很复杂;确切地说,这是一个复杂的谜题,也是一大挑战,有可能并不存在最佳答案,又或者,找到答案并不是一件容易的事。要让数据变得有意义,这样的脑力劳动所带来的挑战令他们着迷,因为他们知道要用什么研究方法、策略和技巧。他们清楚只有这些才是可以推动研究的工具——也就是说,自始至终,解决方案本身并不能推动研究。研究者使用策略和技巧来处理数据,这之后才有可能分析数据,策略和技巧本身做不了分析工作。

那么,怎样才能成为一个好的研究者呢?上面的描述很有可能会让一个刚入门的研究者望而却步,甚至犹豫放弃。但是跟其他手艺活一样,通过实战操作,你才能学会质性研究。在做研究的过程中,要从错误中吸取教训,积累成功的经验,这样你才能成为一名质性研究者。关键不在于如何成为一名研究者，而在于如何在做研究的同时学到最好。

质性研究不会莫名其妙地自己就冒出来，也从来没有哪个项目会自己启动。在研究过程中，研究者不断做出选择，围绕数据提问，同时也会提出一些无关数据的问题。只要你一声令下，研究就启动了。当然，启动容易，推迟启动也同样容易。因此，在本书收尾时，我们来对付这个难题。

12.1　为什么开始一项研究这么难？

项目一开始就产生畏难情绪了，这其实很自然，是质性研究方法的一部分。你需要对此表示释然。对于任何研究项目，特别是重要的项目，准备开始从来都不是一件容易的事。质性研究带来的挑战又很特别。但是一旦你明白这些挑战并不是你的错，那你处理起来也就不会那么大压力了。

首先，尽管理论上，质性研究跟量化研究一样，当你开始思考这个话题时，研究就开始了；但在实际操作中，得等到你第一次走进研究场景，开始第一次观察或者第一个访谈的时候，质性研究才算真正开始。最难的事情是走向第一个参与者，用三两句话解释你的研究。我们可以通过角色扮演、跟同事合作练习来为此做准备。

其次，在质性研究中，似乎所有的事情都是同时发生的。至少有两件事一定是同时发生的：数据生成和数据探索。这是因为我们采用的方法是由数据驱动的。根据早期的实地研究或者访谈，你开始有了一些理解，这有可能改变你的研究问题框架，因此数据构建过程也会发生变化。随着数据记录不断增加，你一定要对数据进行探索、编码，并与团队成员或参与者一起展开探讨，然后结合文献资料对数据提出疑问；接着，你得依次挖掘并记录相关结果。所以，不管你从哪里起步，必然有几个过程会同时开始。

再次，用质性的手段收集数据不仅困扰多多，而且要求也很高。即使是最有经验的观察者或访谈者，要想在一个陌生的地方让人接受他/她作为观察者，或者成功完成首个非结构式访谈，都是很伤脑筋的事。对于刚入门的研究者来说，即使对记录感想、编码新发现、图示各种关系不做额外要求，迈出这各种第一步都是不小的挑战。同时，那些制作数据的技术太好用了，以至于退出和反思变得非常困难。

12.2 怎么开始?

那么你到底怎样做才能开始呢？对于这个问题,本书给了很多答案。如果你准备开始,那就复习一下。只要下决心要从研究场景或者参与者那里获得一些新知,研究者就得从某个地方开始入手。

(1)从图书馆开始

判断一下你的研究是否会获得新知识,包括弄清楚哪些知识是已知的。除了围绕选定的研究主题广泛涉猎、博览群书,你别无选择。要从已有的知识开始入手。

有一种迷思认为,预先做文献搜索和理论推断有碍理论发现,我们在本书中一直反对这一观点。如果有些知识是已知的,那么绝对没有必要否定自己的知识。拒绝接受这些知识是毫无意义的,而且我们完全有理由认为,有了先前的知识,你的研究就会更有针对性、更有用。找出哪些知识是已知的,看看你的研究领域还可以问些什么问题,要从这些做法开始。关注当地情况:你对自己研究的环境、所在的地区都有什么了解？围绕更宽泛的话题,看看前人都做了哪些研究,开始构建更一般性的知识,但是不要等到你什么都知道了才开始。

从图书馆开始并不意味着你在耽搁研究。你要一边读,一边将你阅读的成果——笔记、评论和备忘录,当成数据来对待。要将这些数据跟你的访谈文字或者田野笔记一起进行编码,并展开探索。如果你使用的是电脑,那么要将你的文献搜索轨迹和笔记当成数据,跟其他数据一起,使用质性软件来进行分析。

文献综述也需要质性分析同样的技巧,即:从庞杂混乱的数据中提炼精华,找出其中的故事、模式或主题。跟大多数质性研究一样,文献综述也是从提出一些问题开始,然后生成更多的问题。你最先提出的问题是:"哪些知识是已知的？"随着综述的深入,会有更多具体的谜题冒出来("为什么美国研究的结果跟欧洲差异很大?"或"需要什么样的理论来对研究主题的这个方面进行解释,为什么一直没有发展出这样的理论?")。

围绕这个话题广泛阅读与归纳性地开展研究工作是相通的。阅读的时候,你就要朝着归纳知识的目标进行努力。良好的数据管理有助于归纳。

• 要一眼就能将文献资料识别出来。（用不同的字体输入，或者在彩色纸上打出来，或者将其编码放到"文献"这个类别里。）要将文献、你个人有关文献的想法以及有关这个话题你任何先入为主的观点放到不同的地方保存，数据则另外单独放个地方。

• 要在观点、概念和理论旁边附上作者的名字，这样可以时刻提醒自己正在讨论的是谁的观点。要对每个文本进行编码以便引用。

• 要一边阅读，一边做记录以提醒自己初步的想法，从而形成你对分析过程的描述。对于你阅读中的新发现，要保持怀疑精神，并对每个假设进行检验。

(2)从"扶手椅穿越"法开始

重温一下如何通过各种方法来系统思考你的研究主题。假如研究按照质性研究的每一种方法展开，你的研究会是怎样的？又会给人什么样的感觉？你会如何将研究聚焦到某一个研究问题，又想获得什么样的数据？如果你坚持要用某个特定的方法来研究这个主题，这样用心走一遍，有可能开发出很多研究的可能性，也有助于你确定一个研究设计。

• 我们在第2章中介绍过，你可以一边想一边说，再一边记录你的穿越过程，将其画出来，或者制作一个矩阵。

• 马上开始做备忘录。项目是从想法开始的，而非数据。按照你的喜好，制定一个方便操作的备忘录写作常规，在备忘录中记录你对项目的初步想法、合适的方法、可能采取的路径以及你为什么研究这个主题。

• 如果你后面要在电脑上开展研究，那就从使用软件开始。将你的穿越过程记录下来，存成你的第一个项目文档，记录你想法的备忘录则变成其他更多的文档。

(3)从思考方法开始

穿越是你通过思考找到合适方法的第一步，但这不能代替你对相关项目报告文本和案例的全面阅读。请从本书列出的参考文献开始，然后拓展出去，将自己沉浸在你所选择的这个方法以及采用这个方法的研究中。找出相关的论文、著作以及会议论文，同时进行评论。

• 不要对方法论过于狂热：阅读时要跳出这个方法的约束，听听一些批评的声音。从一开始，对这个方法带来的挑战以及方法在项目上的优势，就要保持警惕。

• 如果可能的话，找到一个熟悉你所选研究方法的研究者，并与他/她一起共事。像学徒一样进行学习,观察并遵从他/她的指导,直到你学会了有关数据和分析的思维方式。

(4)从你自己开始

你的研究应不应该使用自己的个人经验呢？我们在第5章中提到,有一种争论是(在早期人类学中争论得很激烈),研究者应该将自己和主题、研究对象区分开来,避免带着自己的个人目的来推进研究问题。赞同者所担心的是,个人参与会让这个主题更加感性,会让研究者失去"客观性",报告也就失去公平。人类学家认为,研究者如果沉浸在某种特定的文化中,就"看不到"这种文化的价值观和信仰。总的来说,这些反对意见现在有所缓和,但是正如利普森(Lipson,1991)所说的,这个任务并不轻松,需要大家共同协调努力才能完成。

假如你的价值观、信仰、文化甚至身体方面的限制对研究过程和数据质量会有影响,那么你该如何对待自己的经验呢？在你阅读项目相关文献时,你会发现大部分研究者都很关心这个问题。为了实现客观性,某些流派的拥趸会强调客观对待数据,在数据搜集过程中讲究可靠性和有效性,并将研究对象视为"信息提供者"或"演员"。极端的做法是承认研究者是整个研究设置的一部分。研究者的阐释只是研究过程中出现的一种阐释,参与者甚至合作研究者都会有各自的阐释。研究者必须要有意识地进行选择、协商并维护好跟研究对象的关系。

①研究者的个人经验应该起到的作用

在第5章中,我们探讨了使用个人经验或者将经验融入项目的利与弊。我们注意到,你的个人经验有两种用法:将个人经验描述出来并作为数据使用,同时与研究中其他人的经验区分开来;或者,将个人经验当成详尽而丰富的合理数据来使用,这有可能比那些通过访谈或者观察得来并且已经公布的二手经验还有效。不管你做出哪种选择,我们都建议你要谨慎使用个人经验。

②隐藏的目的

使用你自己的经验有优势,比方说可以丰富这项研究,但伴随而来的也有风险,因此这里给出一些提醒。研究者往往都有一些隐秘的个人目的,也就是说,他们自己或许有问题想要解决,很可能将这些问题当成主题来研究。不过如果你卷入一个研究当中太深,整个研究过程也就可能会让你不堪重负。要记得,收集质性数据,需要聆听研究对象很多类似的故事,他们也有着相同的经历,然后你还要跟这些故事纠缠在一起数月。特别是当这些材料在个人情感上让你深感不安时,你还想这样对待自己吗？我们不建议你通过质性研究来试图理解在自己身上发生的痛苦的事件，比方说父母一方去世。

如果你的确面对个人的问题，那么我们建议，通过一般性的渠道来解决你的问题。比如你认为你被开超速罚单不公平，那就不要将交警对待司机的态度选为你的主题。假如你觉得自己在别的地方受到不公平对待了，也请不要试图通过质性研究来解决你的问题。最重要的一点你必须记住，侦探工作与质性研究之间有着明显的不同。你属于后者——质性研究不是努力要去"抓住谁的把柄"。要避开那些高风险主题，因为这些主题有可能触及法律，数据可能会被征用，个人也会冒很大风险。

有时候，在研究合同中，合同的其他签约方有自己的目的，比如会借助质性研究者来帮助他们阐明一个论点，证明这个论点存在的合理性，等等。当研究的结果不符合他们的期望时，研究者可能会遇到麻烦。如果合同协议在某些方面有明确的规定，比方说，数据归谁所有，有关研究结果和合作各方保密的要求，研究者的出版权等，至少你在一定程度上可以避免这些麻烦。

总之，你要谨慎选择研究主题，因为一旦选错，就可能导致麻烦，研究也会变得很糟糕。做出选择，可能需要自我反省（"为什么这个话题深深地吸引我？"），并且要衡量一下自己的得或失。要了解你自己。

(5)从小处开始

研究者很容易被海量质性数据淹没。跟冲浪一样，这里的挑战是：当数据浪潮越来越大、越来越强劲时，你要冲到最高处，并且保持在最高处。如果数据远远高出了你一截，那么再想冲到最高处就太晚了。质性研究的势头是很猛烈的，因为抽样和数据采集模式通常不受研究者控制。一旦身处实地环境，你就会被卷入很多事件中，你还不得不去观察。假如开始处理的是一个滚雪球样本，你就很难对接下来更多的访谈说不。

不管使用什么质性方法，如果研究者收集数据的同时不开始分析，数据就会保持原样、越积越多，项目就会面临严重的问题。1989年，斯特劳斯向理查兹明确描述过这种情况："学生们让数据骑到头上来了。"就其本质而言，质性数据丰富而复杂，对于立即删减其庞杂的种类或数量这样的做法很不屑。迅速获得大量记录而不对它们进行探究、编码，这对你的研究工作的方向感和数据访问将是灾难性的。对于项目中出现的数据记录，我们该如何保持在最高处对其进行处理呢？我们的建议就是一边收集一边分析。至于如何开始，我们的建议很简单：从小处入手。

• 从一个有限的、相对独立的项目片段开始，比如说，从相对不那么相关的群体开始,或者从对场景的记录分析开始。这样一来,即便出现了问题,你也可以迅速退出,而不至于把主要项目都给破坏掉。

• 数据一开始出现,就要逐条进行审核、思考,进行一定程度的处理。一边阅读数据,一边要写备忘录,记录一下你对这个事件的记忆,对这个访谈的第一印象,等等。

(6)稳妥地开始

通过战略性地规划如何进入某一研究实地、如何展开第一轮访谈,你就可以整体把握研究过程。研究从何处开始,绝大多数项目都存在多个选择。对于那些你不太有信心,但又特别重要的研究事件或经历,你可以选择推迟处理。

• 在你去研究实地开展访谈之前,访谈一下朋友或者家人以作练习。

• 认真思考每一步研究行动的伦理和礼节问题,在实地现场尽可能多地向人请教。

• 如果可能的话,从请教你科研道路上的密友或顾问开始,他们会直率地跟你说清楚发生了什么,你又该怎么处理。

(7)立即开始

推迟项目开始的时间会造成严重影响。除了影响你的自我形象和最后完成期限,拖延还会让你失去动力,让你无法达到计划的知识水平。对任何项目而言,查阅文献、做计划、重新计划、咨询等准备工作都是绝对必要的,但这些都无法取代研究本身。你总是可以找到一个机会切入研究的。

开始的时候要谨慎,特别是当你面临出结果这样的压力的时候。假如委托方或导师同时提出太多要求,那就让他们看看本书;趁他们阅读的时候,你继续估计项目的价值,让自己熟练起来,并且为自己进入实地做好规划。这些流程花不了多长时间,但你必须要这样做。没准在他们看完本书之前,你就已经准备好了。

(8)从研究设计开始

找到研究问题,选好研究方法,并不意味着你立马就有了一个研究设计。如果没有一个实用的大纲,一个项目即使可行,你也没法开始。这一点非常重要,所以我们用了整整一章来介绍这个问题(参见第4章)。不过,你无须等到研究设计完美才开始做项目,只要这个设计能随着你对数据的了解进行调整即可。做项目之前,你必须认真思考你带来的知识,这是与你的研究项目建立良好关系的第一步——你会因此获得一种感觉：这个项目你能把握、能完成。

(9)从训练有素开始

从思考你将采用的方法开始，你就应该注意那些你要用到但还不具备的技能，注意你何时要用到这些技能。应该养成这样一种习惯：无论是项目的哪个阶段，你都得熟练掌握了必要的技能之后才能开始。假如你对项目要求的数据搜集方法没有什么研究经验，那就一定要先学学方法，然后才开始收集数据。就从本书里列出的参考资料开始，围绕数据生成或分析的特定方法广泛阅读吧。这样你就不仅清楚数据能带来什么新发现，而且知道如何判断数据处理得怎么样。

永远不要在真实的研究情境中检测数据搜集技巧。所有质性数据的生成都具有潜在的侵入性，因此你的错误有可能造成别人的痛苦。质性数据还具有累积性，信息的提供者也往往会在一起交流，你犯的任何错都有可能阻碍以后的数据搜集工作。

(10)从软件使用开始

在开始收集数据之前，早早地选好软件，学会熟练使用电脑以及所有相关软件。如果一直等到生成数据的时候才开始学，你就会面临损坏甚至丢失文件的风险。

• 如果你对自己使用电脑不太有信心，那就要找人帮忙，确保自己会用这个操作系统，并且可以管理好你的文件及备份。不管使用什么软件开展研究，这些技能都是必须具备的。

• 确保你能熟练使用你要用到的所有软件，包括文字处理软件。(你会熟练地排版并进行编辑吗?)

• 现在，你选好质性软件了。从研究设计开始，你就需要具备使用质性软件的基本能力，这样，研究工作一开始就能从软件中获益。评估一下你的自学能力。好的软件提供自学材料，还有别的研究者提供培训之类的帮助。

• 要利用别人的智慧！不要想当然地认为最好的办法就是自学：去找找哪些人具备你所需要的软件技能和经验。看看可以从你所在的机构获得怎样的软件支持并加以利用。登录软件开发商网站，找到相关研讨会、专家或网络课程的信息。在网上找一找，看有没有关于这个软件的讨论列表，这样你就可以从别的研究者那里借鉴一些小诀窍，从而避免犯同样的错误。通常跟着别人一起学往往比自己一个人学更有成效，学得更快，也更加有趣。

12.3 恭喜,你已经开始了!

还记得你为什么想要做质性研究吗? 在研究的过程中,你要将这个初衷和你的项目目标铭记在心,无论是对参与者还是对你获得的数据,你都要张弛有度,收放自如。要充分发挥数据丰富的价值,最重要的是,要享受其中的乐趣。

参考资料

Bilken, S.K., & Casella, R.(2007).*A practical guide to the qualitative dissertation.* New York:Teachers College Press.

Bloomberg, L.D., & Volpe, M.(2008). *Completing your qualitative dissertation: A roadmap from beginning to end.*Thousand Oaks,CA:Sage.

Fitzpatrick, J., Secrist, J., & Wright, D.J.(1998).*Secrets for a successful dissertation.* Thousand Oaks,CA:Sage.

King, N.M.P., Henderson, G.E., & Stein, J.(1999).*Beyond regulation: Ethics in human subjects research.*Chapel Hill:University of North Carolina Press.

Meloy, J.M.(2008).*Writing the qualitative dissertation: Understanding by doing.*Mahwah, NJ:Taylor & Francis.

Piantanida, M., & Garman, N.B.(2009).*The qualitative dissertation: A guide for students and faculty* (2nd ed.).Thousand Oaks,CA:Sage.

Richards, L.(2009).*Handling qualitative data: A practical guide* (2nd ed.).London: Sage.[见第一部分:Setting Up。]

附录1　质性分析软件——下一步迈向哪里

林恩·理查兹

我们写作本书,是为了让新入门的研究者们对质性研究操作有个大致了解。现在的质性研究操作很多时候是借助电脑完成的。我们不认为所有的研究者都必须用软件分析数据,但很多教材和雇主都觉得用软件是理所当然的。软件可以帮助研究者做到很多纯手工做不到的事情。这样一来,如果研究者对特定软件能发挥什么特定作用有所了解的话,就更容易把握自己的研究所得。

第一次用软件的时候容易产生畏难情绪。不过,就我们自己的经验来看,这没关系,因为大家一开始的时候都不知道用软件工作到底是怎么回事,不知道如何下手。本书介绍了一些如何通过软件工具完成研究任务的做法,也介绍了在研究的不同阶段适合使用哪些类型的软件工具。

本书的章节内容涵盖了设计、数据、分析等不同的研究环节,每个章节里对软件的讨论都紧扣该章节的主题。我都从三个方面对软件的使用进行了介绍:概述软件使用的不同,介绍软件使用的优势,以及非常重要的,给大家一些提醒,以免使用不当出问题。

本书的配套网站(www.sagepub.com/richards3e)对本书所涉及的软件介绍做了一个汇总摘要。因为拿着一个汇总文档做参考,还是比较方便一些。

网站的第二个部分,介绍了很多攻略,把你可能碰到的难关和如何才能成功过关的经验都列出来了。其中有很多攻略,都来自那些看着质性分析软件诞生、发展,有着几十年使用经验的研究者。

现在你已经准备好要用软件了,需要找到一个适合自己的软件包。第4章的表格当中,我们把各类软件包的功能都介绍了一遍。如果需要更多更细的建议,你也可以到我的另一本书《处理质性数据》(*Handling Qualitative Data*, 2009)由 SAGE 公司做的配套网站上去看看。我概括出了一些如何"进入"软件使用状态的建议，围绕以下几个方面给你做软件包的导购服务和使用说明服务：

- 你是不是一定要使用软件；
- 尖端科技有哪些；
- 去何处寻求客观信息(以及一些不太客观的信息)；
- 如何对软件开发者穷追猛打，然后说上话；
- 管理你自己和软件之间的关系；
- 软件使用入门的在线快捷导览。

开始使用软件了，你是否需要做些有针对性的专门训练？对此，你也可以寻找一些网络资源。英国萨里大学 CAQDAS 项目的主页非常好用，它提供了所有质性软件开发商以及其他很多必要资源的链接。很多开发商网站都提供产品的免费试用版，也会提供相关的使用说明。

你是倾向于自学，还是倾向于找培训老师？一般来讲，跟独立的第三方老师学习要比跟软件开发商的培训老师学习效果好。很多软件开发商会开办一些学习工作坊，网上也有不少教程，很多培训老师都有他自己的一套培训手册。

我们在本书里面已经温馨提示过，使用软件会让你倾向于处理那些很容易用软件处理的事物。要是项目结束的时候你才发现原来要是懂软件的话，研究做得会更好，那得多遗憾。质性研究软件跟一般的软件不同，只是点点鼠标来学习是绝对不够的。软件里有很多精细化的工具，就跟质性研究精细化的过程一样，它不是自动化的。所以，在使用软件之前，你要先看看有哪些研究的确是通过你所选择的软件完成的，从中获取经验。向有经验的使用者讨教，或者干脆观摩他们的研究，在线学习他们的分析是如何通过软件进行的。加入使用者讨论群，分享自己的成功和挑战。写论文不要只是写自己的研究发现，也要写写自己是如何使用软件的，这样才能帮助更多的人，而别人的讨论也会反过来帮助你反思自己的分析过程和帮助你达到目的的软件工具。

附录 2 关于经费申请

珍妮丝·莫尔斯

好的质性研究都是拿时间耗出来的，它建立在大量文献和他人工作的基础上，并且要契合进这一体系之中。所以，能够有一位研究助理边学习边帮忙的话，工作量就会被分担掉不少。好的研究，总是需要好的数据、好的转录与好的研究者讨论，有好的年轻学者协助，这些都需要大量经费支持。好的质性研究也需要设备（电脑、打印机、视频音频的录制和转录设备、软件、相机、传真机、复印机），有些设备是需要临时购买的。好的研究需要在各类会议上宣读，并告诉参与者们相关的研究发现，事先都得出版出来。简而言之，好的质性研究都是做起来贵，发出来也贵。

很显然，如果研究者可以找到资金来支付这些开销，就能减轻不少负担，向成功迈进的步伐也可以轻松一点。但是申请经费也是一种艺术，了解这一过程中的种种诀窍，绝对大有裨益。这里呢，我可以提供一些小建议。

1.申请资助

每个资助机构都有所谓的"参考标准"，显示出他们比较倾向于资助哪个领域，何种议题，研究需要达成什么目标。你最好多看两遍该机构之前资助的项目清单，分析自己的研究跟它们是不是有相似之处。如果还是不确定，你就打电话去咨询。打电话的时候，注意以下几点：

①他们是否资助你这一身份的研究者？（是否资助学生，是否资助没有先期成果的新研究者？）

②资助额度有多少？有些研究者只需要少量的"种子经费"——够支付研究助理开展转录工作和其他小额开支就行；而有些研究者就需要大额的经费，可以帮助

支付设备经费和数年的研究助理劳务。

③是否资助质性研究项目？（问这个问题之前，要首先看一下之前的受资助的项目清单。）

要注意看清楚申请期限以及其他的要求，留出足够的时间在自己这边做完签名、审核等流程。你要知道的是，一般来说，经费都是划拨到你所在机构，而不是直接划拨给你个人的。如果你是研究生，那么你的导师就得签名，负主要责任。

能不能同时申请几家资助机构的经费呢？原则上是可以的，但是你得讲清楚，你同时申请了哪几家机构的经费。如果你的研究计划是在资助范围之内的，那这些机构之间会相互联系，商量好各自分担多少费用。

2.经费申请成功之后

经费申请下来了，那你的时间管理就要开始了。一定要按照研究机构的要求来，一点都不能马虎。该提交中期报告的时候就提交中期报告，该提交最终报告的时候就提交最终报告。

就算是再好的质性研究，其操作过程和成果输出都存在不确定性。你需要跟资助机构中负责你项目的人员保持联系。当你的计划中途出现变动时，这一点就显得格外重要。改变研究计划是必须得到资助机构许可的。项目完成了，你也要在自己的各项出版物和演讲稿上标清楚经费来源。

预算 80, 83, 84, 85, 113, 217, 218
原语编码 132, 163, 164

Z

扎根理论 5, 9, 10, 21, 25, 26, 27, 28, 29, 35, 44, 53, 54, 55, 56, 57, 67, 68, 86, 92, 103, 106, 132, 134, 145, 151, 152, 160, 161, 162, 163, 164, 166, 167, 170, 174, 175, 184, 196, 199
扎根理论分析性编码 134
扎根理论研究者 61, 132

芝加哥学派 38, 65, 66
制作数据 6, 9, 11, 101, 102, 104, 105, 106, 109, 112, 113, 121, 226
主题化 11, 42, 43, 126, 129, 135, 144, 156, 216
专题编码 126, 127, 128, 131, 132, 133, 134, 135, 137, 138, 139
追踪核查 191, 214
自反性 62, 63
自我民族志 51, 121
自我民族志研究者 51

译者后记

促动我们翻译本书的是两位作者的一句话——"为质性研究祛魅"。本书的两位作者在自身领域都获得了很高的成就,但在她们眼里,研究并不玄妙高深。对于那些有志于从事质性研究的人来说,这无疑是最具力量的鼓励。

两位作者努力把复杂的事情简单化。她们希望让读者理解到,真正的学术研究和任何一门手艺一样,可以操作,可以练习,可以精进。而当你真正掌握了它,则可以深入浅出,享受其间。本书对当下日渐普遍的质性方法运用软件也进行了"祛魅式"的介绍,给出了很多能够派上实际用场的建议,非常适合那些希望通过软件来提升研究效率的读者。本书的第一作者林恩·理查兹,就是当下运用最为广泛的Nvivo质性分析软件的主要创建者。

本书名为《做质性研究,先读我》,在我们看来是名副其实的。万事开头难,在跨入质性研究这扇大门之前,先看看这本书真的很有用。这本书就像一位质性研究大师,她经验丰富、成果卓著、眼界宽广却又非常热心随和,不但给质性研究的方法路数和研究过程勾勒出了清晰、完整的脉络,还随时准备耐心地回答你的各种疑问。本书的编排和讲解方式,能让新手们快速地建立起对质性研究方法类别特点和实际操作的全景认知,对质性研究方法的兴趣和信心会自然地随着阅读而生出,从而指导他们有的放矢地去选择和开启自己的研究。

我们在翻译过程中,最为重视的就是保留这本书的祛魅气质。质性研究不神秘,但做好质性研究却需要付出大量努力。在强调祛魅的同时,两位作者也强调了研究本身所应具有的审慎和扎实。这也是我们作为译者,一定要传达出来的信息。从确定问题到最后成稿,每一个研究步骤,都要经得起推敲和质疑。

除了译者的身份之外，我们都还有另一个身份，就是研究者。两位作者的研究领域是家庭社会学和护理学。表面上看，这与我们是隔行如隔山，但是，正如两位作者所言，方法本身并没有所谓的学科界限。在研究过程中，人们真正需要避免的是画地为牢。随着互联网的发展，各个学科之间的边界正在进一步消融。本书中所提及的亲密关系、健康传播，目前已经是传播学研究中极为重要的分支。

所谓见多识广，放在方法的学习和运用上也是成立的。因此，我们非常推荐新闻传播专业，以及其他社会科学领域相关专业的师生阅读这本实用的方法手册。

感谢曾经就读于南京大学新闻传播学院的张艳慧、王雪莹、丁珂玥、钟鑫、张翼、王君、赵钰涵、班小琉诸君付出的心血和时间；感谢SAGE出版社孙素青老师和重庆大学出版社林佳木老师给予我们的信任，让这本以"祛魅"为中心思想的书籍得以在中文研究世界里出现。

胡菡菡　汪玮

本书相关中文读物

书名	主要作者	主要译者
APA格式:国际社会科学学术写作规范手册 Publication Manual of the American Pschological Association	American Psycho-logical Association	席仲恩
案例研究:设计与方法 Case Study Research: Design and Methods	Robert K. Yin	周海涛
案例研究:原理与实践 Case study research: principles and practices	John Gerring	张睿壮 黄海涛
案例研究方法的应用 Case Study Research and Applications	Robert K. Yin	周海涛
参与观察法 Participant Observation: A Methodology for Human Studies	Danny L. Jorgensen	张小山
传播学质性研究方法 Qualitative Communication Research Methods	Bryan C. Taylor	周 翔
互动取向的质性研究设计:原理、示例和练习(第3版) Qualitative Research Design: An Interactive Approach 3e	Joseph A. Maxwell	朱光明
话语分析:实用工具及练习指导(原书第2版) How to do Discourse Analysis: A Toolkit 2e	James Paul Gee	何清顺
话语分析导论:理论与方法(原书第4版) An Introduction to Discourse Analysis: Theory and Method 4e	James Paul Gee	何清顺
话语研究:多学科导论 Discourse Studies: A Multidisciplinary Introduction	Teun van Dijk	周 翔
混合方法研究:设计与实施 Designing and Conducting Mixed Methods Research	John W. Creswell	游 宇
建构扎根理论:质性研究实践指南 Constructing Grounded Theory	Kathy Charmaz	边国英
教育研究:定量、定性和混合方法 Educational Research: Quantitative, Qualitative, and Mixed Approaches	B. Christensen R.Burke Johnson Larry	马健生
量化民族志:一种面向大数据的研究方法 Quantitative Ethnography	David Williamson Shaffer	吴 忭
领悟方法:社会科学研究中的方法误用及解决之道 Thinking Through Methods: A Social Science Primer	John Levi Martin	高 勇
民族志:步步深入 Ethnography: step by step	David M.Fetterman	龚建华
内容分析方法导论 The Content Analysis Guidebook	Neuendorf Kimberly	李 武
如何研究网络人群和社区:网络民族志方法实践指导 Netnography: Doing Ethnographic Research Online	Robert V Kozinets	叶韦明
如何做好文献综述 Conducting Research Literature Reviews: From the Internet to Paper	Arlene G. Fink	齐 心

书名	主要作者	主要译者
如何做质性研究 Doing Qualitative Research: A Practical Handbook	David Silverman	李 雪 卢晖临
设计质性研究：有效研究计划的全程指导 Designing Qualitative Research	Catherine Marshall	何江穗
社会学家的窍门：当我们做研究时应该想些什么 Tricks of the trade: how to think about your research while you are doing it	Howard S. Becker	陈振铎
顺利完成硕博论文：关于内容和过程的贴心指导（第4版） Surviving Your Dissertation:A Comprehensive Guide to Content and Process 4e	Kjell Erik Rudestam Rae R. Newton	席仲恩
现象学研究方法：原理、步骤和范例 Phenomenological Research Methods	Clark Moustakas	刘 强
行动研究方法：全程指导（原书第5版） Action Research：Improving Schools and Empowering Educators 5e	Craig A.Mertler	王凌峰 叶涯剑
叙事研究：阅读、分析和诠释 Narrative Research: Reading, Analysis, and Interpretation	Amia Lieblich	王红艳
研究设计与写作指导：定性、定量与混合研究的路径 Research Design: Qualitative, quantitave and mixed methods approaches	John W. Creswell	崔延强
质性访谈方法 Qualitative Interviewing: The Art of Hearing Data	Herbert J. Rubin	卢晖临
质性文本分析：方法、实践与软件使用指南 Qualitative Text Analysis: A Guide to Methods, Practice and Using Software	Udo Kuckartz	朱志勇
质性研究编码手册 The Coding Manual for Qualitative Researchers	Johnny Saldana	刘 颖 卫垌圻
质性研究导引 An Introduction to Qualitative Research	Uwe Flick	孙 进
质性研究的基础 Basics of Qualitative Research	Anselm Strauss	朱光明
质性研究手册-1：方法论基础（第4版） The SAGE Handbook of Qualitative Research，4e	Norman Denzin	朱志勇
质性研究手册-2：研究策略与艺术（第4版） The SAGE Handbook of Qualitative Research，4e	Norman Denzin	朱志勇
质性研究手册-3：资料收集与分析方法（第4版） The SAGE Handbook of Qualitative Research，4e	Norman Denzin	朱志勇
质性研究手册-4：解释、评估与呈现及质性研究的未来（第4版） The SAGE Handbook of Qualitative Research，4e	Norman Denzin	朱志勇
质性研究写起来——沃尔科特给研究者的建议 Writing Up Qualitative Research	Harry F. Wolcott	李政贤
质性资料的分析：方法与实践（第2版） Qualitative Data Analysis: A Methods Sourcebook 2e	Matthew B. Miles Michael Huberman	张芬芬 卢晖临
做质性研究，先读我（原书第3版） README FIRST for a User's Guide to Qualitative Methods 3e	Lyn Richards Janice M.Morse	胡菡菡 汪 玮

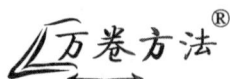

知识生产者的头脑工具箱

很多做研究、写论文的人，可能还没有意识到，他们从事的是一项特殊的生产活动。而这项生产活动，和其他的所有生产活动一样，可以借助工具来大大提高效率。

万卷方法是为辅助知识生产而存在的一套工具书。

这套书系中，

有的，介绍研究的技巧，如《会读才会写》《如何做好文献综述》《研究设计与写作指导》《质性研究编码手册》；

有的，演示 STATA、AMOS、SPSS、Mplus 等统计分析软件的操作与应用；

有的，专门讲解和梳理某一种具体研究方法，如量化民族志、倾向值匹配法、元分析、回归分析、扎根理论、现象学研究方法、参与观察法等；

还有，

《社会科学研究方法百科全书》《质性研究手册》《社会网络分析手册》等汇集方家之言，从历史演化的视角，系统化呈现社会科学研究方法的全面图景；

《社会研究方法》《管理学问卷调查研究方法》等用于不同学科的优秀方法教材；

《领悟方法》《社会学家的窍门》等反思研究方法隐蔽关窍的慧黠之作……

书，是人和人的相遇。

是读者和作者，通过书做跨越时空的对话。

也是读者和读者，通过推荐、共读、交流一本书，分享共识和成长。

万卷方法这样的工具书很难进入豆瓣、当当、京东等平台的读书榜单，也不容易成为热点和话题。很多写论文、做研究的人，面对茫茫书海，往往并不知道其中哪一本可以帮到自己。

因此，我们诚挚地期待，你在阅读本书之后，向合适的人推荐它，让更多需要的人早日得到它的帮助。

我们相信：

每一个人的意见和判断，都是有价值的。

我们为推荐人提供意见变现的途径，具体请扫描二维码，关注"重庆大学出版社万卷方法"微信公众号，发送"推荐员"，了解详细的活动方案。